Ingeborg Nütten · Peter Sauermann
Die anonymen Kreativen

INGEBORG NÜTTEN
PETER SAUERMANN

DIE ANONYMEN KREATIVEN

INSTRUMENTE EINER INNOVATIONSORIENTIERTEN UNTERNEHMENSKULTUR

CIP-Titelaufnahme der Deutschen Bibliothek

Nütten, Ingeborg:
Die anonymen Kreativen : Instrumente e. innovationsorientierten Unternehmenskultur ; Frankfurter Allg., Zeitung für Deutschland / Ingeborg Nütten ; Peter Sauermann. – Wiesbaden : Gabler, 1988
ISBN-13: 978-3-322-89984-2   e-ISBN-13: 978-3-322-84697-6
DOI: 10.1007/978-3-322-84697-6
NE: Sauermann, Peter:

© Frankfurter Allgemeine Zeitung GmbH, Frankfurt am Main 1988
© Betriebswirtschaftlicher Verlag Dr. Th. Gabler GmbH, Wiesbaden 1988
Softcover reprint of the hardcover 1st edition 1988

Das Werk einschließlich aller seiner Teile ist urheberrechtlich geschützt. Jede Verwertung außerhalb der engen Grenzen des Urheberrechtsgesetzes ist ohne Zustimmung des Verlages unzulässig und strafbar. Das gilt insbesondere für Vervielfältigungen, Übersetzungen, Mikroverfilmungen und die Einspeicherung und Verarbeitung in elektronischen Systemen.

ISBN-13: 978-3-322-89984-2

Vorwort

Seit vielen Jahren schon beschäftigen wir beide uns mit dem Phänomen der Kreativität, im Zusammenhang mit dem Management von Innovationen die eine, bei Fragen der Personalbeurteilung und -entwicklung der andere. Seit ebenso vielen Jahren beobachten wir, wie unsicher, ja vielfach hilflos ansonsten souveräne Manager und erfahrene Personalfachleute im Umgang mit dieser so wertvollen menschlichen Eigenschaft wirken. Insbesondere bei der Auswahl und Beurteilung kreativer Mitarbeiter fehlen objektive Kriterien, doch auch die Förderung der Kreativen erfolgt mehr „gelegentlich" als systematisch und ihr Einsatz eher „zufällig" als planvoll und gezielt. Diese Mängel fallen um so stärker auf, je mehr in anderen Bereichen bis ins letzte Detail verfeinerte Techniken zum Einsatz kommen: in der Produkionssteuerung zum Beispiel oder in der Informationsverarbeitung und -weitergabe oder im Controlling. „Über all dem Optimieren und Rationalisieren vergessen wir die guten Ideen!", so formulierte es ein Unternehmer vor kurzem sehr treffend.

Daß die guten Ideen nicht vergessen, sondern ihr Entstehen gefördert und ihre Realisierung vorangetrieben werden, ist das Hauptanliegen unseres Buches. Wir wollen wissenschaftlich abgesichert und praxisnah zugleich aufzeigen, wie man die wertvolle Ressource Kreativität im Unternehmen entdeckt, mißt, beurteilt, fördert und ganz bewußt und gezielt einsetzt.

Dabei gehen wir in sieben Schritten vor. Im ersten Kapitel erfolgt eine Bestandsaufnahme der Innovationssituation in unserem Lande, um dem Leser die Bedeutung kreativer Denk- und Verhaltensweisen überzeugend vor Augen führen zu können. Eine Beurteilung der gegenwärtigen wirtschaftlichen Lage und eine Vorschau auf zu erwartende Entwicklungen der 90er Jahre sollen *das zuneh-*

mende Gewicht des Faktors Mensch erkennen lassen, sowohl bei der Lösung ökonomischer als auch ökologischer Probleme. Dieser „Faktor Mensch" steht im Mittelpunkt der Betrachtungen des zweiten Kapitels. Wir untersuchen und gliedern dabei das *human capital* und gelangen zu der Erkenntnis, daß die Kreativität sein wertvollster Bestandteil ist. Im dritten Kapitel beschäftigen wir uns zunächst mit dem Verhältnis der Menschen in unserem Lande zur Kreativität und stellen fest, daß unsere – immer noch von Descartes und anderen Philosophen geprägte – mechanistische Denkweise die „ratio" überbewertet und kreative Anlagen wenig beachtet. In zahlreichen Schulen, in vielen Unternehmen und Behörden wird Kreativität nicht nur zu wenig gefördert, sondern manchmal sogar gehemmt und unterdrückt! So ist es zu erklären, daß die meisten kreativen Mitarbeiter unentdeckt und ihre Kreativität ungenutzt bleiben – wir nennen sie deshalb *„anonyme Kreative"*.

Das vierte Kapitel stellt das Kernstück dar. Es präsentiert das wichtigste Ergebnis unserer Forschungsarbeit: ein gleichermaßen wissenschaftlich abgesichertes wie gut handhabbares Instrument zur Auffindung und Beurteilung kreativer Mitarbeiter, das *Kreativitätsprofil*. Dieses Instrument bildet die Grundlage zur bewußten und zielstrebigen Ausnutzung der wertvollsten Zukunftsressource unseres Landes: der schöpferischen Kraft seiner Menschen.

Im fünften Kapitel stellen wir Möglichkeiten vor, das kreative Potential von *zukünftigen* Mitarbeitern auszuloten, für die ein Kreativitätsprofil mangels Erfahrungen nicht erarbeitet werden kann. Die Unternehmen sollen in die Lage versetzt werden, bei Neueinstellungen kreative Begabungen besser zu erkennen als bisher.

Das sechste Kapitel widmet sich ganz der *Förderung* von kreativen Mitarbeitern, nennt bisherige „Unterlassungssünden" beim Namen und empfiehlt eine Fülle von Maßnahmen in den Bereichen Unternehmenskultur und Organisation. Bekannte und weniger bekannte Kreativitäts-Techniken werden eingehend und leicht nachvollziehbar besprochen.

Die Frage des bestmöglichen Einsatzes der Zukunftsressource Kreativität wird im siebten und letzten Kapitel sehr ausführlich behandelt. Mit Hilfe des „Kreativitäts-Profils" wird nun unternehmensspezifische Maßarbeit geleistet: für alle sich ergebenden innovativen Aufgaben können anhand der eingespeicherten Kreativitätsprofile die jeweils zur Lösung bestgeeigneten Mitarbeiter ausgewählt werden.

Mit der Veröffentlichung dieses Buches verbinden wir zwei Wünsche:

– allen innovationswilligen Unternehmen und sonstigen Institutionen Hilfestellung zu leisten bei der Auffindung der wichtigsten Zukunftsressource *Kreativität* und beim Transfer dieser knappen Ressource auf die Einsatzstellen mit der höchsten Effizienz;
– möglichst viele Menschen für das Phänomen *Kreativität* zu sensibilisieren und zu bewirken, daß kreative Anlagen frühzeitig erkannt und *intensiv gefördert werden*, bereits lange *vor* dem Eintritt ins Berufsleben, möglichst schon im Kindergarten, spätestens jedoch mit beginnender Schulausbildung.

Daß unser Buch so praxisnah geschrieben werden konnte, verdanken wir der ständigen intensiven Zusammenarbeit mit Praktikern in zahlreichen Unternehmen. Wir möchten uns bei allen sehr herzlich für die erfreuliche Kooperation bedanken, ganz besonders bei den Firmen *Dr. August Oetker* in Bielefeld, *August Storck KG* in Halle/Westfalen und *Volkswagenwerk AG* in Wolfsburg. Unser Dank gilt auch Frau Gisela Hoffmeister und Frau Annegret Nolting für die druckreife Fertigstellung unseres Manuskriptes.

Bielefeld, im Juli 1988
Ingeborg Nütten
Peter Sauermann

Inhalt

Vorwort 5

1. Kapitel
Die Innovationssituation der Bundesrepublik
bis zum Jahr 2000 13
Die Wettbewerbssituation am Ende der 80er Jahre 15
Know-how-Vorsprung oder Technologie-Lücke? 20
Voraussehbare Entwicklungen bis zum Jahr 2000 27
Art, Größe und Struktur der vom Unternehmen
bearbeiteten Märkte 28
Änderungen im Verbraucherverhalten 33
Verschiebung der Wettbewerbsverhältnisse 34
Wirtschaftliche und politische Veränderungen 37
Technologischer Fortschritt 39
Kapitalkraft 41
Unternehmensklima 42
Qualifikation des Managements 43
Qualifikation der Mitarbeiter 44
Die Bedeutung des „Entrepreneurs" 44
Innovationsförderung und Innovationshemmnisse 47
Innovationsförderung 48
Innovationshemmnisse 50

2. Kapitel
Wie setzt sich das „human capital" zusammen? 57
Was können, was wollen unsere Mitarbeiter leisten? 59
Was ist Kreativität, was ist Innovation? 67
Eigenschaften des innovativen Mitarbeiters 71

3. Kapitel
Arten kreativer Mitarbeiter 79
Geniale Kreative 84
Professionelle Kreative 84
Anonyme Kreative 86

4. Kapitel
Wie innovativ sind vorhandene Mitarbeiter? 89
Die elf Faktoren des innovativen Leistungspotentials 91
Die Beurteilung des innovativen Leistungspotentials 96

5. Kapitel
Wer sind die kreativsten der zukünftigen Mitarbeiter? 117
Kann man innovative Fähigkeiten bei Bewerbern erkennen? ... 119
Messen und Testen der Kreativität 128
Das Angebot an „Kreativitäts"-Tests für Erwachsene 131
   Der verbale Kreativitätstest VKT (Schoppe 1975) 131
   Torrance-Tests of Creative Thinking (1966) 132
   Creativity Attitude Survey (Schäfer, 1971) 133
Welche „Ersatztests" zu den einzelnen Innovationsfaktoren? 134
   Divergentes Denken 134
   Unkonventionelles Denken 136
   Gedankenflüssigkeit 137
   Originalität 138
   Problemaufspüren 139
   Elaboration 140
   Reicher Wortschatz 142
   Konzentrationsfähigkeit 143
   Redefinition 145
   Realitätskontrolle 145
   Organisationsfähigkeit 147
Kann man Kreativitätstests auch selbst konstruieren? 147

Inhalt 11

6. Kapitel
Förderung kreativer Mitarbeiter 155
Entwicklung und Pflege einer positiv-aktiv-kreativen
Unternehmenskultur: PAK 158
Umformung der Organisationsstrukturen 163
Abbau von Kreativitäts-Bremsen 166
Förderung von Teamarbeit 168
Abschaffung möglichst vieler Routineprozesse 168
Einführung oder Reaktivierung des betrieblichen
Vorschlagswesens (BVW) 170
Einführung von „Quality Circles" 174
Anwendung von Kreativitäts-Techniken 175
Kreativitätsfördernde Methoden und Hilfstechniken 178
Kreativitätstechniken für die Gruppe 190

7. Kapitel
Führung und Einsatz kreativer Mitarbeiter 205
Manager müssen Mitarbeiter zur Kreativität motivieren 207
Der ideale Führungsstil – gibt es den? 210
Management by innovation 217
Das Mitarbeitergespräch als Führungsinstrument 226
Führung kreativer Gruppen 233
Die Vermeidung der „inneren Kündigung" des Mitarbeiters.... 236
Einsatz kreativer Mitarbeiter 240
Einsatz im angestammten Bereich 246
Einsatz im analytisch-kreativen Bereich 251
Einsatz im konzeptionell-innovativen Bereich 256

Nachwort 267
Verzeichnis der Tabellen, Abbildungen und Dokumente.... 271
Literaturverzeichnis 273

1. Kapitel

Die Innovationssituation der Bundesrepublik bis zum Jahr 2000

Trotz des höchsten Lohnkostenniveaus und der kürzesten Wochenarbeitszeit steht die Exportquote der Bundesrepublik Deutschland weltweit an führender Stelle. Vieles weist jedoch darauf hin, daß nur innovative Unternehmen den Leistungswettbewerb der kommenden Jahre überstehen werden und so die Spitzenstellung der Bundesrepublik auf dem Weltmarkt gewährleisten können. Bürokratische Unternehmensführung mit „Erbhofmentalität" muß überwunden werden, der „Entrepreneur" ist gefragt.

> *Es gibt gewisse Dinge,*
> *die unser Zeitalter nötig hat.*
> *Es braucht vor allem mutige Hoffnung*
> *und den Impuls der Kreativität.*
>
> *Bertrand Russell*

Die Wettbewerbssituation am Ende der 80er Jahre

Weitaus mehr als alle anderen Industrieländer ist die Bundesrepublik Deutschland von weltwirtschaftlichen Gegebenheiten und Veränderungen abhängig. Der hohe Exportanteil zahlreicher Branchen zwingt zu einer sorgfältigen Beobachtung der Angebots- und Nachfragestruktur auf dem Weltmarkt. Doch müssen daneben auch die politischen Ereignisse und Tendenzen analysiert werden, um rechtzeitig und gezielt Maßnahmen zur Erhaltung und zur Festigung der in der Regel recht guten eigenen Position zu treffen. Wettbewerbsfähigkeit ist nicht eine sichere Pfründe, die man einmal erwirbt und dann fortdauernd beanspruchen kann, sondern muß immer wieder neu durch überdurchschnittliche Leistungsfähigkeit und mutige, zukunftsweisende unternehmerische Entscheidungen belegt werden.

Einige Daten und Fakten sollen im folgenden die Situation der Bundesrepublik im internationalen Wettbewerb Ende der 80er Jahre schlaglichtartig beleuchten:

- Die Bundesrepublik ist ein Teil des seit dem 1. Januar 1986 größten gemeinsamen Marktes der westlichen Welt (320 Mio. Einwohner) und kann zusammen mit Frankreich als dessen wirtschaftliche Führungsmacht bezeichnet werden.
- Die Bundesrepublik liegt in der Rangfolge der Industrienationen mit – größenordnungsmäßig – knapp 60 Mio. Einwohnern hin-

ter den USA (rund 240 Mio. Einwohner) und Japan (rund 120 Mio. Einwohner) auf Platz drei.
- In der Exportquote steht die Bundesrepublik nun schon das zweite Jahr sogar auf Platz eins und exportiert im industriellen Bereich (landwirtschaftliche Produkte sind im Rahmen dieser Überlegungen nicht aussagefähig) *pro Kopf der Bevölkerung* doppelt soviel wie Japan und mehr als dreimal soviel wie die USA.
- Die führende Rolle der Bundesrepublik beim Export von Industrieprodukten liegt nahezu ausschließlich bei know-how-intensiven Produkten. Beispielhaft genannt sei die Ausfuhr von Maschinen: hier ist die Bundesrepublik Deutschland mit 23 Prozent Anteil an den Gesamtausfuhren der Welt führend vor den USA mit 19 und Japan mit 18 Prozent! Als negativer Faktor im internationalen Wettbewerb muß das hohe Lohnkostenniveau in der Bundesrepublik genannt werden. Wenn auch die Stundensätze in den USA in einzelnen Branchen noch über den deutschen liegen, so bewirken die extrem hohen Lohnnebenkosten in unserem Lande ein Gesamtlohnkostenniveau, mit dem wir uns mit Belgien 1986 die Weltspitze teilten. Zusammen mit der niedrigsten durchschnittlichen Wochenarbeitszeit von 38,5 Stunden wird unsere Wettbewerbskraft dadurch erheblich eingeschränkt. Dazu kommt noch die im Verhältnis zu den meisten Wettbewerbsländern höhere Ertragsteuerbelastung.
- Die Kostenbelastung durch unsere Vorreiterrolle im Umweltschutz nicht nur in Europa, sondern weltweit, wird steigen.

Ergänzend sollen an dieser Stelle die bedeutendsten Ereignisse und Entwicklungen angeführt werden, durch welche die internationale Wettbewerbssituation noch zusätzlich beeinflußt wird:

- Die Leitwährung der Welt, der US-Dollar, fiel von ihrem Höchststand im Februar 1985 innerhalb von drei Jahren um rund 50 Prozent gegenüber der DM und begünstigt damit die US-amerikanischen Exporteure, während Japan und die Bundesrepublik mit ihren Exporten benachteiligt werden.
- Im südostasiatischen Raum entwickelten sich in den 80er Jahren die sogenannten „Schwellenländer" (Singapur, Taiwan, Hong-

kong, Südkorea, Indonesien, Malaysia und andere) zu neuen ernsthaften Konkurrenten der Industrieländer und damit zur „pazifischen Herausforderung".
- Diese Länder verbinden ihren bisherigen Hauptvorteil – das niedrige Lohnniveau – inzwischen mit Kenntnissen in den Mittel- und Hochtechnologien und drängen hochmotiviert und dynamisch auf den Weltmarkt.
- Die Großmacht China – die soeben das Überschreiten der Ein-Milliardengrenze ihrer Einwohner meldet – hat durch ihre Öffnung zum Westen Mitte der 80er Jahre den bereits eingeleiteten Übergang vom reinen Agrarstaat zum Industriestaat beschleunigt.
- Sowohl China als auch die anderen Schwellenländer bedeuten nicht nur zusätzliche Mitbewerber in Drittländern und im eigenen Markt, sondern aufgrund ihrer durch die Industrialisierung gestiegenen Kaufkraft auch hochinteressante neue Absatzgebiete für unsere eigenen Exportgüter.
- Die Verschuldung sowohl der Industriestaaten wie auch der Länder der Dritten Welt schritt in den 80er Jahren fort und überstieg 1986 bei den letztgenannten die magische Ein-Billion-Dollar-Marke.
- Die Sowjetunion als wirtschaftliche und politische Führungsmacht des Ostblocks bietet – nach jahrelangem wirtschaftlichem Abstieg – unter neuer Führung dem Westen Zusammenarbeit an, von atomarer Abrüstung im strategischen bis zum Joint Venture im ökonomischen Bereich.
- Das weltweite Angebot an Agrarprodukten ist – infolge der ersten Phase der grünen Revolution – wesentlich schneller gewachsen als die Nachfrage (in den zahlungskräftigen Ländern). Zahlreiche ehemalige Agrarimporteure sind heute Selbstversorger oder *exportieren* sogar Agrargüter (zum Beispiel Indien und China).
- Die Energieversorgung der Welt hat sich nach den beiden Erdöl-Krisen der 70er Jahre bei rückläufigen Ölpreisen stabilisiert. Die Bundesrepublik ist nur zu rund 5 Prozent ihres Erdölverbrauchs von Importen aus den OPEC-Ländern abhängig – der überwiegende Anteil stammt aus der Nordsee.

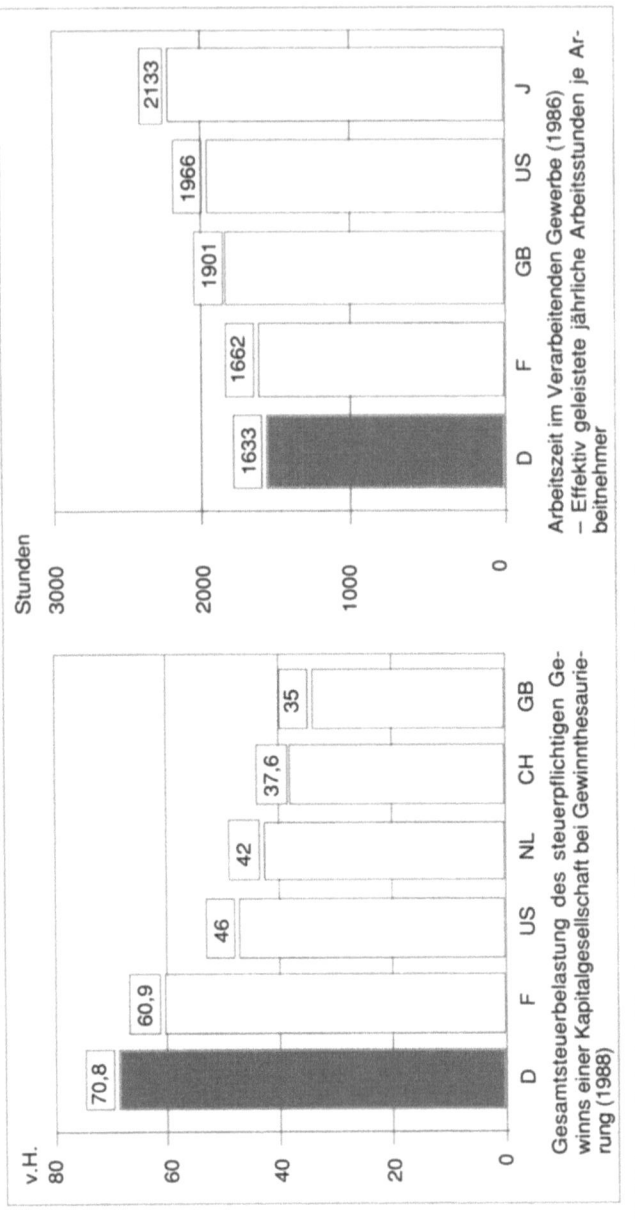

Abbildung 1: Industriestandort Bundesrepublik Deutschland

Quelle: Institut der deutschen Wirtschaft

- Die wirtschaftliche Situation vieler Entwicklungsländer (vor allem in Lateinamerika) wird außer im Agrarbereich auch in weiten Teilen der Rohstoffexportmöglichkeiten immer schwieriger: Forschungs- und Entwicklungsanstrengungen der Industrieländer haben einen drastischen Rückgang des Energie- und Rohstoffeinsatzes in der industriellen Fertigung bewirkt, der in manchen Bereichen bei mehr als 50 Prozent liegt. Die Situation der davon betroffenen Länder ist daher auf lange Sicht verzweifelt und aus eigener Kraft nicht zu verbessern.

Zusammenfassend kann man sagen: Die Bundesrepublik Deutschland befindet sich Ende der 80er Jahre im internationalen Wettbewerb in einer hervorragenden Ausgangsposition. Diese Position gilt es auch in Zukunft zu verteidigen, da sie insbesondere durch drei Faktoren gefährdet erscheint:

- Das im Vergleich zu allen Mitbewerbern hohe Lohnniveau und die geringe Arbeitszeit – beides mit zunehmender Tendenz – sowie die zu hohe Ertragsteuerbelastung;
- das Auftreten neuer, hochmotivierter und leistungsfähiger Mitbewerber, insbesondere aus dem pazifischen Raum;
- die weltwirtschaftlichen Strukturkrisen und die von ihnen ausgehenden wirtschaftlichen und politischen Gefahren.

Es scheint angezeigt, daß die Wirtschaft der Bundesrepublik ihre führende Stellung mit denselben Mitteln verteidigt, mit denen sie erworben wurde: mit Überlegenheit im technologischen Bereich, mit dem sogenannten „Know-how"-Vorsprung. Wie es damit in Deutschland und in der EG allgemein aussieht, soll im nächsten Abschnitt untersucht werden.

Know-how-Vorsprung oder Technologie-Lücke?

Zu Beginn der 80er Jahre prägte Professor Giersch den damals vielzitierten Begriff der „Euro-Sklerose". Er wollte damit zum Ausdruck bringen, daß nach seiner Meinung die Industrieländer Europas und damit auch die Bundesrepublik nicht genügend Dynamik in den erforderlichen Anpassungsprozessen zeigen, daß sie

- an erstarrten Formen viel zu lange festhalten,
- nicht den Anschluß an neue Technologien finden,
- wenig wendig im Energiebereich sind,
- phantasielosen Verdrängungswettbewerb über den Preis betreiben – eher defensiv als offensiv vorgehen,
- Lösungen einseitig in der Rationalisierung *vorhandener* Verfahren suchen, statt *neue* Verfahren zu entwickeln.

Im Feburar 1984 veröffentlichte das *Wall Street Journal* die Ergebnisse einer Befragung von 200 Topmanagern aus 16 europäischen Ländern, deren Tenor höchst pessimistisch das Vorhandensein einer „Technologie-Lücke" in den westeuropäischen Industriestaaten gegenüber den USA und Japan als Ursache für die rückläufige Bedeutung eben dieser Länder war. Besonders bemerkenswert an diesen Befragungsergebnissen ist – wie Abbildung 2 zeigt – die äußerst pessimistische Einschätzung der *zukünftigen* technologischen Führerschaft der europäischen Staaten.

Darüber hinaus ging noch die in den USA in der ersten Hälfte dieses Jahrzehnts verbreitete „Drei-Meere-Theorie", mit der Annahme, daß sich das Macht- und Wirtschaftszentrum der Welt in der Antike rund um das Mittelmeer befand, sich in der Neuzeit rund um den Atlantik verlagerte und ab dem dritten Jahrtausend wohl rund um den Pazifik zu finden sein werde. Die zu beobachtende Hinwendung der USA zum pazifischen Raum unter gleichzeitiger Abkehr von Europa geht auf diese Erwartung zurück.

Träfe diese Drei-Meere-Theorie zu, würde Europa an Bedeutung immer mehr verlieren und damit auch die Bundesrepublik ins wirt-

Know-how-Vorsprung oder Technologie-Lücke 21

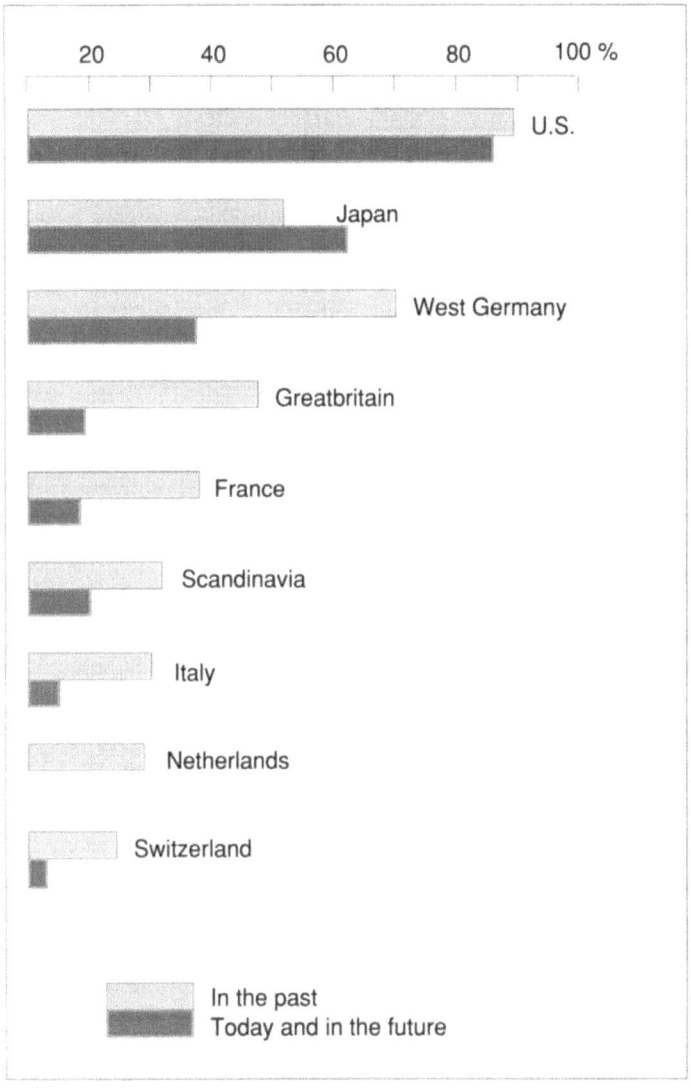

Abbildung 2: European Executives Pick Technological Leaders
(Respondents could choose more than one country)

Quelle: Wall Street Journal, 2/1984

schaftspolitische Abseits gedrängt. Doch auch die USA, deren wirtschaftlicher und intellektueller Schwerpunkt trotz großer und erfolgreicher Anstrengungen Kaliforniens immer noch an der Atlantikküste liegt, müßten zunächst Bedeutungseinbußen hinnehmen.

In jüngster Vergangenheit jedoch hört man immer seltener pessimistische Stimmen über die Zukunft Europas, vielmehr scheint sich die westeuropäische Wirtschaft – zumindest im technologischen Bereich – gefangen zu haben. Der Weg führte, etwa seit 1984, vom „Euro-Pessimismus" über den „Euro-Realismus" hin zum sich allmählich ausbreitenden „Europtimismus" (ein Begriff, der von Heinz Nixdorf bereits 1984 gebraucht worden ist ...).

Zu den prominenten positiven Auguren gehört auch der ehemalige Bundeswirtschaftsminister Graf Lambsdorff, wenn er 1985 feststellt, die europäische Wirtschaft sei „besser als ihr Ruf", der unter der Überbewertung europäischer Schwächen und der Unterbewertung der Stärken Europas litte. Dies gelte besonders für den Bereich der Spitzentechnologie: in den Statistiken blieben nämlich alle (überwiegend in Europa erzeugten) *herkömmlichen* Produkte, in die modernste Spitzentechnologie eingebaut wurde, unberücksichtigt. Werkzeugmaschinen bleiben in High-Tech-Statistiken unerwähnt, auch wenn sie mit fortschrittlichsten Steuerungselementen ausgestattet sind. Autos bleiben ein hundert Jahre altes Produkt, auch mit elektrischer Einspritzung oder supermodernem Anti-Blockier-System.

Etwa zur gleichen Zeit beschäftigte sich die „Financial Times" in einer zwölfteiligen Serie mit diesem Problem „Can Europe catch up?" und kam zu dem Schluß, daß die europäische Industrie weit weniger schwach ist, als oft behauptet wird. Der Aufholprozeß der europäischen Industrie hätte längst begonnen, allerdings weitgehend unbemerkt von der Öffentlichkeit, da er sich nicht wie in Japan in den medienwirksamen Bereichen der Konsumelektronik oder wie in USA in der Militärelektronik vollziehe, sondern in der industriellen Entwicklung und Anwendung.

Auch Peter Drucker traut – aus der Sicht des US-Marketing-

Fachmannes – den Europäern (hier besonders der Bundesrepublik Deutschland) viel zu: „Kein anderes Land verfügt über so umfassende Kenntnisse des Weltmarktes, kein Land begreift den Weltmarkt so gut wie die Bundesrepublik. Die Bundesrepublik ist die einzige große Industrienation, in der selbst kleine und mittlere Unternehmen aktiv auf dem Weltmarkt tätig sind. (...) Deshalb stehen alle Ampeln in der Bundesrepublik auf Grün. Sie sind auf einen großen unternehmerischen Aufschwung eingestellt."

Neben diesen ausgewählten Expertenmeinungen gibt es auch Daten, die als Indizes für einen Mangel oder Überschuß an geistig-schöpferischem Potential in unserem Lande dienen können, so zum Beispiel die Zahl der jährlichen *Patentanmeldungen*.

Im Durchschnitt der letzten Jahre waren das

in Japan	240 000,
in den USA	120 000,
in der Bundesrepublik Deutschland	50 000.

Von einem technischen Vorsprung der Japaner kann man allerdings – nur aufgrund der höheren Patentanmeldungen – nicht sprechen, da in Japan jede auch noch so kleine Erfindung zum Patent angemeldet wird. Auch jede noch so geringfügige Änderung erfordert in Japan ein eigenes Patent, während in der Bundesrepublik Deutschland solche Änderungen zu einem einzigen Patent zusammengefaßt werden. Außerdem ist in den letzten Jahren zu beobachten, daß man hierzulande aus Kosten- aber auch aus Geheimhaltungsgründen (Gefahr der Patentumgehung) Zurückhaltung bei Patentanmeldungen übt. Deshalb ist die Zahl der Patentanmeldungen im Vergleich nicht sehr aussagefähig.

Als weiteren denkbaren Hinweis betrachten wir die *„Know-how-Bilanz"* der Bundesrepublik, das heißt die Differenz zwischen den erhaltenen und geleisteten Zahlungen für Gewährung beziehungsweise Inanspruchnahme von Patenten an das beziehungsweise aus dem Ausland.

Ende der 70er Jahre entstand die Parole vom „Blaupausen-Export":

als Hochlohnland sollte die BRD statt nicht mehr konkurrenzfähiger Waren eben dazu übergehen, Blaupausen zu exportieren, also Konstruktionspläne, Produktionsprogramme, patentierte Problemlösungen.

Diese Träume haben sich nicht erfüllt: Laut Zahlungsbilanzstatistik der Deutschen Bundesbank gibt die Wirtschaft der BRD seit den 70er Jahren jährlich rund *eine Mrd. DM* für Patente und Lizenzen mehr aus, als sie einnimmt. Dieser negative Gesamtsaldo muß allerdings in zweierlei Hinsicht revidiert werden:

– zum einen hat der *Verkauf* von Know-how von 1975 bis 1984 um 9,5 Prozent zugenommen, der Erwerb von Lizenzen hingegen nur um 4,5 Prozent, so daß sich hierbei ein deutlich positiver Trend ergibt,
– zum zweiten wird der negative Gesamtsaldo durch die hohe Inanspruchnahme von Patenten deutscher Niederlassungen ausländischer Firmen bei der „Mutterfirma" beeinflußt. Die rein deutschen Unternehmen – ohne maßgebliche ausländische Beteiligung – erzielten einen *Einnahmenüberschuß* an Lizenzgebühren in der Höhe von

1975   306 Mio. DM,
1984   661 Mio. DM.

Abbildung 3 veranschaulicht beide Entwicklungen und läßt erkennen, daß Schlüsse auf eine vorhandene oder gar zunehmende Technologielücke aus der Know-how-Bilanz nicht gezogen werden können.

Ganz entschieden muß man auch der weitverbreiteten Meinung widersprechen, alle moderne Technologie käme aus Japan. Richtig – aber zu wenig beachtet – ist vielmehr, daß alle *bedeutenden Basis-Technologien* aus Europa oder den USA stammen: die integrierte Schaltung, der Transistor, der Halbleiterspeicher, der Laser, nicht zuletzt der *Computer*, den Konrad Zuse als erster in Deutschland gebaut hat, lange bevor der Transistor zur Verfügung stand.

Und schließlich sei auch noch auf die ganz aktuelle Studie des Fraunhofer Instituts für Systemtechnik und Innovationsforschung

Know-how-Vorsprung oder Technologie-Lücke

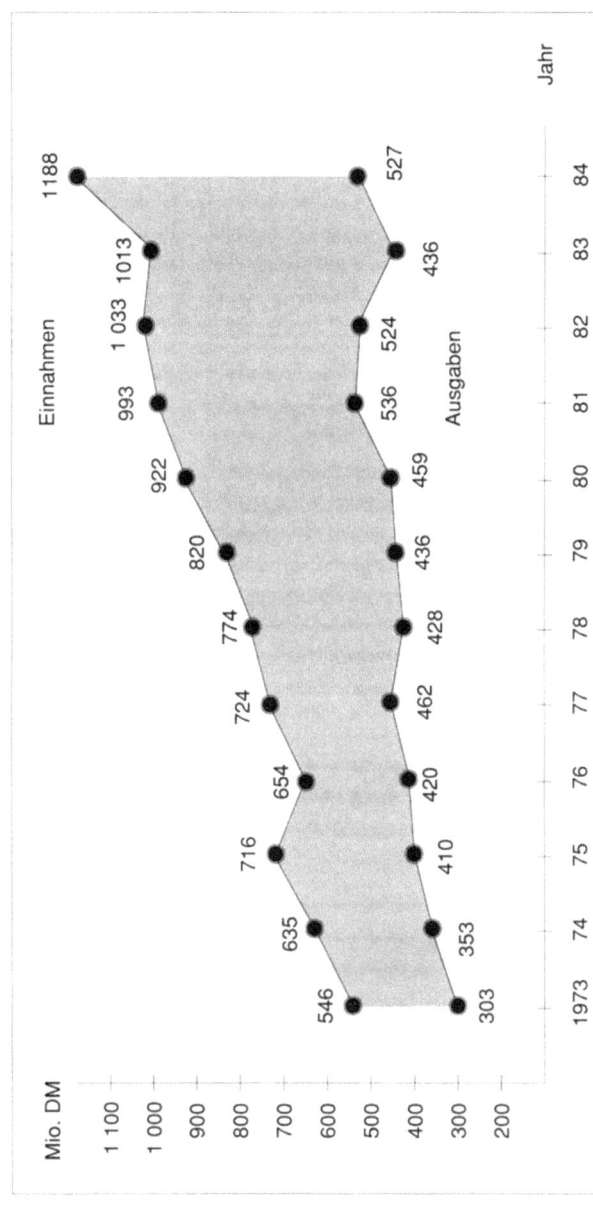

Abbildung 3: Patent- und Lizenzverkehr. Einnahmen und Ausgaben für Patente, Erfindungen und Verfahren (Unternehmen ohne maßgebliche ausländische Kapitalbeteiligung)

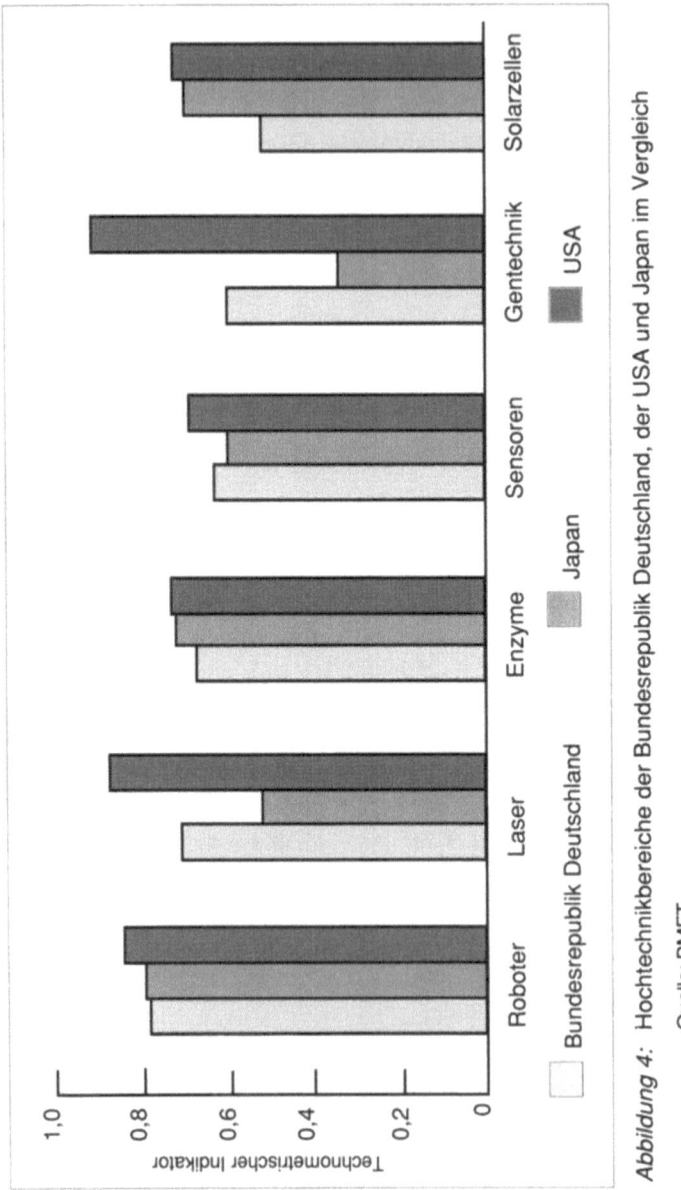

Abbildung 4: Hochtechnikbereiche der Bundesrepublik Deutschland, der USA und Japan im Vergleich

Quelle: BMFT

(ISI) in Karlsruhe verwiesen, die im Auftrag des Bundesministeriums für Forschung und Technologie den internationalen Stand der Bundesrepublik Deutschland in verschiedenen Hochtechnikbereichen untersuchen sollte. Nach den vorliegenden Ergebnissen (Abbildung 4) schneidet die Bundesrepublik im internationalen Vergleich mit den USA und Japan hervorragend ab und liegt in drei von insgesamt sechs untersuchten Feldern noch *vor* Japan auf dem zweiten Platz.

Zusammenfassend können wir sagen: von einer Technologielücke kann in Europa und ganz besonders in der Bundesrepublik nicht die Rede sein, auch wenn in bestimmten Bereichen noch ein gewisser Nachholbedarf besteht. Bei dem gegenwärtig feststellbaren Trend zu erhöhten Forschungsanstrengungen und verstärktem Technologie-Transfer zwischen Hochschulen und Wirtschaft sollten in Teilbereichen vorhandene Lücken rasch geschlossen sein.

Voraussehbare Entwicklungen bis zum Jahr 2000

„Prognosen sind schwierig," meinte einst der irische Spötter George B. Shaw, „insbesondere, wenn sie die Zukunft betreffen (...)"

In diesem Abschnitt soll deshalb kein umfassendes Szenario aller denkbaren wirtschaftlichen Zukunftsentwicklungen erarbeitet werden. Einige Überlegungen zu den wahrscheinlichen Veränderungen in den für das Wohlergehen deutscher Unternehmen entscheidenden Einflußbereichen müssen jedoch angestellt werden, um als Grundlagen für Maßnahmen zur Sicherung eben dieses Wohlergehens zu dienen.

Die entscheidenden Kriterien für den Erfolg liegen sowohl außerhalb als auch innerhalb eines Unternehmens:

Externe Faktoren:

- Art, Größe und Struktur der vom Unternehmen bearbeiteten Märkte,

- Änderungen im Verbraucherverhalten,
- Verschiebung der Wettbewerbsverhältnisse,
- wirtschaftliche und politische Veränderungen,
- technologischer Fortschritt.

Interne Faktoren:
- Kapitalkraft,
- Unternehmens-Klima,
- Qualifikation Management,
- Qualifikation Mitarbeiter.

Wir wollen diese neun Faktoren daraufhin untersuchen, ob sich Voraussagen mit hohem Wahrscheinlichkeitsgrad machen lassen – und welche. Da Prognosen sich – sollen sie seriös sein – immer nur auf Trends beziehen und nie Einzelheiten voraussagen können, werden wir gelegentlich den Zeitraum der Betrachtung über das Jahr 2000 ausdehnen müssen. Ganz besonderes Augenmerk soll jenen zukünftigen Entwicklungen gelten, zu denen es in der Vergangenheit keine Parallelen gibt. Da dementsprechend auch keine Erfahrungen vorliegen, werden von allen am Wirtschaftsprozeß unseres Landes Beteiligten *innovative Verhaltensweisen* zur Bewältigung neuartiger zukünftiger Situationen gefordert werden.

Art, Größe und Struktur der vom Unternehmen bearbeiteten Märkte

Je nach Art des Marktes beziehungsweise der Branche, denen ein Unternehmen angehört, werden zukünftig sehr unterschiedliche Entwicklungen zu erwarten sein. Diese Unterschiede sind in erster Linie abhängig von der Bevölkerungsentwicklung im Binnenmarkt der Bundesrepublik und in den Ländern der EG, in die auch bis zum Jahr 2000 der überwiegende Teil unserer Exporte fließen wird. *Die Größe* der Märkte wird bestimmt durch die Anzahl der potentiellen Verbraucher, *die Struktur* durch das Alter und die damit verbundenen Gewohnheiten der Menschen, welche die Nachfrage bilden.

Die Entwicklung der bundesdeutschen Bevölkerung bis zur Jahrtausendwende bedarf keiner Prognose, sondern kann – mit Ausnahme der dann weniger als zwölf Jahre alten Personen – exakt vorausberechnet werden.

Tabelle 1: Bevölkerungsbestand in der Bundesrepublik Deutschland (in Mio.)

Quelle: Deutsches Institut für Wirtschaftsforschung

Jahr	Deutsche	Ausländer	Gesamt	Anteil der Ausländer in Prozent
1980	57,189	4,251	61,440	6,9
1985	56,348	4,813	61,161	7,9
1990	55,637	5,381	61,018	8,9
1995	54,918	5,993	60,911	9,8
2000	53,821	6,637	60,458	11,0
2010	50,294	7,897	58,191	13,6
2020	46,121	9,102	55,223	16,5
2030	41,360	10,262	51,622	19,9

Bedingt durch die stark rückläufige Geburtenrate seit dem Ende der 60er Jahre und vorausgesetzt, daß sich das generative Verhalten der Deutschen nicht entscheidend ändern wird, werden im Jahr 2000 statt wie derzeit rund 56 Millionen nur noch knapp 54 Millionen und im Jahr 2030 nur noch rund 41 Millionen Deutsche im Gebiet der Bundesrepublik leben. Ob und inwieweit dieser Rückgang durch Zuwanderung von deutschstämmigen Aussiedlern oder Ausländern (die in den 90er Jahren innerhalb der EG eine wesentliche Erleichterung erfährt) ausgeglichen wird, ist schwer vorauszusagen, doch ist anzunehmen, daß dies mindestens zur Hälfte erfolgt.

Abbildung 5 verdeutlicht sehr anschaulich die Entwicklung von der „gesunden" Bevölkerungspyramide des Jahres 1910 über den gegenwärtig eher kränklich wirkenden Bevölkerungspilz bis hin zum besorgniserregend unstabilen Bevölkerungsbaum des Jahres 2030. Beachtenswert ist neben der bereits beschriebenen Veränderung der Gestalt auch der „Bauch" der geburtenstarken Jahrgänge von Mitte der 50er bis Mitte der 60er Jahre (ca. 10 Jahre mit jeweils über eine Mio. Lebendgeborenen), der 25 Jahre später wieder zu einem Ansteigen der Geburtenzahlen führt und sich noch einmal 25 Jahre später in einer stark abgeschwächten, aber doch noch gut erkennbaren Ausbuchtung des „Baumstammes" bemerkbar macht.

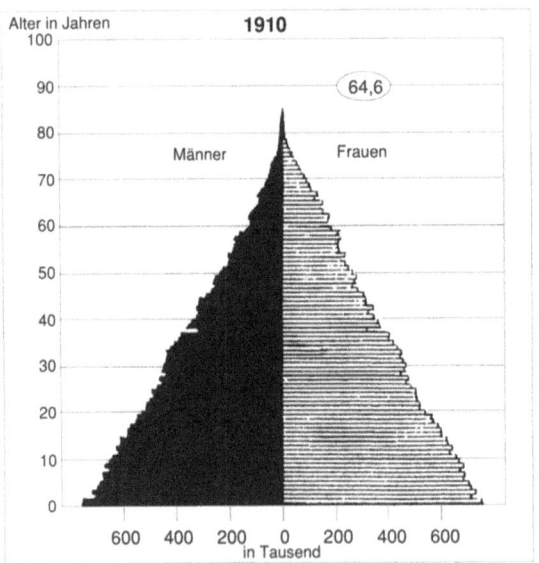

Abbildung 5: Von der Pyramide zum Pilz. Der Altersaufbau der Wohnbevölkerung im Deutschen Reich und in der Bundesrepublik Deutschland (◯ Bevölkerung insgesamt in Mio.). Modellrechnung für 2030 unter der Annahme: konstante Nettoreproduktionsrate 0,627

Quelle: 14/1987 Institut der Deutschen Wirtschaft iwd

Voraussehbare Entwicklungen

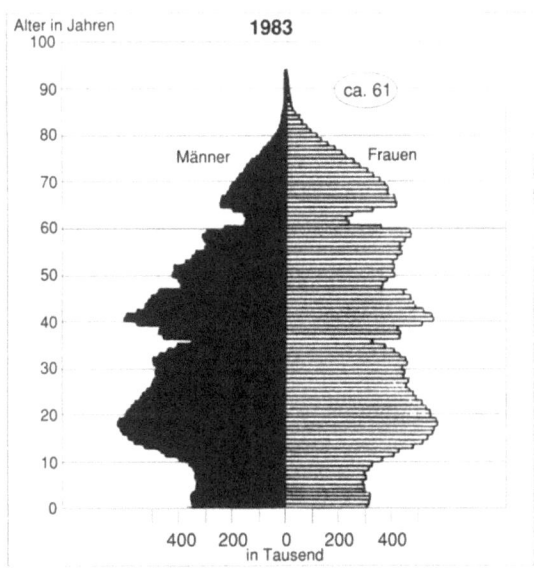

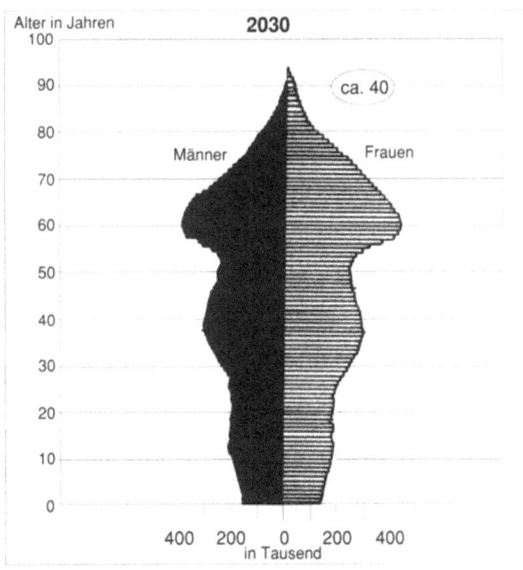

Abbildung 5 (Forts.)

Die Auswirkungen dieser Bevölkerungsveränderungen – vielfach als „Revolution auf leisen Sohlen" bezeichnet – werden *alle* Unternehmen zu spüren bekommen, je nach Branche zu unterschiedlichen Zeitpunkten: während die Pkw-Hersteller und -Importeure derzeit von einem Rekordverkaufsjahr zum anderen eilen, müssen Hersteller von Kinderkleidung und Spielwaren seit Jahren nach Ersatz für fehlende Abnehmer suchen und Tausende arbeitsloser Lehrer sich umschulen lassen. Aber nicht nur die Hersteller von Konsumgütern und die Anbieter von Dienstleistungen privater oder öffentlicher Art bekommen zunächst starkes Ansteigen und dann rapides Absinken der „Nachfrager"-Zahlen zu spüren, sondern mit einer gewissen Zeitverzögerung auch die Produzenten von Investitionsgütern, denn sämtliche Roh-, Hilfs- und Betriebsstoffe, Maschinen und Anlagen dienen mittel- oder unmittelbar der Bedürfnisbefriedigung von Menschen, und die abnehmende Zahl der Bevölkerung führt zur abnehmenden Nachfragemenge für alle Produkte und Dienstleistungen – es sei denn, daß Änderungen im Verbraucherverhalten einen Ausgleich schaffen.

Ein solcher Ausgleich kann sich von selbst ergeben, indem zum Beispiel bei ständig steigenden oder auch nur gleichbleibenden Einkommen die Ausgaben für Spielzeug für eine geringere Kinderanzahl genauso hoch sind wie zuvor für eine größere Kinderzahl. Der Ausgleich kann aber auch vom *innovativen* Unternehmer bewußt herbeigeführt werden, wenn es zum Beispiel einem Spielwarenhersteller gelingt, mit modifizierten oder völlig neuen Produkten in den Freizeitbereich der Erwachsenen oder sogar in den wert- und mengenmäßig ständig wachsenden Markt für Senioren einzudringen. Auf die *innovative* Erschließung völlig neuer Märkte, zum Beispiel der sowohl von der Bevölkerung als auch von der Kaufkraft her stark wachsenden Schwellenländer, werden wir noch an späterer Stelle eingehen. Auch die Politiker werden durch die Verschiebungen im Altersaufbau der bundesdeutschen Bevölkerung vor Probleme gestellt, für die in der Vergangenheit kein Lösungsvorbild existiert: so kann die gesetzliche Altersversorgung durch den Generationenvertrag spätestens ab dem Jahr 2000 nicht mehr gesichert werden, sondern verlangt nach einer *innovativen* Lösung.

Änderungen im Verbraucherverhalten

Neben den soeben besprochenen, durchaus als „revolutionär" zu bezeichnenden quantitativen Veränderungen bei der bundesdeutschen Bevölkerung sind auch bedeutende qualitative Wandlungen zu erwarten. Eine Reihe von Szenarien über den veränderten Verbraucher des Jahres 2000 und sein mutmaßliches Verhalten zu diesem Zeitpunkt wurden bereits erarbeitet und teilweise veröffentlicht, zum einen von Instituten (*Prognos AG*), von Professoren (zum Beispiel von Professor Bruno Tietz von der Universität Saarbrücken) und von namhaften Firmen (zum Beispiel *Nestlé, Shell, BAT, Asbach & Co.*). Nach aufmerksamem Studium dieser Szenarien erreichen folgende gemeinsamen Voraussagen einen hohen Wahrscheinlichkeitsgrad:

– Die Mobilität wird zunehmen durch erhöhten Besitz an Pkw (33 Mio. Pkw im Jahre 2000 gegenüber derzeit 28 Mio.) und Telefon (98 Prozent aller Haushalte im Jahr 2000);
– die allgemeine Kaufkraft wird ansteigen durch weiterhin steigende Einkommen (mit Nivellierungstendenzen, vor allem in unteren und mittleren Einkommensschichten);
– die Haushaltsgröße wird rückläufig sein, daher numerisch gleichbleibende Haushaltszahl auch bei abnehmender Bevölkerung;
– die Freizeit wird durch fortschreitende Arbeitszeitverkürzungen zunehmen (nach der Studie des BAT-Freizeit-Forschungsinstituts wird bereits 1990 die Freizeit mit 2100 Stunden die jährliche Arbeits- und Arbeitswegezeit von 2000 Stunden überholen);
– das Bildungs- und Ausbildungsniveau der Bevölkerung wird ansteigen, insbesondere bei den Frauen, die in immer stärkerem Maße berufstätig sein und sich völlig emanzipieren werden;
– die Senioren, das heißt die über 65jährigen, werden bei einer immer höheren Lebenserwartung und steigender Kaufkraft länger gesund, rüstig, konsum- und reisefreudig bleiben (und im Jahr 2000 mehr als 25 Prozent der Bevölkerung ausmachen);
– die ebenfalls kaufkräftige junge Bevölkerung wird Statussym-

bole vom Besitz auf den Konsum verlagern (und als erste „Erbengeneration" dazu auch in der Lage sein);
- der vielzitierte „Wertewandel", das heißt die zunehmende Abkehr von materiellen und die Hinwendung zu ideellen Werten, hat vermutlich zwar seinen Höhepunkt überschritten, allerdings ist mit weiter steigendem Umwelt- und Gesundheitsbewußtsein zu rechnen (hier ist ein Zwiespalt, insbesondere bei jungen Menschen, zu beobachten, die zwar lauthals besseren Umweltschutz fordern, aber nicht bereit sind, persönliche Konsequenzen in Form von Konsumverzicht oder Bequemlichkeitseinschränkungen zu ziehen: „Zurück zur Natur – aber bitte im Mercedes"-Mentalität);
- der Einfluß der Massenmedien, insbesondere des Fernsehens, wird weiterhin erheblich sein und Konsumverhalten und Meinungsbildung prägen. (Veränderte Einkaufsgewohnheiten durch BTX werden allerdings nach den neuesten Berechnungen im Jahre 2000 noch nicht in nennenswertem Maße um sich greifen.)

Zusammenfassend kann man sagen, daß der Verbraucher des Jahres 2000 zwar kaufkräftiger, aber auch durch seine bessere Ausbildung aufgeklärter und kritischer sein wird. Dabei wird eine starke Polarisierung der Verbrauchergewohnheiten zwischen den Senioren und den jüngeren Jahrgängen stattfinden.

Diese massiven Verhaltensveränderungen und die stärkere Hinwendung zu immateriellen Werten, wie Umwelt und Gesundheit, sind für *innovative* Unternehmen Herausforderung und Chance, während sie für Neuerungsunwillige eine beträchtliche Gefahr darstellen.

Verschiebung der Wettbewerbsverhältnisse

Der Wettbewerb wird sich in allen Märkten weiterhin verschärfen, darüber sind sich alle Prognostiker einig. Dies gilt sowohl für den Binnenmarkt der Bundesrepublik als auch innerhalb der EG und auf dem Weltmarkt.

Hauptursachen des zunehmenden Konkurrenzdruckes sind:
Das Hinzukommen immer neuer Anbieter von Industrieprodukten, allem voran die bereits zitierten „Schwellenländer", deren Herstellkapazitäten sich vom „no-tech"-Produkt (insbesondere Massentextilien) im Laufe der letzten zehn Jahre über den „low-tech"- bis in den „middle-tech"-Bereich von Elektroartikeln und einfachen Produktivgütern erstrecken. Im ohnehin schon heiß umkämpften Pkw-Markt stellen die koreanischen Billigautos nur einen Anfang dar, weitere pazifische Länder und vor allem China werden folgen. Und nach den neuesten wirtschaftspolitischen Willensbekundungen aus der Sowjetunion wird auch in einigen Jahren mit verstärkter Konkurrenz aus dem Ostblock zu rechnen sein.

Diese fortschreitende Industrialisierung bedeutet aber auch eine massive Kaufkrafterhöhung in den davon betroffenen Ländern und entsprechende zusätzliche Absatzchancen für Produkte bundesdeutscher Hersteller, insbesondere solcher, die „know-how-intensiv" sind und in absehbarer Zeit von den jungen, aufstrebenden Industrieländern noch nicht gefertigt werden können: der *innovative* Unternehmer wird schon jetzt den zukünftigen Bedarf dieser Gebiete an solchen Produkten aus seinem Fertigungsbereich zu ermitteln versuchen!

An dieser Stelle muß allerdings auf eine Entwicklung hingewiesen werden, die den Standort Bundesrepublik auch für arbeitsintensive und deshalb wegen der hohen Lohn- und Lohnnebenkosten in Entwicklungsländer ausgelagerte Branchen wieder interessant macht: die Prozeß-Automatisierung bis hin zur Roboterisierung! *Innovations- und investitionsfreudige* Unternehmer werden Produkte, die seit Jahren nur noch aus Südostasien bezogen wurden, in hochtechnologisierter Form wieder bei uns rentabel herstellen.

Die für 1992 vorgesehene Vollendung des gemeinsamen EG-Marktes mit dem Wegfall aller Zollschranken und Quotenregelungen innerhalb der Gemeinschaft.

Auf dem Binnenmarkt Bundesrepublik werden sich hinsichtlich der Wettbewerbsverhältnisse bis zum Jahre 2000 zwei bereits deutlich erkennbare Trends verstärkt fortsetzen:

- *Bei Massenkonsumgütern* und in großen Mengen herzustellenden Produktivgütern mit weitgehend homogenem Angebot wird es durch den zunehmenden nationalen und internationalen Wettbewerbsdruck zu Preiskämpfen kommen, die zu weiteren Konzentrationen führen. Durch die „economy of scale", die Kostendegression, haben in diesen Bereichen nur Großunternehmen Überlebenschancen.

  In der Unternehmensführung werden Finanzierungsfachleute, Controller und Rationalisierungs-Ingenieure den Ton angeben, Kostendenken und Profit-Center im Mittelpunkt des Denkens stehen.

- *Bei Gütern mit geringeren Auflagengrößen,* bei beratungs- und sevicebedürftigen Waren, im anspruchsvollen Bereich von hightech-Produkten und bei individuellen Dienstleistungen wird sich zwar auch der Wettbewerb verschärfen. Es wird aber möglich sein, durch unternehmerische Anstrengungen Wettbewerbsvorteile zu schaffen, da durch die unterschiedlichen Bedürfnisse der kleineren Märkte das Angebot differenziert sein muß. Die „economy of scale", die Degression wichtiger Kostenarten bei steigender Stückzahl, kommt hier weit weniger zum Tragen als das Eingehen auf spezielle Bedarfsstrukturen, rasche und umfassende Serviceleistungen, besonderes Know-how oder spezielle handwerklich-technische Fähigkeiten, beispielsweise beim Umgang mit bestimmten Werkstoffen. Hier gibt es Teilmärkte und Marktnischen, die weder für Großunternehmen noch für Massenanbieter aus dem Pazifik interessant erscheinen. In diesen Marktbereichen kann sich – trotz des auch hier zunehmenden Wettbewerbs – das kleine und mittlere Produktions- oder Dienstleistungsunternehmen profilieren und dem ruinösen Preiswettbewerb in den Massenmärkten ausweichen.

Wettbewerbsvorteile werden von der Unternehmensleitung geschaffen durch individuelles Eingehen auf einzelne Kundengruppen, hohe Flexibilität, Spezialisierung und die Entwicklung neuer Produkte und Dienstleistungen.

Insbesondere im Bereich der persönlichen Beratung und Dienstleistung wird es in Zukunft den geringsten Wettbewerb geben und nur wenig Ansatzmöglichkeiten für Produktivitätssteigerungen oder Preisverfall. Schon die Entwicklung der letzten zwanzig Jahre zeigte die Diskrepanz zwischen Massenfertigung und Dienstleistung: 1968 konnte man für den damaligen Preis eines Farbfernsehgerätes 150 Dauerwellen machen lassen. 1988 entspricht der Preis eines technisch wesentlich verbesserten Gerätes dem von nur 15 Dauerwellen!

Wirtschaftliche und politische Veränderungen

Zahlreiche wirtschaftliche und politische Veränderungen haben wir in den vorangegangenen Betrachtungen bereits erkannt und ihre Auswirkungen auf die Zukunftschancen bundesdeutscher Unternehmen untersucht.

Wir können uns deshalb in diesem Abschnitt auf die entscheidende Frage konzentrieren, welchem der beiden großen, miteinander konkurrierenden wirtschaftspolitischen Systemen bis zum Jahr 2000 mehr Erfolg beschieden sein wird: *der Marktwirtschaft oder der Planwirtschaft?* Dazu ist ein kurzer Rückblick in die unterschiedliche Geschichte der beiden Systeme erforderlich, der sich auf wesentliche Ereignisse beschränken soll.

Nach großen Anfangserfolgen des marktwirtschaftlichen Systems in den USA erlebte es durch die Wirtschaftskrise der 30er Jahre einen so schweren Rückschlag, daß man weltweit an die Überlegenheit der Planwirtschaft zu glauben begann. Nach dem zweiten Weltkrieg waren es das deutsche „Wirtschaftswunder" und Ludwig Erhard, die der Marktwirtschaft wieder zu Ansehen verhalfen. Doch die damaligen Wachstumsraten der Ostblockländer waren so eindrucksvoll, daß ihre Projektion in die Zukunft einen Schnittpunkt mit der Wachstumslinie der USA im Jahre 1970 ergab und Chruschtschow 1959 zur vielbeachteten und zitierten Prognose veranlaßte, die Sowjetunion werde die USA bis zum Jahre 1970 im Pro-Kopf-Einkommen überholt haben. Die tatsächliche Entwicklung verlief, wie wir heute wissen, ganz anders und beweist unter anderem die Untauglichkeit der einfachen und kritiklosen, rein mechanistischen Trendverlängerung als alleiniges Prognoseinstrument.

Dennoch gab es auch noch in den 70er Jahren namhafte Vertreter aus Politik und Wirtschaft, die behaupteten, langfristig gesehen sei die Planwirtschaft effizienter und rationaler als die Marktwirtschaft, und die aus wirtschaftlichen und sozialen Gründen auch hierzulande für den Ersatz der Marktwirtschaft durch eine Plan- oder zumindest Teil-Planwirtschaft plädierten. Es waren die Entwicklungen seit den späten 70er Jahren, also erst die vergangenen zehn Jahre, die ganz eindeutig die mangelnde Leistungsfähigkeit der Planwirtschaften unter Beweis stellten. In diesem Zeitraum ist zum Beispiel der Anteil der Sowjetunion am Welthandel von 25 Prozent Anfang der 70er Jahre auf *unter 10 Prozent* abgesunken (wobei von diesen weniger als 10 Prozent noch gut die Hälfte auf Erdöl und Erdgas entfallen, also Güter mit nur sehr geringer Wertschöpfung)!

Selbst im Osten versucht man, Elemente der Marktwirtschaft in das eigene Wirtschaftssystem zu übernehmen oder sich sogar lange verpönter „kapitalistischer" Einrichtungen zu bedienen: allen voran China, das seit seiner Öffnung zum Westen spektakuläre wirtschaftliche Fortschritte erzielt und vor kurzem in Shanghai eine Börse eröffnete! Ähnliches gilt für Ungarn, wo 1986 in Budapest ebenfalls eine börsenähnliche Einrichtung entstand. Eine Reihe von Entwicklungsländern hat sich vom ursprünglich bevorzugten sozialistischen Plansystem abgewandt und der als leistungsfähiger erkannten freien Marktwirtschaft verschrieben. Es waren aber in besonderem Maße die Reden und Schriften von Michail Gorbatschow, die mit erstaunlicher Offenheit die Mängel des eigenen Systems offenlegten und weltweit die Erkenntnis brachten, daß die freie Marktwirtschaft – bei all ihren Mängeln – doch das wesentlich leistungsfähigere Wirtschaftssystem darstellt.

Sollte Gorbatschow die von ihm angestrebte enge Zusammenarbeit mit dem Westen – bis hin zum „Joint Venture", also gemeinsamen *innovativen* Projekten sowjetischer und westlicher Firmen – realisieren können, würde diese Kooperation ungeahnte Kräfte mobilisieren. Im besten – fast utopisch anmutenden – Fall könnte ein

Synergie-Effekt entstehen, mit dessen Hilfe schwierige Zukunftsprobleme, zum Beispiel in den Bereichen der Energie- und Rohstoffversorgung, der Umwelterhaltung und der Wohlstandsanhebung der Dritten Welt gelöst werden könnten.

In den eben genannten Bereichen stößt die freie Marktwirtschaft mit ihrem Wachstumsstreben gelegentlich schon an ihre Grenzen und könnte durch Elemente der Planwirtschaft sinnvoll ergänzt werden. So führte die ständig gesteigerte Produktivität der Landwirtschaft in den westlichen Ländern zu einer Überproduktion, deren Vermarktung nicht mehr möglich ist. Bis zum Jahr 2000 muß deshalb dieses „marktwirtschaftliche" Wachstum durch „planwirtschaftlichen" Abbau der landwirtschaftlich genutzten Flächen *korrigiert* werden: in der Bundesrepublik um drei, in der EG insgesamt um 10–15 Millionen Hektar. Das Setzen von Rahmenbedingungen wird in Zukunft auch und gerade in den Ländern mit freier Marktwirtschaft häufiger als in der Vergangenheit erforderlich werden.

Trotz dieser Vorbehalte kann man sagen, daß die Aussichten zur Erhaltung und sogar Ausweitung des marktwirtschaftlichen Systems so gut sind wie nie zuvor und damit auch die weltweiten Chancen für *innovative* bundesdeutsche Unternehmen (beispielsweise für kreative Landwirte bei der innovativen Nutzung der bis zum Jahre 2000 freiwerdenden Agrarflächen).

Technologischer Fortschritt

90 Prozent aller Erfindungen der Menschheit sind in unserem Jahrhundert erfolgt, und es gehört keine große hellseherische Begabung dazu, für die bis zum Ende des Jahrhunderts verbleibenden Jahre eine Fortsetzung der exponentiell wachsenden technischen Entwicklung zu prognostizieren. Ebenso steht aber auch zu erwarten, daß durch gesetzliche Maßnahmen, die dem gesteigerten Bedürfnis nach Umweltschutz und Sozialverträglichkeit Rechnung tragen, das Tempo des technischen Wandels gebremst werden wird. Es wird zu den schwierigsten Aufgaben unserer verantwortli-

chen Politiker und der sie beratenden Fachleute gehören, einen Ausgleich zu schaffen zwischen der nach technologischen Neuerungen strebenden Wirtschaft (die im internationalen Wettbewerb mithalten muß) und dem Verlangen breiter Bevölkerungskreise nach Sicherheit von Umwelt, Frieden und Arbeitsplatz.

Der Philosoph Professor Adam Schaff, bekannt als einer der „Club of Rome"-Autoren, beurteilt Chancen und Risiken des technischen Fortschritts wie folgt: „Wir können eine phantastische Gesellschaft werden, aber auch eine schreckliche!" und bezieht sich damit auf die Zeit bis 2000 und unmittelbar danach. Im *positiven Fall* wird uns der technologische Fortschritt mehr Freizeit, bessere Bildung, weniger inhumane Arbeit und geringeren Rohstoffverbrauch, bessere und schnellere Informationen und erhöhte Verkehrssicherheit bringen, im *negativen Fall* erwartet er Massenarbeitslosigkeit, Freizeitdekadenz, computergesteuerte Kriegsmaschinerien und computerüberwachte Bürger.

Wolfgang Roth, der wirtschaftspolitische Sprecher der SPD-Bundestagsfraktion, zog kürzlich folgenden Schluß zu diesem Thema: „(...) Durch technische Innovation haben wir den gegenwärtigen Lebensstandard der westlichen Industriestaaten erreicht. Die gleiche technische Innovation ist aber ebenfalls die Ursache für die weltweiten Waffenarsenale, für die katastrophalen Umweltschädigungen und -bedrohungen und auch für die Verschärfung von Arbeitsbedingungen im Produktionsprozeß." Und weiter – nach einigen Gedanken über die enormen Wohlstandsunterschiede zwischen den einzelnen Regionen dieser Welt, die ebenfalls neuen Technologien zuzuschreiben sind, fordert er: „Das aber heißt, daß ab sofort die Innovationen nur noch völkerverträglich, sozialverträglich, umweltverträglich und humanverträglich verlaufen dürfen." Auch wenn sich manches in den weiteren Vorstellungen Wolfgang Roths über die von ihm gewünschten technischen Innovationen fast utopisch anhört, werden diese Gedanken und Forderungen in Zukunft verstärkt auftauchen und die Gesetzgebung in der Bundesrepublik – mehr als in den anderen Industriestaaten – beeinflussen.

Folgen wir dem positiven Zweig dieser „Gedeih oder Verderb"-

Szenarien, dann sind bis zum Jahr 2000 auf folgenden Gebieten technologische Fortschritte zu erwarten:
- in der *Datenverarbeitung*, die in zunehmendem Maße Informations-, Steuerungs-, Organisations- und Kontrollaufgaben übernehmen wird,
- in der *Prozeßautomatisierung* bis hin zur Roboterisierung, die in unserem Lande – bedingt durch die hohen Kosten menschlicher Arbeitskraft – besonders interessant erscheint,
- in der *Mikroelektronik*, die mit immer kleineren Aggregaten immer neue Anwendungsbereiche erschließen wird,
- in der *Gentechnologie*, mit deren Hilfe sensationelle neue Lösungswege eröffnet werden (deren möglicher Mißbrauch allerdings auch nach einer international einheitlichen Gesetzgebung verlangt!),
- in der *Biotechnologie*, die zu einer neuen chemischen Technik führen wird
- und in vielen anderen, *traditionellen* Bereichen, die von den Fortschritten auf den zuvor genannten Gebieten profitieren und durch diese sowie durch eigene Entwicklungen in der Lage sein werden, ihr Angebot immer attraktiver zu gestalten.

Die bisher hinsichtlich ihrer zukünftigen Entwicklung untersuchten Faktoren, die auf den Erfolg eines Unternehmens Einfluß ausüben, lagen außerhalb des Unternehmensbereiches. Die vier noch verbleibenden Faktoren Kapitalkraft, Unternehmensklima und Qualifikation von Management und Mitarbeitern können hinsichtlich ihrer weiteren Entwicklung in hohem Maße vom Unternehmen selbst gesteuert werden. Eine Voraussage bis zum Jahr 2000 soll deshalb nur als Gewichtung ihrer Bedeutung erfolgen.

Kapitalkraft

Zweifellos werden die kommenden Jahre bei vielen bundesdeutschen Unternehmen, insbesondere bei den *innovativen* unter ihnen, eine Verbreiterung der Kapitalbasis erfordern. Dies sollte jedoch aus mehreren Gründen ohne große Schwierigkeiten möglich sein:

- Die Bundesrepublik gilt als wirtschaftlich stabiles Hartwährungsland und übt dadurch international eine starke Anziehungskraft auf Anlagesuchende aus (zum Beispiel auf die hohen Liquiditätsüberschüsse der britischen und US-amerikanischen Pensionsfonds), auch wenn Währungsturbulenzen und Zinsgefälle vorübergehend Störungen verursachen;
- das im Land selbst vorhandene Geldvermögen der privaten Haushalte ist mit 2,5 Billionen DM so hoch wie nie zuvor und wird weiter zunehmen. Es steht entweder direkt oder auf dem Umweg über Sparkonten zur Anlage zur Verfügung (wobei allerdings ein großer Teil von den Daueremittenten Bund, Länder, Gemeinden, Post und Bahn absorbiert wird);
- Großunternehmen können sich auf dem Weg über die Kapitalmärkte Eigen- und Fremdkapital beschaffen;
- mittleren und kleinen Unternehmen steht immer mehr und in immer neuen Formen risikofreudiges Anlagekapital zur Verfügung, sei es als „Venture Capital" oder in Form direkter Beteiligungen, die von Banken und Finanzmaklern vermittelt werden. Experten erwarten im nächsten Jahrzehnt die Entwicklung eines Kapitalmarktes für Kapitalanteile kleiner und mittlerer, insbesondere *innovativer* Unternehmen;
- die steuerliche Benachteiligung der Eigenkapitalfinanzierung wird wahrscheinlich weiter abgebaut werden. Einige Ansätze zu Verbesserungen des Steuerrechts in diese Richtung gab es bereits in den letzten Jahren. Diese Verbesserung käme vorrangig den kleinen und mittleren Unternehmen zugute, die – nach den regelmäßigen Bilanzuntersuchungen der Bundesbank – im Durchschnitt höhere Renditen aufweisen als große.

Insgesamt ist also mit einer Stärkung der Kapitalkraft der deutschen Unternehmen aller Größenordnungen bis zum Jahr 2000 zu rechnen.

Unternehmensklima

Die Bedeutung dieses Erfolgsfaktors wird in Zukunft stark wachsen: „Head-Hunters" berichten, daß qualifizierte Führungskräfte häufiger wegen des ihnen nicht zusagenden Unternehmensklimas die Position wechseln als aus materiellen Gründen. Je größer die Stellenanzeigen in den Wochenendausgaben führender Tageszeitungen, um so häufiger findet man „das ausgezeichnete Betriebsklima" oder den „Teamgeist im Unternehmen" als besonderen Anreiz für qualifizierte Bewerber erwähnt. „Corporate Identity", ein erst in den letzten Jahren entstandener Begriff, beinhaltet als wichtige Komponente das innerhalb der „Corporation" herrschende Klima. Die von den beiden Autoren Peters und Watermann in ihrem Bestseller „In Search of Excellence" beschriebenen 14 US-Spitzenfirmen zeichnen sich besonders durch ihre Unternehmenskultur aus, die Kreativität und Innovation als erstrebenswerte Ziele für die Unternehmung und für jeden einzelnen Mitarbeiter setzt.

Es entspringt dem bereits zitierten „Wertewandel" und der bei qualifizierten Mitarbeitern zunehmenden materiellen Sättigung, daß eine heitere Arbeitsatmosphäre, menschliche Kontaktpflege, entgegengebrachtes Vertrauen und respektvolle Behandlung am Arbeitsplatz immer mehr an Stellenwert gewinnen.

Selbstverständlich wird auch die Leistungsfähigkeit der Mitarbeiter proportional zur Güte des Unternehmensklimas wachsen: insbesondere *kreative* Leistungen können nur unter günstigen unternehmens-klimatischen Bedingungen erbracht werden. Schon deshalb wird es sich für das erfolgsorientierte, *innovative* Unternehmen empfehlen, das vorhandene Betriebsklima zu überprüfen, zu pflegen oder zu verbessern.

Qualifikation des Managements

Die sachliche Kompetenz und die Persönlichkeitsmerkmale der Unternehmensführung sind entscheidende Kriterien für den Erfolg eines Unternehmens. Dabei werden sich allerdings die Anforderungen an den erfolgreichen Unternehmensleiter in Zukunft verschieben: vom Manager zum Entrepreneur. Im nächsten Abschnitt werden wir auf diese Entwicklung gesondert eingehen.

Qualifikation der Mitarbeiter

Die fachliche Qualifikation der zukünftigen Mitarbeiter wird durch ihre längere und bessere Ausbildung ansteigen, die der vorhandenen durch Weiterbildungs- und Umschulungsmaßnahmen angehoben werden müssen, um dem technologischen und organisatorischen Fortschritt zu entsprechen. In diesem fachlichen Bereich wird in den meisten bundesdeutschen Unternehmen bereits viel getan. Zumindest ebenso wichtig erscheinen für den zukünftigen Erfolg Ausbildung und Förderung der Persönlichkeitsmerkmale bei den Mitarbeitern, wie Leistungswille, Kooperationsbereitschaft, Verantwortungsfreude, *Mut und Kreativität*. In diesem persönlichen Bereich gilt es noch vieles zu erkennen, zu organisieren und zu verbessern: alle folgenden Kapitel dieses Buches sind diesem Thema gewidmet.

Die Bedeutung des „Entrepreneurs"

Es ist schon seltsam genug, daß im englischen Sprachgebrauch das französische Wort „entrepreneur" bis heute durch keinen gleichwertigen englischen Begriff ersetzt werden konnte. Angesehene englischsprachige Tages- und Fachzeitschriften widmen dieser erstaunlichen Tatsache immer wieder Kommentare und amüsierte Betrachtungen darüber, daß weder „manager" noch „owner" noch „boss" noch irgendeine andere Vokabel den Begriffsinhalt des Entrepreneurs auch nur annähernd treffen.

Im deutschsprachigen Gebiet glaubten wir bisher, mit dem Wort „Unternehmer" ein vollwertiges Gegenstück zu dem französischen Begriff zu besitzen. Wir sind daher zunächst erstaunt, wenn in unseren wirtschaftspolitischen Medien immer wieder der Ruf nach dem „Entrepreneur" erklingt beziehungsweise dessen Fehlen da und dort beklagt wird. Haben wir denn nicht genügend Unternehmer?

Die Frage nach Unterschieden in den Inhalten der beiden Begriffe muß deshalb geklärt werden.

Der „Entrepreneur"

Unternehmer ist gemäß Meyers Großem Taschenlexikon „(...) derjenige, der selbständig und eigenverantwortlich ein Unternehmen leitet und hierüber zu umfassenden Entscheidungen befugt ist. Der selbständige Unternehmer ist Inhaber des von ihm geleiteten Unternehmens, hat die Verfügungsgewalt über den erwirtschafteten Gewinn und trägt das Risiko." Zweifellos handelt es sich dabei um den landläufigen Unternehmerbegriff, der maßgeblich von *Werner Sombart* geprägt wurde.

Entrepreneur ist ein Begriff, der von *J. B. Say* (französischer Nationalökonom und Schüler von Adam Smith) geschaffen wurde und denjenigen bezeichnet, der es versteht, „Ressourcen neuartig und besser einzusetzen als andere".

Was für ein Unterschied zwischen dem statischen Unternehmer Sombartscher Prägung und dem dynamischen Entrepreneur, wie Say ihn sieht!

Doch gibt es auch einen deutschsprachigen Nationalökonomen, der den Unternehmer ganz anders sieht als Sombart: der Österreicher *Joseph Schumpeter*, der bereits 1935 eine damals viel zu wenig beachtete *„Innovationstheorie"* aufstellte. Darin heißt es: „Für Handlungen, die in der Durchführung von Innovationen bestehen, behalten wir uns den Ausdruck ‚Unternehmung' vor; die Personen, die sie durchführen, nennen wir ‚Unternehmer'. Diese terminologische Entscheidung beruht auf einer theoretischen Behauptung, nämlich, *daß die Durchführung von Innovationen die einzige Funktion ist, der in der Geschichte grundlegende Bedeutung zukommt*, und daß sie in der Theorie wesensbestimmend für den Typus ist, den wir gewöhnlich mit diesem Ausdruck (‚Unternehmer' – d.V.) bezeichnen. Die Unterscheidung zwischen dem Unternehmer und dem bloßen Vorstand oder Geschäftsführer einer Firma, die er nach traditionellen Richtlinien leitet, oder – da beide Funktionen selbstverständlich häufig in derselben Person vereint sind – die Unterscheidung zwischen der Unternehmer- und der Geschäftsführerfunktion ist nicht schwieriger als die Unterscheidung zwischen einem Arbeiter und einem Grundbesitzer, die auch gelegentlich ein zusammengesetztes Wirtschaftssubjekt bilden können, das man (in Amerika) einen Farmer nennt. Und es gehört doch zweifellos nur gesunder Menschenverstand dazu, um einzusehen, daß die wirtschaftliche Funktion, die entscheidet, wieviel Wolle für den Produktionsvorgang eingekauft werden soll, und die Funktion, die einen *neuen* Produktionsvorgang einführt, weder praktisch noch logisch auf der gleichen Höhe stehen." Schumpeter führt weiter aus, daß die Rechtfertigung des Unternehmergewinnes nur gegeben ist durch den Mut zum Neuen und dem damit verbundenen Risiko des Mißlingens der Innovation.

Der „Entrepreneur" von Say und der „Unternehmer Schumpeterscher Prägung" – wie er heute so oft gefordert wird – haben grundsätzlich sehr vieles gemeinsam: den Willen und den Mut zum Neuen – und die Idee dazu. Sombart hingegen verbindet mit dem Unternehmertum nur verwaltende Tätigkeiten auf höchster Ebene mit dem Ziel der Gewinnmaximierung – von Neuerungen ist bei ihm nicht die Rede. Sombarts Unternehmer entspricht den Vorstellungen, die man hierzulande eher dem „Manager" zuordnet: fachlich qualifiziert und fleißig, aber nicht kreativ beziehungsweise innovativ. Von diesen Managern hätten wir genug in Deutschland, heißt es immer häufiger, zuletzt in besonderer Deutlichkeit auf dem AIESEC-TWIN-Congress 1987 mit dem Thema „European Entrepreneurship", aber sie seien nicht in der Lage, die schwierigen gegenwärtigen und zukünftigen Probleme der Wirtschaft zu lösen. Dazu brauchen wir Unternehmertypen, die über den Fleiß und die fachliche Qualifikation von Managern hinaus *Kreativität, Mut und Persönlichkeit* mitbringen. Sie müssen den Mut zu „schöpferischer Zerstörung" (Schumpeter) besitzen, das heißt, mit überholten Vorstellungen brechen, unrentable Verfahren einstellen, veraltete Produkte eliminieren und jeweils Neues an die Stelle des Zerstörten setzen. Sie müssen Ressourcen verschiedenster Art (Menschen, Rohstoffe, Kapital) aus bisherigen Einsatzbereichen abziehen und auf neuen Gebieten besser, ergiebiger, sinnvoller einsetzen. Sie müssen aber nicht nur Ideen und Visionen haben, sondern auch in hohem Maße Energie und Durchsetzungskraft, um sie zu verwirklichen! Die Widerstände, die sich der schöpferischen Zerstörung entgegenstellen, sind meistens groß.

Unternehmer mit diesen Eigenschaften brauchen wir nicht nur in der Wirtschaft, sondern auch in sozialen und politischen Einrichtungen, in öffentlichen Institutionen, in Forschung und Lehre. Überall, wo Institutionen, Verfahren und Denkweisen verkrustet sind, bedarf es des „schöpferischen Neuerers", sei es als selbständiger Unternehmer oder als unternehmerischer Mitarbeiter.

Reinhard Mohn, der Aufsichtsratsvorsitzende der (sehr innovativen) Gütersloher *Bertelsmann AG,* äußerte sich zu diesem Thema in einem vielbeachteten Vortrag an der Universität Bielefeld im Februar 1988. Engagiert forderte Mohn mehr Kreativität bei den unternehmerischen Entscheidungen! „Innovationen und kreatives Potential sind heute *mehr gefragt denn je.*" Staat, Regierung und eine Reihe von Unternehmen hätten dies allerdings noch nicht begriffen. Mohn kritisierte, daß in den Aufsichtsräten zahlreicher Firmen vielfach Prominente mit „Erbhofmentalität" sitzen, denen sowohl Sachkenntnis als auch unternehmerische Initiative fehlten.

Die Probleme der 90er Jahre werden mit althergebrachten Methoden nicht zu lösen sein, sondern nur durch Innovationen. Die unternehmerischen Eigenschaften *Mut und Kreativität* bilden die Voraussetzung für erfolgreiche Innovationen und damit die wertvollsten Bestandteile des „human capital". Wir müssen alles tun, um diese Eigenschaften zu finden und zu fördern; denn: „Ohne ständige Innovationen ist Wirtschaftswachstum längerfristig nicht vorstellbar. Wirtschaftswachstum brauchen wir, um den erreichten Wohlstand zu sichern, die sozialen Aufgaben zu erfüllen und die Arbeitslosigkeit abzubauen." (Bundeswirtschaftsminister Dr. Martin Bangemann)

Innovationsförderung und Innovationshemmnisse

Die Beschreibung der Ausgangsposition für Innovationen in unserem Lande wäre nicht vollständig, würde man nicht auch jene Fakten aufführen, durch die Innovationen gefördert oder aber gehemmt beziehungsweise sogar verhindert werden. Wir wollen uns dabei auf die wichtigsten bschränken.

Innovationsförderung

Angesichts der großen Bedeutung für die Gesamtwirtschaft unseres Landes ist die Förderung von Innovationen vordringliche Aufgabe der Wirtschaftspolitik. Was ist in dieser Hinsicht in den letzten Jahren geschehen?

Im Vergleich zu den 70er und den ersten Jahren dieses Jahrzehnts wird von öffentlichen Stellen verschiedenster Art seit etwa 1984 sehr viel zur Innovationsförderung getan. In den 70er Jahren gab es eine krasse Ablehnung der Drittmittelforschung, also der anwendungsorientierten, von der Wirtschaft finanzierten Forschung an Universitäten und Hochschulen. Hochschullehrer, die sich damals an einem von der Industrie finanzierten Forschungsprojekt beteiligen wollten, wurden häufig als „käuflich" und „nicht mehr objektiv" bezeichnet. Kein Wunder, daß zwischen der Forschungstätigkeit der Hochschulen und der Wirtschaft eine Kluft entstand, daß eine Umsetzung von Forschungsergebnissen in die Bereiche der Praxis unmöglich wurde! Nicht ein Mangel an Forschung und Entwicklung, sondern eine falsche Zielrichtung, eine Art Wirtschaftsfeindlichkeit, eine „Wissenschafts-Bürokratie" waren typisch für diesen Zeitabschnitt. In diese Zeit fiel auch die Vergabe des bisher umfangreichsten Forschungsauftrages eines deutschen Unternehmens (*Hoechst AG*) im Bereich der Biotechnologie an ein Hochschulinstitut im Ausland (*Harvard*, Boston).

In Japan war (und ist immer noch) die Situation genau umgekehrt: wenig Grundlagenforschung, aber sofortige Verwertung eigener und *fremder* Forschungsergebnisse für die Entwicklung neuer Produkte, Verfahren und Dienstleistungen.

Es waren unter anderem auch die großen technologischen Erfolge der Japaner und Amerikaner, insbesondere die im kalifornischen „Silicon Valley" spektakulär demonstrierte Verflechtung von Wissenschaft und Wirtschaft, die zu einem Umdenken in der Bundesrepublik Deutschland führten.

So hat die Bundesregierung 1983 bereits die vier Technologiebereiche ausgemacht, in denen zu dieser Zeit der größte Nachholbedarf im Vergleich zu unseren beiden Hauptkonkurrenten bestand, nämlich

- Unterhaltungselektronik,
- Materialbearbeitung und -rückführung,
- Biotechnologie,
- Lasertechnik.

Diese Bereiche werden seither erfolgreich mit Bundesmitteln gefördert. Darüber hinaus laufen in einigen Bundesländern eigene fachspezifische Förderprogramme für Projekte in den Hochtechnologiebereichen Mikroelektronik, Datenverarbeitung, Kommunikation und Prozeßautomatisierung.

Doch auch außerhalb des High-Tech-Bereiches gibt es eine Fülle von Fördermaßnahmen für Unternehmen, welche die Größenordnung des Mittelbetriebes nicht überschreiten und förderungswürdige Innovationsvorhaben nachweisen können.

Die Fördermaßnahmen beinhalten hauptsächlich:

- Informationsbeschaffung / Anschluß an Datenbanken,
- Kreditbeschaffung (neue Vergaberichtlinien für ERP-Kredite),
- Eigenkapitalbeschaffung (zum Beispiel Venture Capital),
- Technologie-Zentren (zum Beispiel Aachen, Berlin),
- bezuschußter Technologietransfer, unter anderem mit Hochschulen.

Aber nicht nur der Bund und die Länder, sondern auch viele Gemeinden, Verbände und Kammerorganisationen führen Innovationsfördermaßnahmen und Technologieberatung durch, und es gibt inzwischen bereits erhebliche Kritik, ob nicht des Guten zuviel getan wird und ein beträchtlicher Teil der eingesetzten Mittel nicht die gewünschte Wirkung bringt. Als eine von vielen solchen kritischen Stimmen sei die FAZ vom 1. Dezember 1987 zitiert: „(...)

Viel guter Wille und noch mehr Geld sind inzwischen in die überall gegründeten Technologiezentren geflossen, doch das Resultat ist eher kümmerlich geblieben. Nach Schätzungen der Experten dürften in der Bundesrepublik dadurch nicht einmal 1000 neue Arbeitsplätze entstanden sein. Mit Recht hat der Bund der Steuerzahler diese neuartige Subventionspraxis jetzt gegeißelt. Seit einiger Zeit schon sind die Politiker ernüchtert, dabei hätten sie nur ihr immer wieder zitiertes Vorbild Kalifornien genauer betrachten sollen. Um neue Ideen zu verwirklichen und um Wagemut zu belohnen, bedarf es nämlich keiner Steuermittel. Vielmehr müssen der Rahmen, das Klima, in denen neue Ideen gedeihen können, stimmen. In Silicon Valley sind keine Steuergelder geflossen. Dort ist die Initiative auch nicht vom Staat, sondern von seinen Bürgern ausgegangen."

Wenn die zahlreichen Fördermaßnahmen also nicht den erhofften Innovationsschub gebracht haben, welche Hindernisse sind es dann, die sich Innovationen in unserem Lande entgegenstellen?

Innovationshemmnisse

Unter Innovationshindernissen verstehen wir zunächst Störfaktoren in den allgemeinen wirtschaftspolitischen Verhältnissen und in der öffentlichen Meinung, die ein günstiges Innovationsklima nicht aufkommen lassen. Aber auch innerhalb vieler Unternehmen gibt es „hausgemachte" Innovationswiderstände. Die wichtigsten aus beiden Kategorien sollten wir überdenken.

Mangelnde Flexibilität

Gewichtige Hindernisse bei Innovationen sind auf mangelnde Flexibilität zurückzuführen, auf die im Vergleich zu den USA und Japan viel geringere Fähigkeit der Bundesdeutschen, sich an Veränderungen anzupassen. Eine gewisse Starrheit in Organisationsformen, ein allzu langes Festhalten an gewohnten Verhaltensweisen und angeblich erprobten Methoden steht der Verwirklichung von neuen Ideen in unserem Lande sehr häufig im Wege. Diese als

„Eurosklerose" auch in anderen europäischen Ländern auftretende Krankheit äußert sich bei uns in folgenden Erscheinungen:

1. *Starrheit in der Tarifpolitik,* Festhalten an überalterten Regelungen und vor Jahren getroffenen Vereinbarungen, Ablehnung von Teilzeitarbeit und befristeten Arbeitsverträgen durch die Gewerkschaften. Hierher gehört auch das Festhalten an Mindestlöhnen für die nicht qualifikationsfähigen Arbeitnehmerschichten, die einfach überholt und nicht mehr gerechtfertigt sind und viele Tausende zur Dauerarbeitslosigkeit verdammen.

2. *Das „Besitzstandsdenken"* ist ein fast unüberwindbares Element bundesdeutscher Denkweise. Nicht nur Arbeitnehmer und Gewerkschaften sind darin fest verhaftet und widersetzen sich dringend notwendig gewordenen Anpassungen, auch Unternehmer beharren auf einmal gewährten Subventionen, selbst wenn die Voraussetzungen dafür längst weggefallen sind. Das führte übrigens in der Vergangenheit häufig zu Überlegungen wie: „Für welches Produkt erhalte ich Subventionen?", statt „Welches Produkt verlangt der Markt?". Subventionen sind in der Regel innovationsschädlich. Sie begünstigen das Festhalten am Gewohnten, sie begünstigen Großbetriebe und vernachlässigen Mittel- und Kleinbetriebe. Ihr Abbau ist schwierig – wegen des eben beschriebenen Besitzstandsdenkens.

3. *Unbeweglichkeit in der Verwaltung* ist ein sehr ergiebiges Suchfeld für Innovationshemmnisse. Stellvertretend für viele stehen die starren Vorschriften der Bauordnung und deren ebenso starre Auslegung durch viele jeder vernünftigen Argumentation unzugängliche Beamte; Gewerbeinspektoren mit einem hohen Maße an Innovationswiderstand; Mitarbeiter in Gesundheitsämtern, Arbeitsämtern, Beschaffungsämtern, an deren fehlender Dynamik schon viele Innovationsansätze gescheitert sind.

4. *Mängel in Erziehung und Ausbildung.* Um Innovationen durchzuführen, braucht man fachspezifisch qualifizierte Mitarbeiter, *die zudem zur Erbringung von Höchstleistungen motiviert sind.*

Im Hinblick auf fachspezifisch hochqualifizierten Nachwuchs herrscht in unserem Lande in gewissen Bereichen Nachholbedarf. Als Beispiel sei der Mangel an Ausbildungsplätzen für Informatiker und auf dem Sektor der Prozeßautomatisierung aufgeführt. Dem Mangel an hochqualifizierten Absolventen in den High-Tech-Bereichen steht immer noch ein hoher Überschuß an mittelqualifizierten Soziologen, Pädagogen, Psychologen und anderen an den Bedürfnissen des Arbeitsmarktes vorbeiproduzierten Akademikern und Pseudo-Akademikern gegenüber.

Ganz besonders muß aber auf *die geringe Förderung kreativer Begabungen* an unseren Schulen hingewiesen werden. Ansätze zu einer Änderung auf diesem Gebiet sind nur spärlich zu erkennen, zum Beispiel innerhalb des DABEI-Projektes (DABEI – Deutsche Aktionsgemeinschaft Bildung–Erfindung–Innovation e.V. in Bonn), wo wir lesen: „Als ein Ergebnis der Projektarbeit wird DABEI besondere Empfehlungen an Lehrer und Erzieher ausarbeiten, damit die Qualitäten junger Menschen auf dem Gebiete techno-ökonomi-scher Kreativität besser als bisher erkannt und weniger (zum Beispiel als verhaltensauffällig) nivelliert werden."

Umweltschutz und Technologiefeindlichkeit

Das Thema Rahmenbedingungen wäre nicht vollständig behandelt, wenn man nicht auch auf Fragen des Umweltschutzes und der Technologiefeindlichkeit einginge. Dabei können wir uns aus zwei Gründen kurz fassen:

Zum einen wird gegen ein vernünftiges Maß an Umweltschutz niemand etwas einzuwenden haben, und jede Innovationsmaßnahme muß auf ihre Umweltbeeinflussung untersucht werden – genauso sorgfältig wie auf ihre Marktchancen. Wogegen Innovatoren sich mit Recht wenden, sind *übertriebene* Umweltschutzmaßnahmen, die als einzige Auswirkung eine Erhöhung der Kosten und Verminderung der internationalen Konkurrenzfähigkeit haben. Hier kann mit einer zunehmenden Einsicht der maßgeblichen Stellen gerechnet werden – in vielen Fällen sogar die Unterstützung der

Gewerkschaften in Anspruch genommen werden – vorausgesetzt natürlich, daß das Projekt entsprechend positive Auswirkungen auf den Arbeitsmarkt hat.

Zum anderen sprach man zwar bis vor noch nicht allzu langer Zeit immer von der „wachsenden" Technologiefeindlichkeit. Inzwischen ist anzunehmen, daß der Höhepunkt (oder muß man sagen: Tiefpunkt) des Widerstandes gegen die Einführung und Anwendung neuer Technologien über- beziehungsweise unterschritten ist. Zwei Fakten erhärten diesen Optimismus:

Erstens weisen Politiker und maßgebliche Persönlichkeiten aus *allen* vernünftig denkenden Kreisen immer häufiger und dringlicher auf die Notwendigkeit des technischen Anschlusses an das Niveau anderer Industriestaaten hin, und zweitens haben sich die meisten düsteren Prognosen der Technologiefeinde nicht erfüllt, so zum Beispiel die Voraussage der Bundesanstalt für Arbeit aus dem Jahre 1978, nach der es in der Bundesrepublik *1985* bei Nutzung der neuen Technologien bereits *vier* Millionen Arbeitslose geben würde!

Hindernisse für erfolgreiche Innovation in den Unternehmen

Es sind zwei immer wiederkehrende Mängel, die bei der Innovationstätigkeit vor allem in mittleren und kleinen Unternehmen auftreten:

Erstens *der zu geringe Stellenwert*, den man Innovationsaufgaben zuordnet. Innovation ist oberste Managementaufgabe und nicht, wie vielfach gehandhabt, durch Herrn Meyer oder Frau Müller nebenher zu betreuen, da sie ohnehin nicht voll ausgelastet sind! Der Grundsatz: „Nun innoviert mal schön, aber es darf weder Zeit noch Geld kosten" ist zwar häufig anzutreffen, aber deshalb nicht weniger falsch. Vor kurzem wurden in einer Managementzeitung die Führungsprofile amerikanischer, japanischer und bundesdeutscher Unternehmen veröffentlicht. In den USA und in Japan gehört es zu den *Pflichtaufgaben* des Vorstandes, sich einmal im Monat *einen vollen Tag und ausschließlich* mit Innovations-Management zu befassen. Demgegenüber ist es in der Bundesrepublik nahezu unmöglich, *sämtliche* Vorstandsmitglieder zur Innovationsplanung auch nur einen einzigen Tag im Jahr an den Konferenztisch zu bekommen. Dieser geringe Stellenwert wirkt sich auch auf die Budgetierung aus: die Ansätze für die Realisierung von neuen Produkt- oder Verfahrens- oder Vertriebsideen sind in der Regel zu gering! (Weniger die Ausgaben für Forschung und Entwicklung, sondern für die Praxisumsetzung!). In diesem Zusammenhang ist auch zu bedauern, daß es in den deutschen Hochschulen noch immer keine Schwerpunkte für „Innovations-Management" gibt und es dem Gutdünken der Lehrenden überlassen bleibt, inwieweit sie diesen wichtigen Bereich in ihren Vorlesungen berücksichtigen oder nicht. So gewinnen die angehenden Manager schon früh den Eindruck, Innovation sei nebensächlich und nicht die einzig richtige Erkenntnis, nämlich, daß Innovationen das Herzstück echten Unternehmertums darstellen. Kein Wunder also, daß sie sich später auf kurzfristig wirksame, meist phantasielose *Wettbewerbstaktiken* über den Preis konzentrieren, statt langfristig angelegte, ideenreiche Innovations-*Strategie* zu betreiben.

Zweitens ist zu beklagen die *viel zu geringe Systematik* sowohl in der Planung als auch bei der Durchführung von Innovationsvorhaben. Der Innovationsprozeß hat so gut wie keine Eigendynamik und gerät immer wieder ins Stocken, wenn er nicht vorangetrieben wird. Zahlreiche größere und kleinere Innovationsruinen gibt es deshalb in fast jedem Unternehmen, ehemals mit viel Schwung begonnen, dann ins Stocken geraten, vernachlässigt und vergessen. Man erinnerte sich ihrer erst wieder, als die Konkurrenz mit einem ganz ähnlichen Produkt auf den Markt kam und großen Erfolg damit hatte. Da begann das Stadium der „Schuldzuweisung" für die versäumte Chance.

Mehr Systematik bei der Innovationsrealisierung muß daher in Unternehmen aller Branchen und Größenordnungen um sich greifen, um aus guten Ideen neue Verfahren und erfolgreiche Produkte zu machen.

Innovationsförderung und -hemmnisse

Nach all den weitreichenden und vielfältigen Betrachtungen dieses Kapitels kann man zusammenfassend sagen: Die Bundesrepublik Deutschland nimmt im internationalen Wettbewerb einen hervorragenden Platz ein. Als rohstoffarmes Land mit den höchsten Arbeitskosten und der kürzesten Arbeitszeit kann es sich diese Stellung nur durch gezielten Einsatz seiner wichtigsten Ressource sichern: des human capital.

2. Kapitel

Wie setzt sich das „human capital" zusammen?

Human capital ist in jedem Unternehmen beinahe unerschöpflich vorhanden. Lern- und Leistungsbereitschaft schaffen, versteckte Ressourcen im Mitarbeiter wecken, sind die wichtigsten Voraussetzungen, um Arbeitsmotivation und -zufriedenheit zu erreichen. Der wichtigste Teil des human capital ist jedoch die Kreativität. Von der Entdeckung und Entwicklung verborgener Kreativitäts-Reserven hängt die Zukunft eines jeden Unternehmens ab.

> *Wertvoll an einem Unternehmen*
> *sind nur die Menschen,*
> *die dafür arbeiten, und der Geist,*
> *in dem sie es tun.*
>
> *Heinrich Nordhoff*

Was können, was wollen unsere Mitarbeiter leisten?

Wie groß ist eigentlich das „human capital"? Wir hören immer wieder von Fachleuten, der durchschnittliche Mitarbeiter setze nur maximal 40–60 Prozent seiner Leistungsfähigkeit am Arbeitsplatz ein, der Rest verkümmere, was eine unverantwortliche Vergeudung sei. Bevor diese Behauptung überprüft werden kann, sollte man erst einmal feststellen, was wirklich an Ressourcen im Menschen steckt.

Die moderne Psychologie weiß, daß der Mensch zeit seines Lebens ein lern- und leistungsbereites Wesen ist, das – wenn es die richtigen Anreize bekommt – zu erstaunlichen Taten fähig ist. Schon das Neugeborene fängt in den ersten Minuten seines Daseins an, die Umwelt lernend zu erleben und richtig darauf zu reagieren. Das Bedürfnis nach Nahrung wird durch Jammern und Schreien zunächst noch ganz unbewußt signalisiert, um dann zu erfahren, daß sofort die Mutter kommt und die Brust beziehungsweise das Fläschchen anbietet. Später wird die Umgebung ertastet und erkrabbelt und so die Dimension der Gegenstände und des Raumes erfaßt oder besser ausgedrückt: erlernt.

Lernen ist das Erwerben oder auch Verändern von Reaktionen, die dann stabil vorhalten und nicht mehr „vergessen" werden.

Jedes Lebewesen ist jedoch nur dann lernbereit, wenn es darin auch einen Sinn sieht. Es muß Beweggründe dazu geben oder eine

Motivation dazu vorhanden sein. Der Säugling hat Hunger und „lernt", daß durch Schreien eine Bedürfnisbefriedigung erzielt wird. Und wenn die nervenstrapazierte Mutter nicht mehr gleich auf das erste kräftige Schreien reagiert, erfährt das kleine Wesen, daß vielleicht ein anderes Verhalten günstiger ist, etwa das Wimmern und Jammern, das für die Umwelt dann „ernster" klingt und sofortige Fürsorge auslöst.

Wenn man sich mit der Lern- und Leistungsbereitschaft von Menschen beschäftigt, so muß man zunächst etwas über deren Motivation wissen.

Die Motivation (Beweggründe des Verhaltens) steuert alles Verhalten, ob das die Wahrnehmung, das Denken, das Handeln ist.

Gerade beim Menschen zählen zur Motivation aber nicht nur diverse körperliche Triebe wie Hunger und Durst, sondern auch höhere Bedürfnisse bis hin zum Willen als einer besonders starken psychischen Kraft – nicht umsonst sagt man, der Wille kann Berge versetzen, oder: Wo ein Wille, da ein Weg.

Zur Einschätzung der menschlichen Leistungskraft ist also die Beschäftigung mit der Motivation der richtige Ausgangspunkt. Abbildung 6 verdeutlicht diesen Ablauf.

Ein typisches Beispiel im Betrieb wäre etwa das Bedürfnis nach Lob. Der Mitarbeiter erwartet, daß durch ein spezielles Verhalten (zum Beispiel eine Verbesserung vorschlagen) vom Chef eine entsprechende Rückmeldung kommt (wie ausdrückliches Loben vor den Kollegen). Reagiert der Vorgesetzte erwartungsgemäß, „merkt" sich dies der Arbeitnehmer und macht sich bei nächster Gelegenheit erneut Gedanken über Einsparungsmöglichkeiten am Arbeitsplatz. Blockt der Chef den Verbesserungsvorschlag dagegen ab („Sie sollten lieber Ihre Arbeit tun, statt sich den Kopf über Dinge zu zerbrechen, die Sie nichts angehen!"), „lernt" der Mitarbeiter, daß es sich nicht lohnt, seinen Geist für die Firma einzusetzen, es kommt zu Desinteresse, Dienst nach Vorschrift, „innerer Kündigung".

Wie wird dann aber das Lobbedürfnis erfüllt?

Was können, wollen Mitarbeiter leisten?

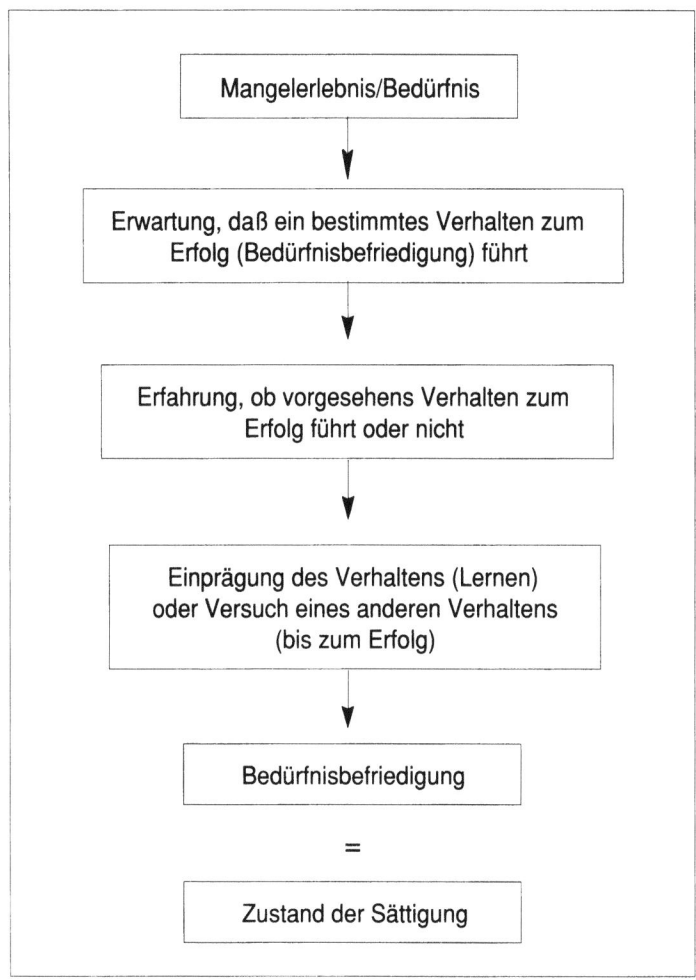

Abbildung 6: Motivation steuert Verhalten

Die Befriedigung wird in anderen Bereichen versucht, sei es im informellen Kontakt mit den Kollegen oder im Privaten. Man sucht das Lob etwa dadurch, daß man sich zum Gegenpol des Chefs entwickelt und dessen Anweisungen sabotiert. Der Vorgesetzte läuft auf und die Kollegen klatschen Beifall. Oder der Mitarbeiter engagiert sich im Sportverein, beim Kegeln, bringt es zu großartigen

Leistungen bei seinem Hobby – kurz, das Lob wird durch Siege, Auszeichnungen oder Beifall der anderen erteilt.

Nicht recht haben daher die Arbeitgeber, die davon ausgehen, ihre Untergebenen seien grundsätzlich nicht leistungsmotiviert, ihr Interesse bestehe nur darin, Geld zu verdienen und sich ansonsten ein schönes Leben zu machen. Wer eine solche Einstellung bei seinen Mitarbeitern beobachtet, muß sich die Frage gefallen lassen, ob er es zu verantworten hat, daß die ursprünglich immer vorhandene Lern- und Leistungsbereitschaft verkümmert ist.

Im Jahre 1960 formulierte es Douglas McGregor (deutsche Ausgabe 1970, 1986) in seinem berühmten Buch „The Human Side of Enterprise": Viele Arbeitgeber hätten die einseitige und unzulässige Annahme, daß der Mitarbeiter weder einen arbeitsbezogenen Ehrgeiz noch das notwendige Verantwortungsbewußtsein gegenüber seinem Betrieb habe. Dadurch hätten sie die Möglichkeiten des durchschnittlichen Mitarbeiters bislang nur teilweise genutzt („Theorie X"). Man müsse bei der Arbeit viel mehr Gelegenheit schaffen, daß der Mensch auch seine höheren Bedürfnisschichten befriedigen kann. Die individuellen und betrieblichen Ziele müßten integriert werden („Theorie Y"). Diese Forderung von McGregor – sie ist auch heute noch absolut gültig – löste schlagartig das Interesse an den Bedürfnissen und Wünschen des Mitarbeiters bei der Arbeit aus und die Frage, wie man als Arbeitgeber darauf wohl am besten eingehen könne.

Zum einen informierte man sich nun in den Forschungsbereichen der allgemeinen Motivationspsychologie, zum anderen entstand eine neue Forschungsrichtung, nämlich die Untersuchung der speziellen Arbeitsmotivation und -zufriedenheit. Beispielhaft für den Versuch, allgemeine Aussagen von Motivationspsychologen auf den arbeitenden Menschen zu übertragen, mag die berühmt gewordene und in vielen Führungslehren zitierte „Bedürfnispyramide" von Maslow (1954) sein.

Auf mögliche Vorbehalte gegenüber diesem Modell soll hier nicht eingegangen werden. Sicher ist sein Bekanntheitsgrad auch darauf zurückzuführen, daß man einen einfachen „Fahrplan" durch die

Was können, wollen Mitarbeiter leisten?

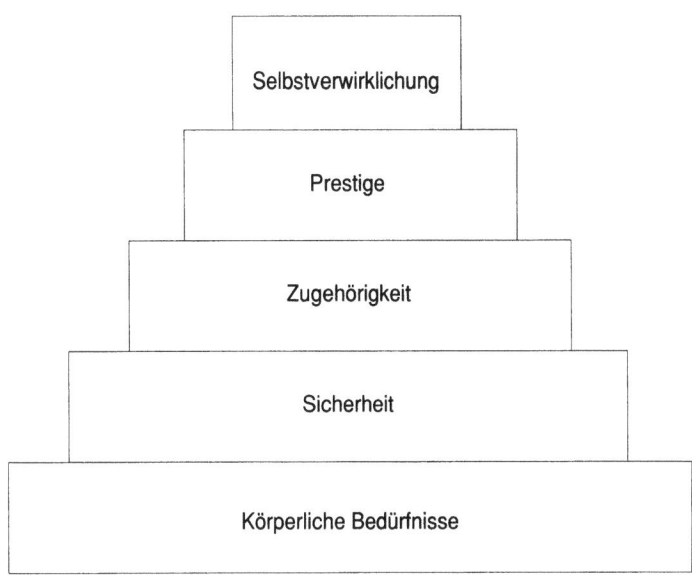

Abbildung 7: Maslowsche Bedürfnispyramide

Motivationsstruktur von Menschen bekommen hat, der gerade auch bei der Arbeit seine Gültigkeit haben kann. Betont wird bei diesen Maslowschen Gedanken nämlich, daß es keineswegs nur körperliche Bedürfnisse sind, die den Menschen in seinen Verhaltensweisen steuern, und daß es nicht nur das Geld ist, für das man arbeitet. Aus Sicherheitsbedürfnissen heraus wählt man zum Beispiel einen krisensicheren Arbeitgeber, die Zugehörigkeitsbedürfnisse erklären den Wunsch nach einem guten „Betriebsklima", aus dem Anerkennungs- und Prestigebedürfnis entsteht das Streben nach Lob durch den Vorgesetzten, und das Selbstverwirklichungsbedürfnis schließlich läßt viele Mitarbeiter nach einer verantwortungsvollen Tätigkeit suchen, die einen eigenen Entscheidungsspielraum bietet. Sicher sind diese diversen Bedürfnisgruppen bei den Menschen unterschiedlich stark ausgeprägt – entscheidend ist jedoch die Verdeutlichung, daß Geld allein nicht glücklich macht!

Die Vielfalt menschlicher Motive, die je nach aktueller Bedürfnislage Befriedigung suchen, wird auch in den Untersuchungen speziell zur Arbeitsmotivation und -zufriedenheit deutlich. Bei in den 60er Jahren begonnenen Forschungsprojekten herrschte zunächst die Idee vor, die für die Arbeitszufriedenheit stärksten und relevantesten Bedürfnisse zu finden. Der Amerikaner Frederik Herzberg (1966) war der erste, der deutlich formulierte, daß eine solche „Hitliste" nicht möglich sein kann, da situative und individuelle Gegebenheiten die persönliche Motivationsstruktur eines jeden einzelnen unterschiedlich prägen können. Der Einfluß des Elternhauses und der Erziehung spielt sicher eine ebenso große Rolle wie das Lebensalter und die Umweltbedingungen jedes Individuums. Schlechte Arbeitsmarktverhältnisse werden eher das Sicherheitsbedürfnis verstärken; der Unternehmersohn wird nicht unbedingt Beamter werden wollen.

Herzberg stellte hierzu die berühmt gewordene Zwei-Faktoren-Theorie auf: Er spricht von „Hygienefaktoren" und „Motivatoren".

Hygienefaktoren:
Ihre Nichterfüllung führt zu Unzufriedenheit

Motivatoren:
Ihre Erfüllung führt zu Zufriedenheit

Herzbergs Unterscheidungen sind bedeutsam im Hinblick auf die Leistungsbereitschaft des Mitarbeiters: Werden die Hygienefaktoren (Herzberg zählt hierzu zum Beispiel Kollegialität und Arbeitsbedingungen) bei der Arbeit nicht erfüllt, reagiert der Mensch mit Unzufriedenheit, und es werden Wege zur Ersatzbefriedigung gesucht. Sind indes die Hygienefaktoren ausreichend erfüllt, bedeutet dies noch keinen Ansporn zur Leistungssteigerung. Ihre Nichtbefriedigung kann dagegen den Betreffenden so verärgern, daß er keine Leistungsbereitschaft mehr zeigt. Diese wird erst durch die Erfüllung der Motivatoren angeregt, wozu Herzberg die Anerkennung durch den Vorgesetzten, eine interessante Tätigkeit, die Spaß macht, Verantwortung, Vorwärtskommen etc. zählt.

Neuere Ansätze sprechen von „ex-" und „intrinsischen" Motiven (von Rosenstiel 1980). Extrinsische Motive sind solche, die durch die Folgen oder Begleitumstände einer beruflichen Tätigkeit befriedigt werden, zum Beispiel viel Geld verdienen oder unter Menschen sein. Intrinsische Motive dagegen werden durch die Tätigkeit selbst befriedigt, zum Beispiel der Drang nach selbständiger Arbeit ohne Fremdbestimmung.

Allen Klassifikationen aber ist gemeinsam, daß sie sich hüten, allgemeingültige quantitative Aussagen zum Vorhandensein bestimmter Motive zu machen. Sie zeigen vielmehr die Vielfalt menschlicher Arbeitsmotive und ihren Bezug zur Leistung auf.

Was ist nun *Arbeitszufriedenheit?*

Locke (1976) erklärt es so:

„Arbeitszufriedenheit kann definiert werden als ein angenehmer oder positiver emotionaler Zustand, der sich aus der Bewertung des eigenen Jobs oder der Joberfahrung ergibt".

Dies bedeutet, daß jedes Individuum für sich konstatiert, wie weit seine Bedürfnisse am Arbeitsplatz befriedigt werden, wie weit also personelle Ansprüche und Arbeitsverhältnisse zusammenpassen. Dies ist wiederum ein Frage der jeweiligen Arbeitsmotivation, die sich von Person zu Person als anders strukturiert erweisen kann.

Was ist *Arbeitsmotivation?*

Man kann darin den Anspruch eines Individuums an ein Beschäftigungsverhältnis sehen, inwieweit dieses das Bündel an Bedürfnissen und Vorstellungen erfüllt, die mit der auszuführenden Arbeit in Verbindung gebracht werden.

Die Arbeitsmotivation ist daher zunächst der Sollzustand, die Arbeitszufriedenheit der subjektive Maßstab für die Bewertung des Ist-Zustandes.

Nun ist, wie einschlägige Untersuchungen zeigen, der Zusammenhang zwischen Leistung und Zufriedenheit wesentlich komplexer, als man es vermuten mag. Das Ursache-Wirkungsverhältnis ist bislang nicht eindeutig geklärt: Ist die Leistung Ursache der Zufriedenheit oder umgekehrt? Keinesfalls richtig ist die Ansicht, der zufriedene Mitarbeiter sei satt und leiste nichts mehr. Jeder Mensch, jeder Arbeitnehmer hat so viele Motivatoren, die man ansprechen kann, daß es den nicht mehr motivierbaren Mitarbeiter wohl nie geben wird – vielmehr zeigt die Praxis, daß immer noch Leistungsreserven brach liegen und warten, in Anspruch genommen zu werden.

Am Rande soll noch darauf hingewiesen werden, daß das beobachtete Engagement am Arbeitsplatz nicht nur Folge der Leistungsbereitschaft ist, sondern daß auch andere Faktoren darauf einwirken:

- Motivation / Zufriedenheit,
- Fähigkeiten,
- Fertigkeiten,
- Situation.

Ungenügende Eignung, bedingt durch mangelnde Fähigkeiten oder unzulängliche Ausbildung (Fertigkeiten) kann natürlich ein negatives Leistungsbild ebenso verschulden wie situative Faktoren (zum Beispiel Schichtarbeit, private Sorgen). Diese Aspekte finden indes in der Praxis Berücksichtigung (zum Beispiel Testbatterien bei Auswahlverfahren, durch die sich der Bewerber quälen muß). Gutes „human capital" wird den Unternehmen heute mehr denn je zur Verfügung gestellt; nur wirft es nicht ausreichend Zinsen ab, um im internationalen Wettbewerb zu bestehen.

Die Leistungsbereitschaft des Mitarbeiters schließt auch seine Lernbereitschaft ein. Sie ist gegenwärtig angesichts der sich ständig ändernden Anforderungen an die Unternehmen und damit an die einzelnen Arbeitsplätze für ihr Überleben unverzichtbar. Hier ist es ähnlich wie mit der Leistung. Wir sind unser ganzes Leben lang lernfähig und haben nach Aussagen der Gedächtnisforscher im allgemeinen bis zu 60 Prozent ungenutzte Reserven im Gehirn. Die Praxiserfahrung lehrt, daß motivierte (zufriedene) Mitarbeiter unproblematisch immer wieder lernen, sich wechselnden Gegebenheiten im Betrieb anzupassen und damit richtig umzugehen. Paradebeispiel sind die „Computerfreaks", die – altersunabhängig – sich neuen Aufgaben und Problemen mit Begeisterung stellen und weit nach Arbeitsschluß bis in die tiefe Nacht Programme austüfteln, die bestimmte Abläufe im Unternehmen rationeller gestalten sollen. In jedem Menschen brennt zunächst das Flämmchen der Neugier – beim Kleinkind, das sich die Umwelt erobert, ebenso wie beim Jugendlichen, der auf seinen Beruf vorbereitet werden soll und beim Mitarbeiter, der eine neue Stelle antritt. Nur – wenn man das Feuer ausgehen läßt, anstatt es zu entfachen, braucht man sich nicht mehr zu wundern, wenn man nur noch kalte Asche vorfindet. Gemeint ist hiermit manches Elternpaar, mancher Erzieher und Ausbilder, aber auch mancher Unternehmer und Vorgesetzte.

Was ist Kreativität, was ist Innovation?

Die Begriffe „Phantasie", „Kreativität" und „Innovation" stehen in einem engen Verhältnis zueinander und sind dennoch Bezeichnungen für ganz verschiedene Aspekte.

Voraussetzung für jede Art von Kreativität ist die Phantasie, die Vorstellungskraft. Albert Einstein sagt zu ihr: „Aus ihr können entweder phantastische Produkte ohne Gebrauchswert für andere Menschen oder aber kreative Produkte zum Nutzen der Gesellschaft entstehen".

Kreativität unterteilt sich in ästhetische Kreativität als Selbstzweck (Beispiel: der Künstler, der eine Symphonie, ein Bild, ein Gedicht schafft) und problemlösende Kreativität als Mittel zum Zweck (Beispiel: Techniker und Kaufleute entwickeln durch Ideen und Erfindungen Lösungsansätze für Probleme).

Die Verwirklichung solcher Lösungsansätze wird Innovation genannt; sie tritt in Erscheinung durch neue Produkte, Verfahren, Maschinen, Vertriebskooperationen etc.

Anders ausgedrückt:

Innovation = Ideenfindung plus Ideenrealisierung
  (in Anlehnung an Schulte/Winck 1985)

Innovation beinhaltet also Kreativität, verlangt aber mehr: die Umsetzung der Gedanken etwa in ein neues Produkt (= Produktinno-

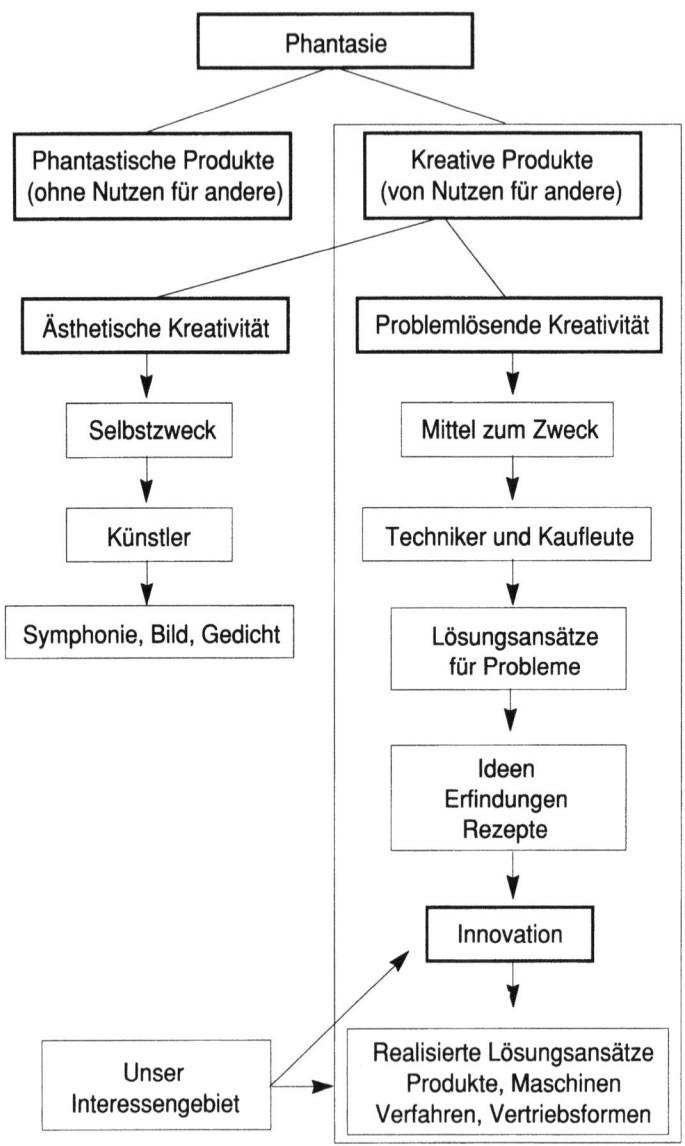

Abbildung 8: Innovation durch Phantasie

vation) oder in einen neuen Fertigungsprozeß (= Prozeßinnovation).

Schulte/Winck (1985) verstehen unter Innovation „alle Komponenten der unternehmerischen Aufgaben, wie Durchsetzung von Marktanteilen durch neue Vertriebsformen, neue Produktionsverfahren, neue Beschaffungswege, Aufdeckung neuer Anwendungsformen sowie Realisierung neuer Problemlösungen". Sie betrachten auch die spätere laufende Produktbetreuung noch als Innovationsstufe.

Wenn man es ganz genau nimmt, kann man sogar noch unterscheiden zwischen

Basisinnovation = revolutionierende (umwälzende) Entwicklungen (zum Beispiel Kernenergie, Mikroprozessor)

und

Normalinnovation = Innovation der kleinen Schritte, zum Beispiel Beschleunigung von Abläufen, wärmedämmende Bauteile.

Bei der Bestimmung des innovativen Leistungspotentials von Menschen wird man auf Kreativitätsmerkmale sicher nicht verzichten können. Sie allein machen den innovativen Mitarbeiter nicht aus, sind aber doch ein entscheidender Bestandteil.

Während der Innovationsbegriff und damit die Auseinandersetzung mit ihm noch jüngeren Datums ist (obwohl sich Schumpeter schon 1935 damit beschäftigt hat, taucht er in den wissenschaftlichen und wirtschaftlichen Diskussionen erst in den 70er Jahren gehäuft auf), begann die systematische Kreativitätsforschung schon ein Jahrzehnt früher. Als Auslöser wird laut Ulmann (1968) ein Vortrag von Guilford 1950 in seiner Eigenschaft als Präsident der „American Psychological Association" genannt. Er wies darauf hin, daß trotz moderner amerikanischer Erziehungsmethoden kreative Menschen in der Wissenschaft und Industrie der USA fehlen. Häufig wird auch der „Sputnikschock" (Sauermann 1969, Krause 1972) als Anlaß zu intensiven Untersuchungen über die Kreativität gesehen. Die Tatsache, daß die Sowjetunion völlig überraschend den ersten Satelliten der Geschichte ins Weltall schickte, führte in Amerika zu Überlegungen, wie dies möglich war.

Man entdeckte, daß in den sozialistischen Ländern schon in den Schulen nicht nur Wissen, sondern genauso das Entdecken und Lösen von Problemen gelehrt und geübt wird. Es zeigte sich klar: Wissen allein ist nicht mehr Macht, sondern auch logisches Überlegen und Analysieren mit Hilfe des vorhandenen Wissens, um dann den „zündenden" Gedanken zu bekommen.

Die daraus folgenden Forschungen wuchsen allerdings sehr schnell ins Unendliche, und die Übersicht ging dabei verloren, ebenso leider die Einheitlichkeit der Begriffe. Denn was heißt nun Kreativität?

Altmeister Guilford selbst versteht unter Kreativität: „divergierendes Denken", das heißt, beim Problemlösen die Richtung wechseln, sobald dies erforderlich ist, um somit zu einer Mannigfaltigkeit von Antworten zu kommen, die alle richtig sind. Gegenstück dazu wäre das „konvergierende Denken", Aneignung von möglichst Verläßlichem, Wissen also. Hier ist nur eine Lösung richtig.

Der deutsch-amerikanische Psychologe Wertheimer meinte in seinem stark beachteten Buch „Produktives Denken" (1957), Kreativität sei die Überführung einer diffusen, komplexen Gestalt (das Problem) in eine gute, durchschaute, geordnete Gestalt (die Problemerfassung und -lösung), und er nennt dies „produktives Denken". Dagegen wendet sich wieder Hilgard 1959: Schöpferisches Denken heißt, die zu beantwortenden Probleme überhaupt erst zu finden, und produktives Denken ist nur ein Unteraspekt davon, nämlich bereits vorliegende Probleme durch Einsicht und Umstrukturierung zu lösen.

Weitere Begriffe, die im Zusammenhang mit Kreativität genannt werden, sind zum Beispiel Genialität oder Hochbegabung, Originalität, inventiveness (Erfinden von noch nicht Dagewesenem), discovery (Entdecken von Unbekanntem), Offenheit gegenüber der Umwelt, Gedankenflüssigkeit, Spontaneität, das „Spüren von Problemen" etc.

Was ist Kreativität, was ist Innovation? 71

Hier bewegt man sich schon weg von rein begrifflichen Definitionen hin zu Eigenschaftsaufzählungen für „kreative" Menschen. Die Forschungsergebnisse über kreative und innovative *Eigenschaften* (Fähigkeiten) sind mittlerweile ebenfalls fast unüberschaubar geworden. Sie umfassen grundlegende Untersuchungsergebnisse genauso wie Anwendungsdiskussionen, insbesondere bezogen auf die Entwicklung der Kreativität von Kleinkindern.

Eigenschaften des innovativen Mitarbeiters

Im folgenden werden stellvertretend für alle einige besonders wichtige Forscher und Autoren zitiert. Dabei ist in den Aufzählungen oft ein fließender Übergang zwischen kreativen und innovativen Fähigkeiten zu erkennen.

G. Ulmann stellte in ihrem Buch „Kreativität" (1968, S. 72 ff.) bereits fest, daß kreative Eigenschaften eine Konstellation von Persönlichkeitscharakteristika und kognitiven Faktoren seien, die einen kreativen Prozeß ermöglichten und zu einem kreativen Produkt führten. Sie seien in der Zeit zwar stabil, jedoch bedürfe es einer bestimmten Umgebung, um sie voll zu entfalten.

Oerter nennt in seiner „Psychologie des Denkens" (1971, S. 314 ff.) als Haupteinteilungsgesichtspunkte zum Begriff Kreativität die Faktoren „Flüssigkeit", „Flexibilität" und „Originalität", wobei er unter letzterem Seltenheit im Sinne von Ausgefallenheit und Qualität im Sinne von cleverness meint. Er weist auf die Schwierigkeiten hin, die sich mit der Messung der Kreativität ergeben, so Schwankungen der Kreativität, kulturelle Einflüsse auf kreative Leistungen und das Problem der Aktivierung kreativer Leistungen. Daher sei es schwer, Normen für kreative Leistungen aufzustellen. Auch Oerter spricht von notwendigen begleitenden Persönlichkeitsmerkmalen, die die Kreativität begünstigen. Diese sind:

- Autonomie im Denken und Verhalten (Nonkonformismus),
- Offenheit gegenüber neuen Erfahrungen (Erhaltung der Neugiermotivation),

- Introversion und innere Kontrolle der Denkprozesse (intrinsische Motivation),
- Expression innerer Prozesse (Emotionen),
- Widerstand gegen Hemmungsvorgänge beim Lernen,
- aktives Verarbeiten von Konflikten.

Sehr viele Autoren beziehen sich auf den Altmeister der Kreativitätsforschung, Guilford, so beispielsweise I. Seiffge-Krenke (1974). Die Autorin stellt in ihrem Kapitel „Methodische und theoretische Probleme der Kreativitätsforschung" folgende Faktoren von Guilford vor:

- vier Flüssigkeitsfaktoren (Produktion von Worten, Assoziationen, Ideen und Sätzen),
- zwei Flexibilitätsfaktoren (spontane oder adaptive Produktion einer Vielzahl verschiedener Ideen),
- Originalität,
- Elaboration,
- sensitivity to problems,
- penetration,
- redefinition.

Guilford sieht Kreativität als divergentes Denken, bei dem die beste Lösung die statistisch seltenste ist. Gegenüber vorhandenen oder möglichen Kreativitätstests erhebt auch Seiffge-Krenke manche Einwände, so die Kulturabhängigkeit und Dominanz verbaler Verfahren, die mangelnde Einbeziehung von Erkenntnissen über Neugier, Interesse, streßfreie Atmosphäre etc. sowie den Mangel an sinnvollen und objektiven Kriterien für kreative Leistungen. Sie fordert, daß unter anderem folgende theoretische Postulate getestet werden müßten:

- Interesse für Neues, Ungewöhnliches,
- Eigeninitiative, Bedürfnis nach Meisterung,
- Resistenz gegenüber voreiliger Ideenreduktion,
- Voraussehen von Konsequenzen,
- Toleranz gegenüber Mehrdeutigkeit, Schwierigkeit,
- Risikoverhalten etc.

R. Krause (1972, S. 31 ff., S. 79 ff.) weist darauf hin, daß in den vorhandenen Kreativitätstests nur Dispositionen für eventuelle spätere kreative Leistungen gemessen werden und dadurch die Vorhersagegültigkeit schwer zu bestimmen sei. Er bezieht sich unter anderem auf MacKinnon (1968), demzufolge Merkmale eines kreativen Produktes sind:

– Neuheit, Originalität,
– Realitätsangepaßtheit,
– ästhetische Vollkommenheit der Lösung,
– Hervorbringen neuer Existenzmöglichkeiten für Menschen durch die Schaffung des kreativen Produktes,
– Ausarbeitung, Realisierung und Kommunikation der zugrundeliegenden Idee.

Besonders intensiv hat sich auch Torrance mit Kreativitätstests und somit auch den Konzeptionen, auf denen sie basieren, beschäftigt (1968). Kreatives Problemlösen ist für ihn verbunden mit folgenden Statements:

– Das Denkergebnis besitzt Neuartigkeit und Bedeutsamkeit.
– Man muß vorher akzeptierte Vorstellungen zurückweisen und unkonventionell denken.
– Hohe Motivation und Beharrlichkeit sind notwendig.
– Man muß das Problem selbst im Detail formulieren können.

H.-J. Krämer orientiert sich in seinen Ausführungen „Zu Konzept und Diagnose der Originalität" (1979) an Wilson u.a. (1954), denen zufolge Originalitätstests mindestens eine der drei folgenden Fähigkeiten messen sollen:

– Die Fähigkeit, in Problemsituationen Lösungen zu finden, die im statistischen Sinn selten sind.
– Die Fähigkeit, entfernte, das heißt nicht naheliegende beziehungsweise keine banalen Assoziationen herzustellen.
– Die Fähigkeit, gescheite beziehungsweise schlagfertige Reaktionen zu produzieren.

Er weist aber auch darauf hin, daß es im Hinblick auf die Komplexität anerkannt kreativer Produkte und der in der Literatur dargestellten Modelle des Problemlöseprozesses als unrealistisch erscheint, Meßverfahren zu konstruieren, die hinreichende Kreativitätstests seien. Sie könnten im allgemeinen wohl nur als mehr oder weniger gelungene Operationalisierungen von Teilprozessen kreativen Schaffens, und zwar insbesondere von Einfalls- und Problemwahrnehmungsprozessen, betrachtet werden, wobei sogar angenommen werden könne, daß der divergente Testcharakter eher einem noch weitgehend ziellosen Problemsuchprozeß als einem durch die Problemgestaltung gesteuerten Einfallsprozeß entspricht. Nochmals soll auf E. P. Torrance zurückgegriffen werden: In seinem Aufsatz „Lernprozesse bei problemlösendem und schöpferischem Verhalten" (Lernen und Erziehen, S. 132 ff.) betrachtet er Kreativität als einen Sonderfall des Problemlösens. Kreatives Lernen erfordert durch schöpferisches und problemlösendes Verhalten über Erkennen, Erinnern und Logik hinaus auch noch Urteilsfähigkeit, unübliche Denkmethoden und neuartige Definitionen. Urteilsfähigkeit erstreckt sich dabei vor allem auf das Aufdecken von Problemen, Widersprüchen und Informationslücken; die unüblichen Denkmethoden sind durch Flüssigkeit, Flexibilität, Originalität und durch sorgfältige Ausarbeitung geprägt.

Sehr umfangreich ist inzwischen auch die Literatur zur Anwendung der Kreativität bei betrieblichen Problemen, etwa im Sinne der Ideenfindung. Die meisten Ausführungen kennzeichnen sich dadurch, daß sie Meinungen der Autoren wiedergeben, die einer empirischen Grundlage entbehren. Charakteristisch ist aber, daß neben rein kreativen Fähigkeiten (bei denen hauptsächlich Guilford mit seinen Faktoren Geläufigkeit, Flexibilität, Originalität, Elaboration, Sensitivität und Neudefinieren zitiert wird) auch Persönlichkeitsmerkmale genannt werden, so bei M. Gege (1976):

– offene Haltung gegenüber der Umwelt,
– Kritikfähigkeit,
– Anpassung an veränderte Bedingungen,
– sich lösen von konventionell und traditionell geprägten Anschauungen,
– neue Erkenntnisse konträr dagegensetzen.

Außerdem:
- schnelles Erkennen von Veränderungen,
- rasche Anpassung an Veränderungen (nicht Opportunismus!),
- Ideenreichtum,
- Vorliebe für komplexe Situationen,
- üppige Phantasie,
- Unabhängigkeit von sozialer Anerkennung,
- Risikofreude,
- Erfolgsmotivation,
- Initiative,
- Frustrationstoleranz.

Zum einen sind einige dieser Merkmale sicher mehr dem Intelligenzspektrum zuzuordnen, und zum anderen ist zu bedenken, daß der kreative Prozeß nur dann ans Licht treten kann, wenn auch die inneren Voraussetzungen, wie zum Beispiel Motivation, dazu vorhanden sind. Auch D. Gebert (1979) geht in seinem Aufsatz „Förderung von Kreativität und Innovation in Unternehmungen" davon aus, daß in der psychologischen Forschung zur Kreativität ein persönlichkeitstheoretischer Ansatz von einem denkpsychologischen Zugang zur Kreativität unterschieden wird. Nach einer kritischen Literaturdurchsicht kommt Gebert in seinem Ausblick auf drei wichtige Gesichtspunkte:

1. Es müsse noch sorgfältiger als bisher überlegt werden, wie die Variable „Kreativität" überhaupt definiert und operationalisiert werden soll.

2. „Die Aufgabenstruktur hat für die Kreativität einer Person die Stellung eines Nadelöhrs".

3. „Von Personen ausgearbeitete Problemlösungen mögen – aus der Sicht von Experten – durchaus kreativ sein; für das Unternehmen werden sie aber erst zu einer Innovation, wenn sie auch von der politischen Führungsspitze als „kreativ" akzeptiert werden und damit nicht an der Frage der politischen Durchsetzbarkeit scheitern. Zwischen der Kreativität von Personen und der Innovativität einer Unternehmung steht unter anderem demnach

noch der Filter der Macht beziehungsweise Durchsetzung von Neuerungen".

Insbesondere in der Managementliteratur wird neuerdings intensiv das Thema Innovation behandelt. So ist beispielsweise in der Zeitschrift *Management Wissen* (11/1982) ein Faktorenkatalog von W. Borkel aufgeführt, der über die Innovation entscheiden soll. Darin sind folgende Fähigkeiten enthalten:

- Probleme erkennen,
- innere Spannungen ertragen,
- eine Sache von mehreren Seiten sehen,
- Wissen neu ordnen und Meinungen bereinigen,
- sich energisch und ausdauernd engagieren,
- realistisch urteilen,
- Spezialwissen verknüpfen,
- seine Ideen verkaufen.

Wenngleich solche Auflistungen von ihrer Begriffsbestimmung her sicher unscharf sind, verdeutlichen sie doch, daß Leistungs- und Persönlichkeitsfaktoren zusammen erst die Dispositionen zur Innovation ausmachen. In derselben Zeitschrift führt H. Schlicksupp (12/1982) folgende Merkmale kreativer Menschen auf:

- offene Haltung gegenüber der Umwelt,
- kritische Wahrnehmung der Umwelt,
- differenziertes Reagieren auf Umwelteinflüsse,
- Lösung von traditionellen Anschauungen,
- Vorliebe für Neues,
- fähig sein, Konflikte zu ertragen,
- Vorliebe für komplexe, unausgeglichene Situationen,
- hartnäckige Ausdauer,
- eher aufgaben- als statusorientiert,
- unkonventionell,
- nonkonform,
- autonom,
- sozial introvertiert,
- sich selbst genügend,
- emotionell stabil,

- dominant,
- hohes Verantwortungsbewußtsein,
- sensibles Reagieren auf die Umwelt,
- gefühlsbetont,
- dynamisch,
- wortgewandt,
- humorvoll.

„Kreativität zeigt das Ausbrechen aus Routinen an, beinhaltet Phantasie und Vorstellungsvermögen, um die Grenzen des Herkömmlichen und Gewohnten zu überwinden."

Abschließend noch eine Beschreibung des „typischen Problemlösers" von Bernd Rohrbach, der sich intensiv mit Kreativitätstraining befaßt (zitiert nach L.-Weeser-Krell, 1973):

- Er ist vital (da zwischen Vitalität und Kreativität ein direkter Zusammenhang besteht);
- unter 45 (da bei älteren Semestern kritisch-analytisches Denken überwiegt);
- ein guter Organisator (da Organisationsprobleme kombinatorisches Denken erfordern);
- vielseitig gebildet (da eine gute Allgemeinbildung die Einarbeitung in spezielle Problemkreise erleichtert);
- bilderreich im Ausdruck (da dies auf die wesentliche Fähigkeit des Denkens in Analogien schließen läßt);
- zur Übernahme von Risiken bereit (da kreative Prozesse mit Risiken verbunden sind);
- hartnäckig in der Verfolgung seiner Ziele (da der Kreative stets Widerstände überwinden muß);
- unempfindlich gegenüber Rückschlägen (da solche erfahrungsgemäß eintreten).

Sicher ist diese Charakteristik nicht ganz ernst gemeint, denn die Altersabhängigkeit eines typischen Problemlösers („unter 45") ist wohl kaum haltbar.

Lassen Sie uns diesen Absatz mit der Erkenntnis beschließen: Das human capital besteht aus der Leistungsbereitschaft, dem Einsatzwillen, der Lernfähigkeit, dem Ausbildungsstand und der Kreativität der Mitarbeiter eines Unternehmens. Die wichtigste Ressource für die Zukunft ist die Kreativität.

3. Kapitel

Arten kreativer Mitarbeiter

Eine enorme Kreativitäts-Reserve steckt in unseren Unternehmen. Vielfach liegt ungenutztes Potential brach und wartet auf Entdeckung. Es zu erkennen ist nicht einfach, denn oft verbirgt es sich ausgerechnet in den Mitarbeitern, von denen man es am wenigsten erwartet. Diese unerkannten, anonymen Kreativen warten auf den Prinzen, um aus ihrem Dornröschenschlaf geweckt zu werden.

Kreativitäts-Ressourcen

> *Laßt uns den so ungemein wichtigen „kreativen Funken" nähren, der den Unterschied ausmacht zwischen erstklassig und drittklassig.*
>
> Alex Osborne
> (Erfinder des Brainstorming)

In den beiden vorausgegangenen Kapiteln haben wir festgestellt, daß die Ausgangsbasis der bundesdeutschen Wirtschaft im zukünftigen noch härteren internationalen Wettbewerb günstig ist, zum erfolgreichen Bestehen ist jedoch gezielter Einsatz des „human capital", der Rückgriff auf alle vorhandenen menschlichen Ressourcen im Unternehmen, unabdingbare Voraussetzung.

Als einen der wertvollsten Bestandteile des human capital haben wir soeben die Kreativität definiert, die Fähigkeit des Menschen, Probleme unterschiedlichster Art auf bisher nicht bekannte oder zumindest nicht übliche Weise zu lösen. Wir sind um so mehr auf das kreative Potential unserer Mitarbeiter – und Mitmenschen – angewiesen, je zahlreicher, schwieriger und ungewöhnlicher die Probleme sind, die in Zukunft im politischen, wirtschaftlichen und technologischen Bereich mit hoher Wahrscheinlichkeit auf uns zukommen werden. In manchen Branchen, für manchen Kleinbetrieb, für spezielle politische Konstellationen kann nur erhöhte Kreativität eine Chance zum Überleben bieten. Zu diesem Schluß kamen wir bereits in unseren bisherigen Überlegungen und haben seine Richtigkeit durch eine große Anzahl von Zitaten namhafter Autoren und Praktiker hinreichend belegt.

Man sollte also meinen, daß über diese als besonders wertvoll erkannte menschliche Eigenschaft nicht nur allenthalben lobend gesprochen wird, sondern daß systematisch das kreative Potential gesucht und gefördert wird. Dies ist hierzulande jedoch nicht der Fall. Von wenigen Ausnahmen abgesehen, ist die vielfach erhobene Forderung nach mehr Kreativität als rein rhetorische Übung anzusehen und steht in krassem Widerspruch zum tatsächlichen Umgang mit besonders kreativen Mitmenschen in Schulen, Betrieben und im öffentlichen Leben, denen dort sehr oft mit Mißtrauen, vielfach sogar mit Ablehnung oder Zurechtweisung begegnet wird.

Wie kommt es zu diesem scheinbaren Widerspruch?

Er ist zu erklären durch eine in Jahrhunderten geprägte Denkweise mechanistischer Art, die auf den Lehren von René Descartes fußt: wahr sei nur, was man mit der Ratio erkennen könne, und alles in der Natur unterliege einem unabänderlichen, gesetzmäßigen Mechanismus. Dieses Dogma, übernommen und weiterentwickelt von Leibnitz, Kant und anderen deutschen Philosophen, beeinflußt heute noch in hohem Maße unsere Pädagogen – auch wenn sie sich noch so fortschrittlich gebärden – und läßt wenig oder gar keinen Spielraum für Kreativität und Intuition. Zu dieser Negierung der Kreativität aus dem philosophischen Bereich kam noch die jahrzehnte-, ja fast jahrhundertelange Vernachlässigung des Menschen bei der Industrialisierung, verbunden mit einer Überbewertung der Produktionsfaktoren Grund und Boden und vor allem Kapital. Dem Produktionsfaktor Arbeit wurde höchstens durch ein intensives Streben nach Kostenreduktion Rechnung getragen. Maßnahmen wie die unter dem Begriff „Taylorismus" bekannte Zerlegung des Arbeitsablaufes in Einzelhandgriffe zum Zweck der Fließbandarbeit führten zwar zu erheblichen Kostenvorteilen, hatten aber höchst negative Auswirkungen auf Kreativität und Arbeitsfreude.

Der Begriff des „human capital" ist noch sehr jung – die Tatsache, daß er immer häufiger gebraucht und vermutlich auch in seinem Begriffsinhalt voll verstanden wird, rechtfertigt noch nicht die Annahme, daß auch entsprechende Maßnahmen eingeleitet werden, um möglichst „human-capital-kräftig" zu werden. Der Abstand vom – nicht ohne Absicht – „verdummten", aus dem Mitdenken und der Mitverantwortung völlig entlassenen Fließbandarbeiter hin zum „kreativen Mitdenker" ist zu groß, um in einer kurzen Zeitspanne und mit nur wenigen Schritten überwunden zu werden. Die Einführung der „Inselfertigung" anstelle der Fließbandarbeit in

Schweden – auch in der Bundesrepublik allmählich nachvollzogen – ist ein Beispiel für einen solchen Schritt in die richtige Richtung.

Ein anderes, sehr extremes Beispiel für die Schwierigkeit von Umstellungsprozessen im Bereich menschlicher Verhaltensweisen liefert die Sowjetunion, in der neuerdings – unter dem Druck der ständig rückläufigen wirtschaftlichen Produktivität und vor den Augen einer interessierten Weltöffentlichkeit – der Versuch unternommen wird, den Schlendrian jahrzehntelanger Gleichgültigkeit der überwiegenden Zahl der Bürger am Wirtschaftsprozeß und dessen Ergebnissen durch kreativen Einsatz jedes einzelnen zu ersetzen. Die Prognosen der internationalen Beobachter reichen dabei von langsamen, aber doch erreichbaren Erfolgen bis hin zum totalen Scheitern dieses Versuches.

In der Bundesrepublik ist die Erkenntnis im Vordringen, daß eine der Hauptvoraussetzungen für die Erhaltung der wirtschaftlichen Wettbewerbsfähigkeit und damit unseres Wohlstandes die Erschließung des „human capital" und damit vor allem der vorhandenen Kreativitätsreserven ist. Seit dem Abschluß unseres Forschungsprojektes im Jahre 1985 können wir sogar ein stark zunehmendes Interesse an Methoden der Kreativitätsmessung und -förderung feststellen und haben uns deshalb entschlossen, die uns bekannten vorhandenen und die von uns neu erarbeiteten und inzwischen erprobten Methoden zu veröffentlichen.

Vor Beginn unserer Forschungsarbeit 1982 hatten wir Überlegungen angestellt, inwieweit es hinsichtlich des Kreativitätsmerkmales unterschiedliche Typen von Mitarbeitern gibt und für welche von ihnen unsere Kreativitätsmessung angelegt werden sollte. Wir kamen dabei zu dem Ergebnis, daß es drei unterschiedliche Arten von kreativen Mitarbeitern gibt.

Geniale Kreative

Darunter verstehen wir Entdecker, Erfinder, Forscher und Künstler, die zu kreativen Höchstleistungen befähigt sind. Ihr Anteil an der Gesamtzahl der Mitarbeiter ist so gering, daß er sich in Prozentzahlen nicht ausdrücken läßt, also weit unter einem Prozent liegt. Häufig sind solche geniale Kreative gar nicht in fester Anstellung, sondern arbeiten freiberuflich. Aber selbst im Angestelltenverhältnis wird ihr Vertrag so gestaltet, daß er ihnen die für sie unbedingt erforderlichen Freiräume zur Entfaltung ihrer kreativen Schaffenskraft garantiert. Das enorme kreative Potential der genialen Kreativen entzieht sich der Bewertung und bedarf auch keiner Förderung.

Von den genialen Kreativen können wir echte technologische oder gestalterische Neuheiten erwarten, zum Beispiel ein Medikament zur Behandlung einer bisher unheilbaren Krankheit oder eine entscheidende Verbesserung eines Produktionsablaufes oder ein völlig neues, treibstoffsparendes Fahrzeugmodell.

Selbstverständlich bedarf es zur Erhaltung der wirtschaftlichen Leistungsfähigkeit unseres Landes in hohem Maße dieser genialen Kreativen. Es ist in erster Linie Aufgabe der öffentlichen Stellen, solche Talente zu entdecken und zu entwickeln, zum Beispiel im Rahmen der Hochbegabten-Förderung, und vor allem dafür Sorge zu tragen, daß sie unserem Land erhalten bleiben und nicht ins Ausland abwandern.

Im Rahmen unserer Arbeit wollten wir uns mit dieser Gruppe deshalb nicht näher befassen.

Professionelle Kreative

In diese Kategorie fallen alle Mitarbeiter, deren Berufsbezeichnung schon ein überdurchschnittliches Maß an vorhandener Kreativität vermuten läßt: Ingenieure, Designer, Modellmacher, Grafiker,

Professionelle Kreative

Layouter, Texter etc. Diese Gruppe von Mitarbeitern macht im Durchschnitt aller Unternehmen nach unserer freihändigen Schätzung etwa 2–5 Prozent aller Mitarbeiter aus. Dies gilt natürlich nicht für alle jene Unternehmen, die vorwiegend oder ausschließlich im kreativen Bereich tätig sind: so werden in Werbeagenturen oder Architekturbüros wahrscheinlich bis zu 90 Prozent der Beschäftigten zu den professionellen Kreativen zählen.

Auch in allen anderen Unternehmenstypen sind die professionellen Kreativen mit der Erbringung schöpferischer Leistungen betraut.

Von ihnen erwartet man die Weiterentwicklung oder Verbesserung vorhandener Produkte oder Verfahren, das Schaffen neuer Produkte und Verfahren mit relativem Neuigkeitswert, die zügige Umsetzung von neuen Ideen genialer Kreativer in marktgängige Produkte beziehungsweise anwendbare Verfahren, überzeugende Werbeaussagen, neue Modelle, brauchbare Skizzen und Entwürfe etc.

Die *Messung des kreativen Potentials* dieser Gruppe von Mitarbeitern kann in zwei Fällen von besonderem Interesse sein:

– bei der Auswahl neu einzustellender Mitarbeiter nach Kreativitätsgesichtspunkten und
– beim Suchen eines vom kreativen Potential her gesehen besonders geeigneten vorhandenen Mitarbeiters für eine spezielle Aufgabe.

In beiden Fällen sollte man systematisch vorgehen und den neuen Mitarbeiter nach einer der im 5. Kapitel beschriebenen Methoden auswählen. Im zweiten Fall kann man entweder eine Methode aus dem 5. Kapitel oder das von uns entwickelte und im 4. und 7. Kapitel eingehend dargestellte Verfahren einsetzen. Auf keinen Fall sollte man die Auswahl dem Zufall überlassen oder sich allein von emotionalen Gesichtspunkten lenken lassen.

Die *Förderung der professionellen Kreativen* erfolgt zumeist im Rahmen eines vorgesehenen beruflichen Weiterbildungsprogramms, doch haben sich in der Praxis auch die meisten der im 6. Kapitel beschriebenen Methoden bewährt.

Anonyme Kreative

Wir schätzen, daß etwa 30 Prozent aller Mitarbeiter – zusätzlich zu den professionellen Kreativen – ein überdurchschnittlich hohes Maß an Kreativität besitzen. Wir gehen dabei davon aus, daß
- sich die kreativen Gaben nach der Gaußschen Normalverteilung verhalten und
- ein Teil der Mitarbeiter ein gleiches oder sogar höheres Maß an Kreativität besitzt als der Durchschnitt der professionellen Kreativen, das aber unerkannt und ungenutzt bleibt.

Abbildung 9 soll unsere Einteilung der Mitarbeiter in geniale, professionelle und anonyme Kreative veranschaulichen:

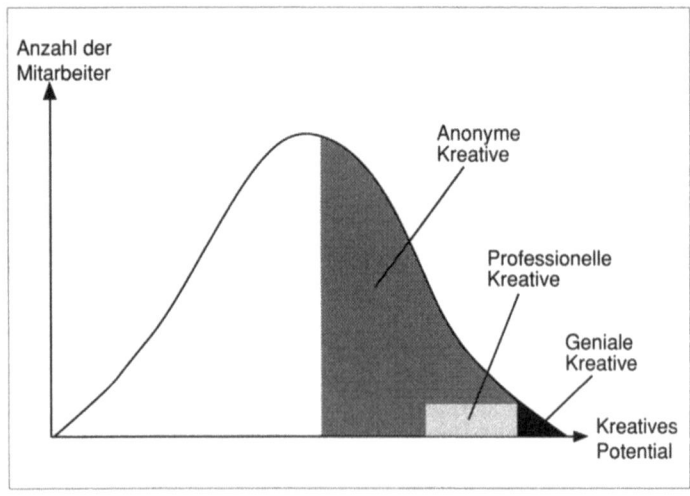

Abbildung 9: Die Kreativen unter den Mitarbeitern

Diese anonymen Kreativen zu identifizieren und *ihre* Kreativität zu bewerten, zu fördern und optimal einzusetzen, ist unser vordringliches Anliegen.

Anonyme Kreative

Wir finden die anonymen Kreativen in allen Bereichen der Unternehmen (und natürlich auch außerhalb von Wirtschaftsunternehmen in der Verwaltung, im Gesundheitswesen, in der Justiz), wo sie häufig mit Aufgaben beschäftigt sind, bei denen ihre Fantasie überhaupt nicht oder in viel zu geringem Maße zum Tragen kommt. Dabei wären sie in hervorragender Weise geeignet, mit neuen Ideen und ungewöhnlichen Gedankengängen zur Lösung von Problemen im Produktions-, Absatz-, aber auch Verwaltungs- und Finanzierungsbereich wertvolle, vielleicht entscheidende Beiträge zu leisten. Kein Unternehmen kann es sich erlauben, diese Mitarbeiter weiterhin unerkannt an von den Ansprüchen an die Kreativität unterentwickelten Arbeitsplätzen zu lassen, statt sie – zum Vorteil des Unternehmens wie auch zur eigenen Selbstverwirklichung – zumindest zeitweise mit kreativen Aufgaben zu betrauen.

Tabelle 2: Human capital

	Geniale Kreative	Professionelle Kreative*	Anonyme Kreative**
Prozent	nicht darstellbar	2–5	ca. 30
Bewertung	Kein Zugriff	Durch vorhandene Verfahren möglich	Durch „Kreativitätsprofil" möglich (s. 4. Kap.)
Förderung	Kein Zugriff	Erfolgt im Rahmen der beruflichen Weiterbildung	Durch vorhandene und von uns entwickelte Verfahren möglich

* Ingenieure, Designer, Modellmacher, Grafiker, Texter etc.
** Mitarbeiter in allen Abteilungen

Unsere weiteren Ausführungen zur Identifizierung, Förderung und zum richtigen Einsatz kreativer Mitarbeiter werden sich
- so gut wie nie auf die genialen Kreativen,
- selten auf die professionellen,
- sondern im wesentlichen auf die *anonymen kreativen* Mitarbeiter beziehen.

Tabelle 2 verdeutlicht unsere Vorgangsweise.

Zu den einzelnen Typen kreativer Mitarbeiter wollen wir feststellen: Geniale Kreative treten in den verschiedensten Bereichen unübersehbar in Erscheinung. Professionelle Kreative werden in unterschiedlichen innovativen Arbeitsgebieten eingesetzt. Das kreative Potential zahlreicher Mitarbeiter in allen Abteilungen des Unternehmens ist jedoch in den meisten Fällen unentdeckt und bildet eine enorme, brachliegende Kreativitäts-Reserve.

4. Kapitel

Wie innovativ sind vorhandene Mitarbeiter?

Der Bedarf der Wirtschaft an einem verläßlichen Meßinstrument für die nicht entdeckten kreativen Mitarbeiter ist groß, bisher jedoch nicht befriedigt. Dies veranlaßte die Verfasser zur Durchführung eines Forschungsprojektes mit dem Ziel, das innovative Leistungspotential anhand objektiver Faktoren messen zu können.

> *Kreativität und Intelligenz
> garantieren die Konkurrenzfähigkeit
> der Deutschen trotz der hohen
> Lohnkosten, Fehlzeiten und
> Arbeitszeitvekürzungen.*
>
> Ernst Fiala

Die elf Faktoren des innovativen Leistungspotentials

Aus der Fülle der vorhandenen Ergebnisse und Ansichten zur Kreativität haben wir hypothetisch ein *Eigenschaftskonzept* formuliert, das sowohl *rein kreative als auch begleitende intellektuelle Fähigkeiten als auch Persönlichkeitsmerkmale enthält*. Bei den kreativen Fähigkeiten orientierten wir uns hauptsächlich an den Aussagen von Guilford (beginnend mit seinem richtungweisenden Aufsatz „Kreativität" 1950); wir berücksichtigten aber auch die Ergebnisse jüngerer Forschung (zum Beispiel G. Ulmann), die das Eigenschaftskonzept der Kreativität ausgeweitet haben.

Im einzelnen sind dies folgende Begriffe:

Kreative Fähigkeiten:

- Gedankenflüssigkeit,
- reicher Wortschatz,
- divergentes Denken („sich nicht mit einer Lösung zufrieden geben"),
- Originalität (Seltenheit und Qualität),
- Elaboration („exaktes Ausarbeiten"),
- Redefinition („das Wesentliche herausfinden"),
- unkonventionelles Denken,
- Penetration („Durchdringen eines Problems").

Begleitende intellektuelle Fähigkeiten:
- Flexibilität im Denken,
- Problemaufspüren (sensitivity to problems),
- kritische Realitätskontrolle,
- Organisationsfähigkeit,
- Konzentrationsfähigkeit.

Begleitende Persönlichkeitsmerkmale:
- Nonkonformismus,
- Offenheit gegenüber neuen Erfahrungen (Neugiermotivation, Gegenteil von Rigidität),
- intrinsische Motivation (lebendig, vielseitig interessiert),
- optimistische Grundhaltung,
- Expression innerer Prozesse (ungehemmt sein),
- Verhinderung von Stereotypien und Gewohnheiten (Lust am ‚anders machen'),
- aktives Verarbeiten von Konflikten,
- Risikobereitschaft und -verhalten,
- Toleranz gegenüber Mehrdeutigkeit,
- Vorliebe für Schwierigkeiten,
- Ausdauer und Frustrationstoleranz,
- Selbstbewußtsein, Selbstsicherheit, Unabhängigkeit.

Dieses hypothetische Eigenschaftskonzept bedurfte einer empirischen Überprüfung. Dabei hielten wir es für richtig, Praktiker zu befragen, die aus ihren Erfahrungen mit kreativen Mitarbeitern das theoretische Konzept bewerten konnten. Da von vornherein abzusehen war, daß sich die begleitenden Persönlichkeitsmerkmale nur sehr schwer diagnostisch erfassen lassen würden, ganz abgesehen von der rechtlichen Problematik, beschränkten wir uns auf die rein kreativen Fähigkeiten und gegebenenfalls begleitenden intellektuellen Fähigkeiten. Den Begriff „Penetration" ließen wir außer acht, da er uns mit „Elaboration" und „Redefinition" zu sehr verwandt schien.

Bei der Erarbeitung verschiedener Fragebogenversionen waren Gespräche mit Personalfachleuten und Führungskräften Quellen voller Anregungen für uns. Wir mußten feststellen, daß der Praktiker überfordert ist, wenn er zu den Kreativitätsmerkmalen in ihrer abstrakten Formulierung Stellung nehmen soll. Deshalb entwickelten wir einen Fragebogen, der die hypothetisch zugrunde gelegten Kreativitätsmerkmale in jeweils drei Verhaltensbeispiele umsetzte, die für kreative Mitarbeiter typisch sind. Mit Hilfe einer fünfstufigen Skala konnte der Befragte dann seine Zustimmung zu den einzelnen Items ausdrücken.

Der Fragebogen wurde in folgenden Branchen verteilt:

- Technische Produktion,
- Handel,
- Lebensmittelherstellung,
- Versicherungen.

Sieben Großunternehmen sowie Führungskräfte, die wir über Verbände erreichten, beteiligten sich an der Befragung. Der Rücklauf ergab eine auswertbare Stichprobengröße von N = 267.

Bei einer numerischen Gewichtung von

0 („stimme gar nicht zu") über
1 („stimme weniger zu"),
2 („stimme teilweise zu"),
3 („stimme überwiegend zu") bis
4 („stimme völlig zu")

erzielten die einzelnen zugrunde gelegten Faktoren die in Abbildung 10 aufgeführten arithmetische Mittelwerte.

Das Gesamtergebnis macht deutlich, daß die elf kreativen und begleitenden intellektuellen Faktoren aus der Sicht der Praktiker unterschiedlich wichtig sind, aber kein Punkt völlig herausfällt. Die in der Literatur überwiegend vorherrschende Ansicht, daß das Kreativitätskonzept aus diversen Faktoren bestehen muß, hat sich auch im Urteil der Praktiker bestätigt. Den von uns zur Diskussion gestellten Begriffen wurde, soweit sie unmittelbar Kreativitätseigenschaften betreffen, voll zugestimmt. Bei den begleitenden intellektuellen Merkmalen war die Zustimmung etwas geringer. Offen-

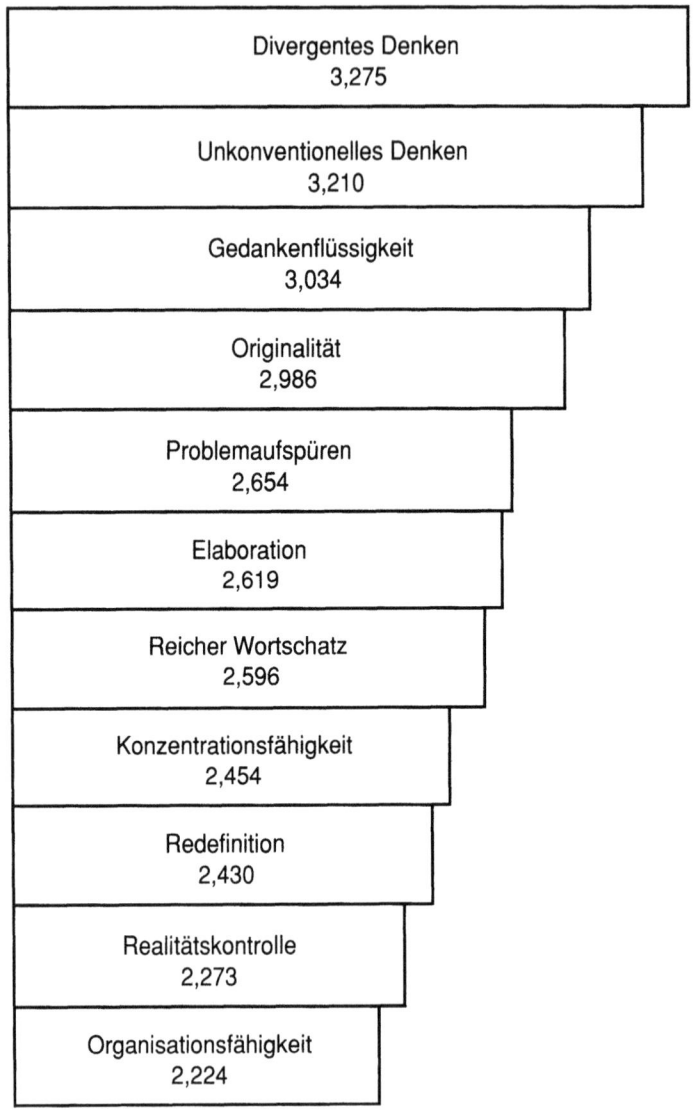

Abbildung 10: Typische Merkmale kreativer Mitarbeiter

sichtlich hängt die Umsetzung kreativer Fähigkeiten bei einer konkreten Aufgabe auch von anderen Variablen ab als nur den speziell intellektuellen (so ist an die situative zu denken, zum Beispiel Führungsverhalten der Vorgesetzen).

Die genannten elf Faktoren waren für uns die Grundlage zur Bestimmung des Innovationspotentials bei vorhandenen und zukünftigen Mitarbeitern. Sie sind auf der Basis der Praktikerumfrage statistisch abgesichert (Nütten/Sauermann 1985a).

Zum besseren Verständnis der elf Faktoren sei noch jeweils ein typisches Beispiel genannt:

1. *Divergentes Denken*
„sich nicht mit einer Lösung zufrieden geben"

2. *Unkonventionelles Denken*
„Begeisterung für Neuerungen"

3. *Gedankenflüssigkeit*
„Einfallsreichtum"

4. *Originalität*
„ungewöhnliche Ideen"

5. *Problemaufspüren*
„Chancen frühzeitig erkennen"

6. *Elaboration*
„exaktes Ausarbeiten von Ideen"

7. *Reicher Wortschatz*
„passende Ausdrucksweise"

8. *Konzentrationsfähigkeit*
„gegenüber Sache und Partner"

9. *Redefinition*
„das Wesentliche herausfinden"

10. *Realitätskontrolle*
„kritisches Prüfen der Vorschläge"

11. *Organisationsfähigkeit*
„reibungsloses Funktionieren der Arbeitsabläufe"

Die Beurteilung des innovativen Leistungspotentials

Wer bei seinen Mitarbeitern innovative Potentiale erkennen will, ohne selbst Fachpsychologe zu sein, hatte bisher kein zuverlässiges Instrument zur Verfügung. Die Frage nach ungewöhnlichen Hobbys ist ebenso unbrauchbar wie zum Beispiel die Orientierung am Äußeren („Herr Müller trägt immer so extravagante Sachen, der ist bestimmt kreativ!") . Hinzu kommt bei solchen „freien" Beurteilungen das Problem des Maßstabes: Was heißt „innovativ" beziehungsweise „kreativ", wie innovativ bin ich selbst, wie innovativ muß dann der andere sein?

Im folgenden wird Ihnen ein standardisiertes *Beurteilungsverfahren zur Ermittlung des innovativen Leistungspotentials* vorgestellt, das unter wissenschaftlichen Aspekten entwickelt und erprobt wurde (Nütten/Sauermann 1985a, 1985b, 1985c, Sauermann 1988), und mit dem Sie problemlos umgehen können, wenn Sie sich an einige Bedingungen halten.

Standardisierte Beurteilungsverfahren zur Erfassung bestimmter Leistungspotentiale werden in Wirtschaft und Verwaltung zunehmend verwendet (siehe zum Beispiel Strametz/Lometsch 1977). Der Mitarbeiter wird dabei vom Vorgesetzten anhand eines Formulars, das die Beurteilungskriterien und den Maßstab vorschreibt, für einen bestimmten vergangenen Zeitraum (beispielsweise ein Jahr) eingestuft.

Kriterien sind zum Beispiel Qualität und Quantität der Arbeit, Wirtschaftlichkeit der Arbeitsmethode, Fachwissen, Fachkönnen, Informationsverhalten, Fähigkeit und Bereitschaft zur Arbeit in Gruppen, Entscheidungen finden und treffen, Verantwortungsbereitschaft, Aufgaben und Befugnisse übertragen, Ziele setzen, Mitarbeiter steuern, entwickeln und fördern, Auffassungsgabe, Umgangsformen, Belastbarkeit etc. Die meisten der Unternehmen, die derartige Verfahren einsetzen (über 80 Prozent aller Großunternehmen in der Bundesrepublik Deutschland), verwenden intern entwickelte Formulare, in denen die Beurteilungskriterien enthalten sind, die man als besonders notwendig erachtet.

Die Beurteilung des Leistungspotentials

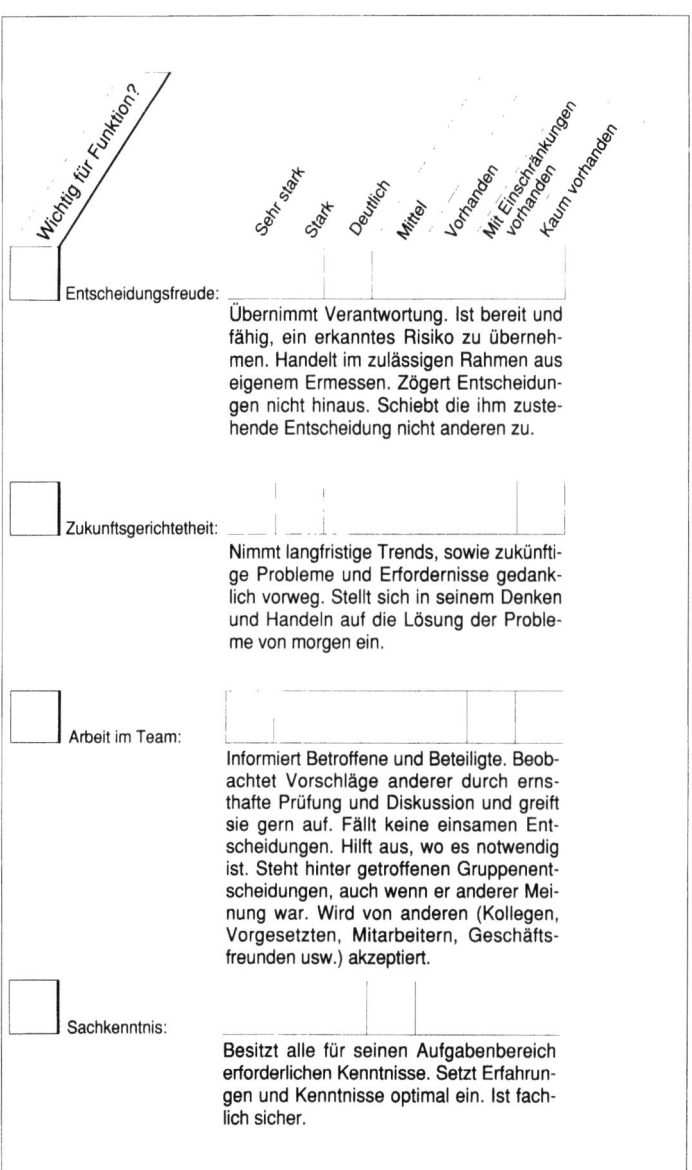

Dokument 1: Leistungsbeurteilung in deutschen Unternehmen
Quelle: Strametz, D., Lometsch, A., Königstein/Ts. 1977

Wie innovativ sind vorhandene Mitarbeiter?

Initiative:

Löst erkannte Probleme entschlußfreudig und selbstständig. Ruht auf Erfolgen nicht aus. Engagiert sich spontan. Bietet Ideen auch außerhalb seines Aufgabenbereiches an und drängt nach zusätzlichen neuen Aufgaben.

Belastbarkeit:

Ist starken körperlichen, seelischen, sozialen und arbeitsbedingten Belastungen gewachsen. Zeigt unter Druck nicht sofort Zeichen von Ermüdung und Schwäche; reagiert auch dann besonnen und gleichmäßig. Ist durch Mißerfolge nicht gleich entmutigt.

Umstellung:

Stellt sich schnell von einem Sachverhalt oder von einer Person oder Personengruppe auf eine andere um. Hält nicht starr am Gewohnten fest. Arbeitet sich schnell auch in ungewohnte Probleme ein.

Menschenführung:

Setzt die Mitarbeiter richtig ein unter Berücksichtigung von Stärken und Schwächen des einzelnen. Kümmert sich um deren berufliche Entwicklung und Förderung. Delegiert bereitwillig; motiviert die Mitarbeiter zum Mitdenken, Mithandeln und Mitführen. Trifft notwendige Maßnahmen ohne Zögern. Spricht Anerkennung und Kritik offen aus. Beurteilt gewissenhaft und treffsicher.

Dokument 1 (Forts.)

Die Beurteilung des Leistungspotentials

Unter Berücksichtigung bestimmter Gütekriterien ist damit eine objektivere Beurteilung möglich, als beim Versuch des Vorgesetzten, in freier Formulierung seinen Eindruck über den Mitarbeiter wiederzugeben.

Standardisierte Beurteilungsverfahren können dazu beitragen, grobe Beurteilungsfehler zu vermeiden, wenn einige Bedingungen dabei erfüllt werden. Die wichtigsten sind:

- *Standardisierung*,
  das heißt, dem Beurteiler sind sowohl die Beurteilungskriterien wie auch der Beurteilungsmaßstab genau vorgeschrieben;
- *Unabhängigkeit*
  der einzelnen Meßfaktoren, das heißt, die zu bewertenden Begriffe dürfen nicht in einem unmittelbaren Zusammenhang zueinander stehen;
- exakte *Definition* der Begriffe
- *Operationalisierung*
  der Vorgaben, das heißt, der Beurteiler muß sich genau vorstellen können, welche Inhalte sich hinter den zu beurteilenden Kriterien verbergen;
- genügende *Streubreite*
  der Skalierung, das heißt, mehr als nur eine Unterscheidung „gut" – „schlecht";
- gleiche *Abstände*
  zwischen den einzelnen Skalenpunkten (eine Differenzierung „sehr gut" – „gut" – „nicht ausreichend" wäre beispielsweise ungerecht).

Das *Beurteilungsverfahren zur Ermittlung des innovativen Leistungspotentials* berücksichtigt alle diese Bedingungen:

- Beurteilungskriterien wie auch der Maßstab sind vorgegeben,
- die einzelnen zu beurteilenden Meßfaktoren hängen nicht miteinander zusammen (dies bewies unter anderem eine durchgeführte Itemanalyse),
- die Meßfaktoren sind durch Verhaltensbeispiele so beschrieben, daß jeder Beurteiler sich dasselbe darunter vorstellen wird,
- die gewählte Skalierung streut zwischen ein und fünf Punkten;

ferner sind die einzelnen Skalenpunkte so formuliert, daß sie gleiche Abstände zueinander haben.

Dadurch ist gewährleistet, daß nicht nur verschiedene Mitarbeiter von einem Beurteiler fair miteinander verglichen werden, sondern sogar die Aussagen verschiedener Beurteiler vergleichbar sind.

Genauso wichtig ist aber die inhaltliche Seite. Bei manchen in der Praxis eingesetzten Verfahren wird auch der Faktor *Kreativität* angesprochen, wie im folgendem Beispiel.

„Hat der Mitarbeiter in jeder Hinsicht – auch komplexer Art – schnell konstruktive und originelle Ideen für Problemlösungen und Erneuerungen?" – so ein Originalzitat aus dem Beurteilungsverfahren eines großen deutschen Nahrungsmittelherstellers.

Oder – von einem Automobilhersteller:

„Griff er/sie schwierige Probleme von sich aus auf? Gab er/sie laufend neue Denkanstöße? Suchte er/sie auch eingefahrene Arbeitsabläufe zu verbessern? Ließ er/sie sich nicht entmutigen? War seine/ihre Initiative deutlich zielgerichtet?"

Hier wird jedoch nur ein Pauschalurteil über den Gesamtfaktor *Kreativität* abgegeben. Die einzelnen Unteraspekte der Eigenschaft „Kreativität" werden ebenso wenig erfaßt wie das gesamte Spektrum innovativer Leistungsfähigkeit. Kurz – mit all diesen Verfahren wird das innovative Leistungspotential von Mitarbeitern *nicht differenziert* erfaßt.

Dem *Beurteilungsverfahren zur Ermittlung des innovativen Leistungspotentials* dagegen liegen als Meßfaktoren die elf Kriterien zugrunde, die Ihnen bereits vorgestellt wurden. Damit ist unserer Meinung nach eine *Differentialdiagnose* möglich, die Ihnen Aufschluß über die Stärken und Schwächen der Mitarbeiter in Hinblick auf die Anforderung *Innovation* gibt.

Wie geht man mit dem *Beurteilungsbogen zur Ermittlung des innovativen Leistungspotentials* richtig um?

Die Beurteilung des Leistungspotentials

Beachten Sie bitte folgende Regeln:

1. Man kann ihn nur bei Mitarbeitern anwenden, die man schon über einen längeren Zeitraum in ihrem beruflichen Umfeld erlebt hat (mindestens sechs Monate).
2. Jeder Eigenschaftsbereich ist *für sich* zu bewerten, ohne Orientierung an den übrigen zehn.
3. Man sollte sich *nicht* von Sympathie/Antipathie oder sonstigen Eindrücken leiten lassen, die aufgrund früherer oder einmaliger Ereignisse gewonnen wurden.
4. Die *ganze* Beurteilungsskala ist auszunutzen, anstatt der „Tendenz zur Mitte" zu unterliegen.
5. Man sollte weder zu wohlwollend und mild noch zu streng urteilen.

Das erste Blatt mit Personaldaten ist lediglich ein beliebig ergänzbarer Vorschlag. Die Rubrik „Kurze Aufgabenbeschreibung" soll den Beurteiler vor allem dazu sensibilisieren, die im Anschluß an die Einstufung geforderte Gewichtung der elf Faktoren in ihrer Bedeutung für den betreffenden Arbeitsplatz richtig vorzunehmen.

Denn nach dem Bewerten des Mitarbeiters im Hinblick auf die einzelnen Eigenschaftsbereiche sollen – gemäß Anleitung – die elf Faktoren mit einer Bedeutungszahl von 1 (geringe Bedeutung für den Arbeitsplatz), 2 (mittlere Bedeutung) oder 3 (große Bedeutung) gewichtet werden. Diese Gewichtung hilft beim Abwägen der Beurteilungsergebnisse.

Die Benutzung der Rubrik „Statistische Daten" (nach der Beurteilungsskala zum 11. Eigenschaftsbereich) ist nur für den Fall vorgesehen, daß der Beurteilungsbogen in größerem Umfang eingesetzt und statistisch ausgewertet werden soll (zum Beispiel zur Klärung der Fragen: Werden weibliche Mitarbeiter als innovativer beurteilt im Vergleich zu männlichen oder jüngere gegenüber älteren?).

Soll der beurteilte Mitarbeiter den ausgefüllten Bogen mit Unterschrift zur Kenntnis nehmen?

Unbedingt, wenn es sich um eine „offizielle", das heißt im Unternehmen eingeführte, regelmäßig angeordnete und durchgeführte Beurteilung handelt, die alle Mitarbeiter betrifft.

Wenn Sie den Bogen als persönliche Orientierungshilfe für Führungsverhalten und Personalentwicklungspläne benutzen, ist es Ihnen überlassen, ob Sie dem Mitarbeiter Einblick in die Beurteilung geben. Hierzu mehr bei der Frage der Führung kreativer Mitarbeiter (siehe 7. Kapitel).

Wie wird der *Beurteilungsbogen des innovativen Leistungspotentials* richtig ausgewertet?

Nachdem der Beurteiler die elf Eigenschaftsbereiche für den betreffenden Mitarbeiter (oder um welche Person es sich auch immer handeln mag) mit einer Zahl zwischen eins und fünf bewertet hat, kann er auf dem *Ergebnisprofil zum Beurteilungsbogen des innovativen Leistungspotentials* die jeweiligen Bewertungspunkte eintragen und das Profil entsprechend ausfüllen (siehe Beispiele).

Da dieses Ergebnisprotokoll auch die „Auflösung" der elf Faktoren nennt (im Bogen selbst waren sie ja anonymisiert worden, um den Beurteiler nicht vorher auf ein einseitiges Begriffsverständnis festzulegen), sieht der Benutzer nun mit einem Blick, wo die innovativen Stärken der beurteilten Person liegen.

Die Berechnung der durchschnittlich erreichten Punktzahl ermöglicht auch eine Grobeinschätzung, ob es sich um einen insgesamt „überdurchschnittlich kreativen" Mitarbeiter handelt. Als Faustregel kann gelten:

bis zu ca. 22 Punkten	– kein Kreativpotential vorhanden;
ca. 23–33 Punkte	– nur geringes Kreativpotential vorhanden;
ca. 34–44 Punkte	– überdurchschnittliches Kreativpotential vorhanden;
ca. 45 und mehr Punkte	– hochkreativer Mitarbeiter.

Die Beurteilung des Leistungspotentials

Name, Vorname:

Geburtsdatum:

Eintrittsdatum:

Stellenbezeichnung/Abteilung:

Seit: Gehalts-/Tarifgruppe:

Direkter Vorgesetzter/Beurteiler:

Kurze Aufgabenbeschreibung:

1. Hauptaufgaben im abgelaufenen Beurteilungszeitraum:

2. Hauptaufgaben für den kommenden Beurteilungszeitraum:

Dokument 2: Beurteilungsbogen des innovativen Leistungspotentials

1. Eigenschaftsbereich:

5 Von ihm/ihr entwickelte Gedanken eröffnen völlig neue Wege; er/sie prüft dabei von sich aus immer mehrere Lösungsalternativen.

4 Seine/Ihre Konzeptionen enthalten meist neuartige Elemente; er/sie ist bereit, andere Lösungsansätze in Entscheidungen miteinzubeziehen.

3 Seine/Ihre Konzeptionen bieten gelegentlich neue Ansätze; er/sie gibt sich nicht immer mit der erstbesten Lösung zufrieden.

2 Entwickelt nur selten und nur auf Aufforderung Alternativen zu eingefahrenen Verhaltensweisen; gibt sich meist mit vorhandenen Lösungen zufrieden.

1 Entwickelt keine neuartigen Konzeptionen und steht gelegentlich sogar neuen Lösungen im Wege.

Bewertung: ☐

2. Eigenschaftsbereich:

5 Kann sich für Neuerungen rückhaltlos begeistern und stellt bisherige Verhaltensweisen in Frage.

4 Begrüßt meist Neuerungen und lehnt eingefahrene Handlungsweisen ab.

3 Erprobt gelegentlich Neuerungen mit Interesse, orientiert sich aber häufig an geübten Verhaltensweisen.

2 Neuerungen betrachtet er/sie zunächst mit Skepsis und beschränkt sich darauf, so wie bisher zu verfahren.

1 Neuerungen stoßen bei ihm/ihr auf Ablehnung und er/sie ändert einmal angenommene Verhaltensweisen kaum.

Bewertung: ☐

Dokument 2 (Forts.)

Die Beurteilung des Leistungspotentials

3. Eigenschaftsbereich:

5 Hat stets Lösungsalternativen für anstehende Probleme bereit und gibt auch in der überraschendsten Situation bald eine Stellungnahme ab.

4 Für die anstehenden Probleme fallen ihm/ihr normalerweise mehrere Lösungswege ein, und er/sie kann auch in unerwarteten Situationen eine Stellungnahme abgeben.

3 Manchmal findet er/sie für anstehende Probleme noch mehrere Lösungswege, und für eine Stellungnahme in einer unerwarteten Situation braucht er/sie nicht lange.

2 Findet für Probleme selten mehrere Lösungswege; kann in unerwarteten Situationen nur zögernd Stellung beziehen.

1 Für anstehende Probleme findet er/sie höchstens einen Lösungsweg, und in einer unerwarteten Situation kann er/sie nicht ohne weiteres Stellung beziehen.

Bewertung: ☐

4. Eigenschaftsbereich:

5 Seine/Ihre Ideen sind immer sehr ungewöhnlich, und auch schlimmste Engpaßsituationen können ihn/sie nie ratlos machen.

4 Ungewöhnliche Ideen sind bei ihm/ihr keine Seltenheit, und er/sie weiß sich auch in Engpaßsituationen zu helfen.

3 Gelegentlich hat er/sie ungewöhnliche Ideen, und er/sie gibt in Engpaßsituationen nicht sofort auf.

2 Hat nur selten ungewöhnliche Ideen; in Engpaßsituationen braucht er/sie Zeit, um sich zurechtzufinden.

1 Ungewöhnliche Ideen sind von ihm/ihr nicht zu erwarten, und bei Engpaßsituationen reagiert er/sie einfallsllos.

Bewertung: ☐

Dokument 2 (Forts.)

5. Eigenschaftsbereich:

5 Erkennt frühzeitig Chancen und deren Nutzungsmöglichkeiten, kann zu erwartende Schwierigkeiten und Gegenmaßnahmen rechtzeitig einplanen beziehungsweise veranlassen.

4 Gibt häufig Hinweise auf sich abzeichnende Chancen; weiß zukünftige Schwierigkeiten abzuschätzen und veranlaßt Gegenmaßnahmen.

3 Mängel in der Umgebung entgehen ihm/ihr auf Dauer nicht, und er/sie findet dann auch Verbesserungsmöglichkeiten.

2 Übersieht gelegentlich Mängel in seiner/ihrer Umgebung, und Verbesserungsvorschläge bringt er/sie selten.

1 Für Mängel in seiner/ihrer Umwelt ist er/sie kaum empfänglich, und er/sie macht daher auch keine Verbesserungsvorschläge.

Bewertung: ☐

6. Eigenschaftsbereich:

5 Beschreibt seine/ihre Ideen ausgefeilt; ist ein hervorragender Beobachter, dem nichts entgeht.

4 Beschreibt seine/ihre Vorstellungen auch in Einzelheiten; auf die Vollständigkeit seiner/ihrer Beobachtung kann man sich verlassen.

3 Kann seine/ihre Ideen gut beschreiben und beobachtet scharf und interessiert.

2 Vermittelt seine/ihre Ideen eher in Umrissen; als Beobachter entgehen ihm/ihr gelegentlich Einzelheiten.

1 Hat nur sehr vage Ideen; Einzelheiten entgehen fast immer seiner/ihrer Beobachtung.

Bewertung: ☐

Dokument 2 (Forts.)

Die Beurteilung des Leistungspotentials

7. Eigenschaftsbereich:

5 Kann seine/ihre Gedanken sehr präzise und anschaulich darstellen und findet für eigenen Sachverhalt in jeder Situation die jeweils passende Ausdrucksweise.

4 Ist geschickt in der Wahl seiner/ihrer Worte und bedient sich bei der Schilderung eines Sachverhaltes unterschiedlicher Formulierungen.

3 Kann seine/ihre Gedanken verständlich beschreiben und findet meist eine treffende Formulierung für einen Sachverhalt.

2 Die Beschreibung seiner/ihrer Gedanken ist manchmal schwer verständlich, und bei der Schilderung von Sachverhalten wiederholt er/sie sich gelegentlich.

1 Hat Schwierigkeiten in der Wortwahl und findet meist keine passende Formulierung für einen Sachverhalt.

Bewertung: ☐

8. Eigenschaftsbereich:

5 In Gesprächen konzentriert er/sie sich völlig auf die Partner; in seinen/ihren Aufgaben kann er/sie sich so vertiefen, daß er/sie sich nicht ablenken läßt.

4 Konzentriert sich auf die Gesprächspartner; vertieft sich in seine/ihre Aufgaben und läßt sich kaum davon ablenken.

3 Ist bei Gesprächen meist bei der Sache; kann sich in seine/ihre Arbeit vertiefen.

2 Geht bei Gesprächen manchmal nicht genug auf die Partner ein; ist bei der Arbeit leicht abzulenken.

1 Kann sich nur schwer auf die Gesprächspartner konzentrieren; läßt sich immer wieder von den eigentlichen Aufgaben ablenken.

Bewertung: ☐

Dokument 2 (Forts.)

9. Eigenschaftsbereich:

5 Kann hervorragend Wesentliches von Unwesentlichem unterscheiden; verliert sich nicht in Randproblemen, sondern kommt sofort zum Kern der Dinge.

4 Die Unterscheidung zwischen Wesentlichem und Unwesentlichem trifft er/sie rasch und sicher; kommt zügig zum Kern der Dinge.

3 Kann Wesentliches von Unwesentlichem trennen und findet bald zum Kern der Dinge.

2 Manchmal fällt ihm/ihr die Unterscheidung von Wesentlichem und Unwesentlichem etwas schwer und er/sie braucht einige Zeit, um auf den Kern der Dinge zu kommen.

1 Hat Mühe, Wesentliches von Unwesentlichem zu trennen; redet oft am Kernpunkt der Dinge vorbei.

Bewertung: ☐

10. Eigenschaftsbereich:

5 Prüft und bewertet äußerst sorgfältig alle an ihn/sie herangetragenen Informationen und Vorschläge und beachtet immer die betrieblichen Möglichkeiten.

4 Prüft kritisch alle Informationen und Vorschläge und beachtet dabei die betrieblichen Möglichkeiten.

3 Nimmt Informationen und Vorschläge nicht ungeprüft hin und beachtet in der Regel die betrieblichen Möglichkeiten.

2 Ist nicht sorgfältig genug bei der Überprüfung von Informationen und Vorschlägen und läßt bei der Einschätzung der betrieblichen Möglichkeiten Mängel erkennen.

1 Ist zumeist unkritisch gegenüber Informationen und Vorschlägen und schießt über die betrieblichen Möglichkeiten hinaus.

Bewertung: ☐

Dokument 2 (Forts.)

Die Beurteilung des Leistungspotentials

11. Eigenschaftsbereich:

5 Notwendige Arbeitsabläufe funktionieren bei ihm/ihr stets reibungslos; er/sie wählt für anstehende Arbeiten mit sicherer Hand besonders geeignete Mitarbeiter aus.

4 Schwierigkeiten treten in den von ihm/ihr organisierten Arbeitsabläufen selten auf; er/sie zeigt großes Geschick bei der Verteilung der anstehenden Arbeiten auf geeignete Mitarbeiter.

3 Im allgemeinen funktioniert der von ihm/ihr akzeptabel organisierte Arbeitsablauf; er/sie verteilt die anstehenden Arbeiten gut auf die richtigen Leute.

2 Der von ihm/ihr organisierte Arbeitslablauf könnte besser funktionieren; bei der Verteilung anstehender Arbeiten auf die richtigen Mitarbeiter zeigt er/sie Schwächen.

1 Von ihm/ihr organisierte Arbeitsabläufe funktionieren selten; er/sie zeigt kein Geschick bei der Verteilung anstehender Arbeiten auf geeignete Mitarbeiter.

Bewertung: ☐

Statistische Daten
über die beurteilte Person

Geschlecht: ☐ männlich

☐ weiblich

Alter: Jahre

Tätigkeitsbereich:

Dokument 2 (Forts.)

Viel aufschlußreicher ist allerdings die Ausprägung der einzelnen Innovationsfaktoren. Die weitere Interpretation dieser Daten darf *nur arbeitsplatzspezifisch* vorgenommen werden. Allgemeine Ratschläge sind hier ebenso wenig am Platz wie Vorgaben von Bedeutungsgewichten für spezielle Tätigkeiten mit innovativer Zielsetzung.

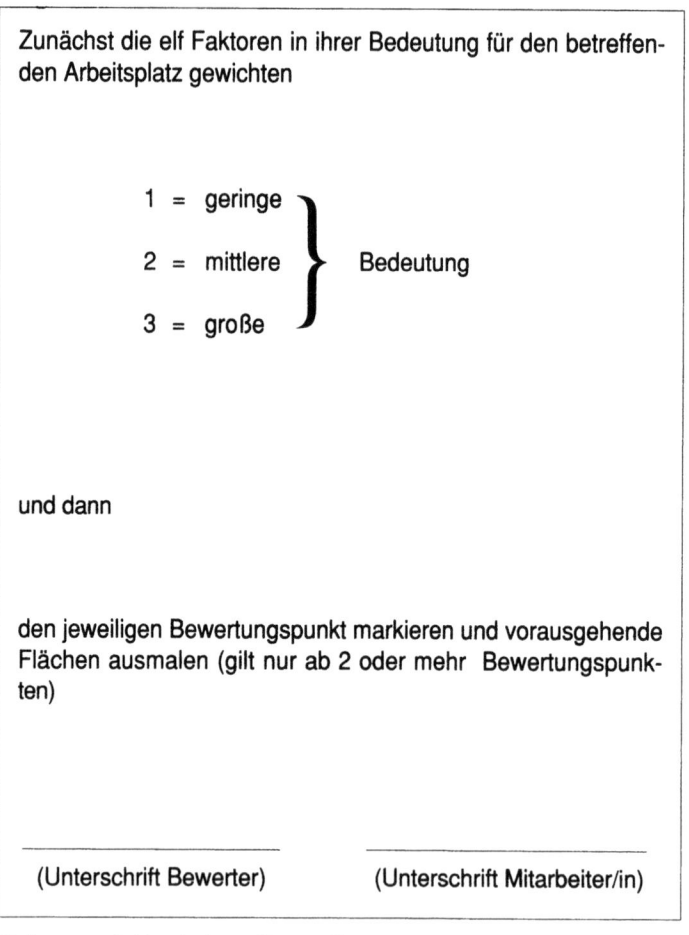

Zunächst die elf Faktoren in ihrer Bedeutung für den betreffenden Arbeitsplatz gewichten

1 = geringe
2 = mittlere } Bedeutung
3 = große

und dann

den jeweiligen Bewertungspunkt markieren und vorausgehende Flächen ausmalen (gilt nur ab 2 oder mehr Bewertungspunkten)

(Unterschrift Bewerter) (Unterschrift Mitarbeiter/in)

Dokument 3: Ergebnisprofil zum Beurteilungsbogen des innovativen Leistungspotentials

Die Beurteilung des Leistungspotentials 111

	Be-deu-tung	Bewertung 1 2 3 4 5
1. **Divergentes Denken** („Sich nicht mit einer Lösung zufrieden geben")		
2. **Unkonventionelles Denken** („Begeisterung für Neuerungen")		
3. **Gedankenflüssigkeit** („Einfallsreichtum")		
4. **Originalität** („Ungewöhnliche Ideen")		
5. **Problemaufspüren** („Chancen frühzeitig erkennen")		
6. **Elaboration** („Exaktes Ausarbeiten von Ideen")		
7. **Reicher Wortschatz** („Passende Ausdrucksweise")		
8. **Konzentrationsfähigkeit** („Gegenüber Sache und Partner")		
9. **Redefinition** („Das Wesentliche herausfinden")		
10. **Realitätskontrolle** („Kritisches Prüfen der Vorschläge")		
11. **Organisationsfähigkeit** („Reibungsloses Funktionieren der Arbeitsabläufe")		
Gesamtpunktzahl: Durchschnittliche Punktzahl:		Geteilt durch 11 =

Dokument 3 (Forts.)

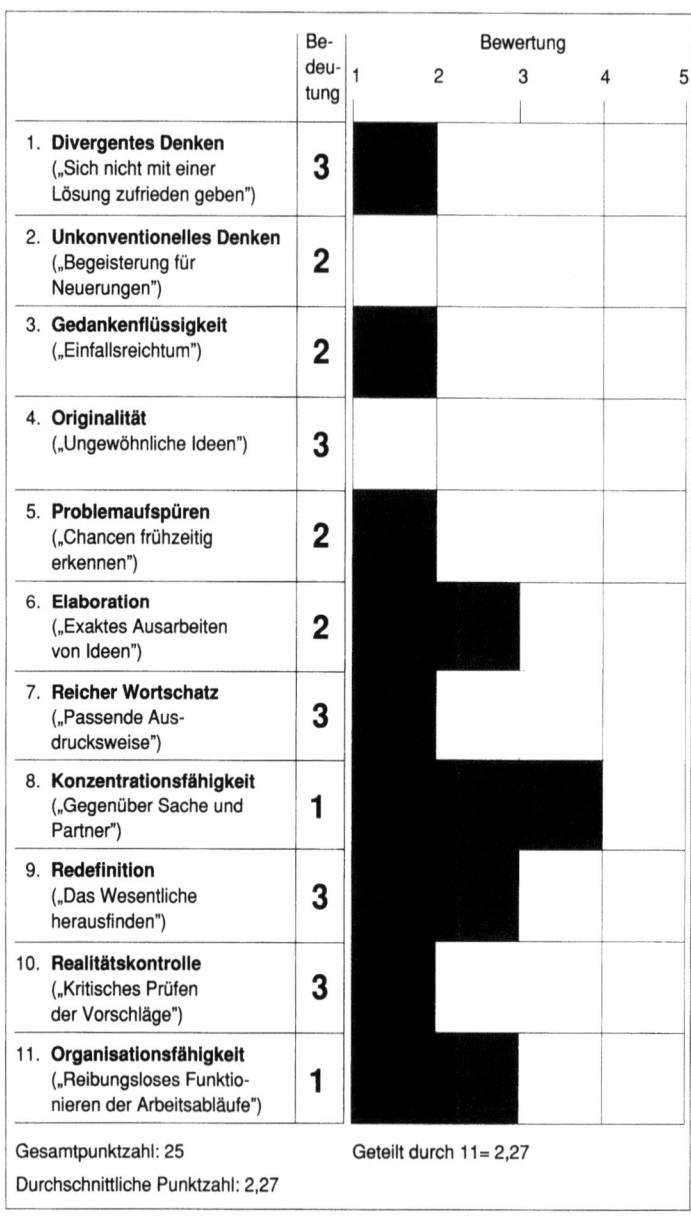

Abbildung 11: Beispiel eines Ergebnisprofils (I)

Die Beurteilung des Leistungspotentials 113

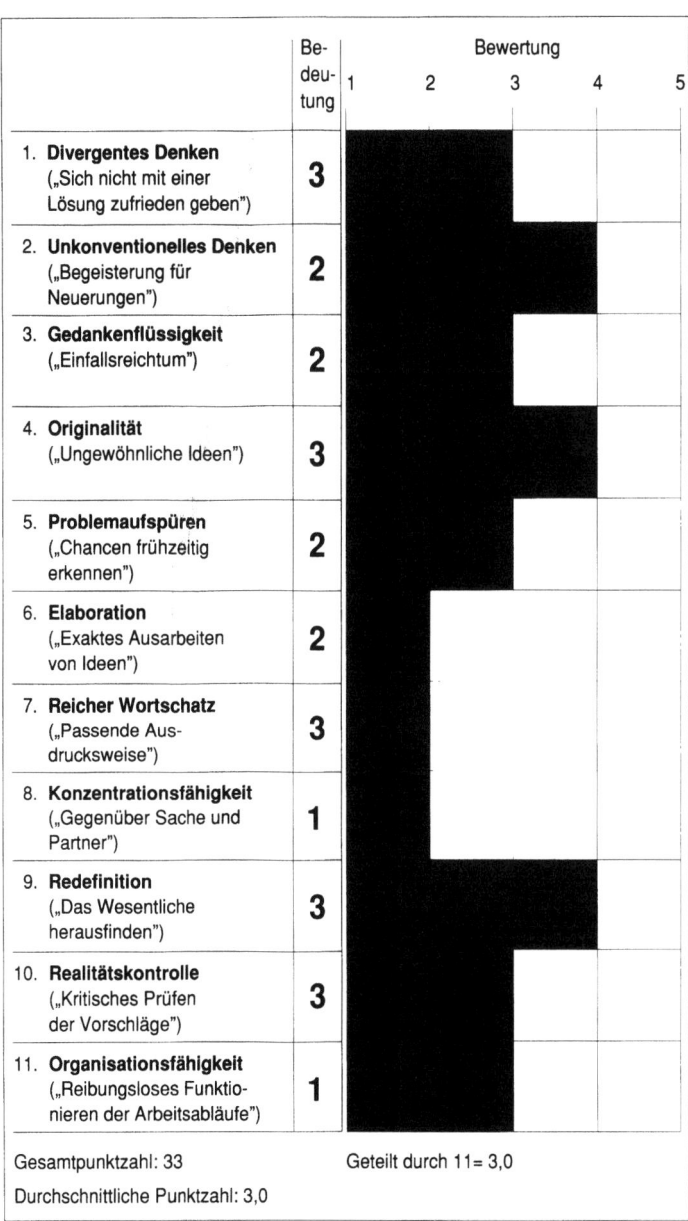

Abbildung 11: Beispiel eines Ergebnisprofils (II)

114 Wie innovativ sind vorhandene Mitarbeiter?

	Bedeutung	Bewertung 1 2 3 4 5
1. **Divergentes Denken** („Sich nicht mit einer Lösung zufrieden geben")	3	
2. **Unkonventionelles Denken** („Begeisterung für Neuerungen")	2	
3. **Gedankenflüssigkeit** („Einfallsreichtum")	2	
4. **Originalität** („Ungewöhnliche Ideen")	3	
5. **Problemaufspüren** („Chancen frühzeitig erkennen")	2	
6. **Elaboration** („Exaktes Ausarbeiten von Ideen")	2	
7. **Reicher Wortschatz** („Passende Ausdrucksweise")	3	
8. **Konzentrationsfähigkeit** („Gegenüber Sache und Partner")	1	
9. **Redefinition** („Das Wesentliche herausfinden")	3	
10. **Realitätskontrolle** („Kritisches Prüfen der Vorschläge")	3	
11. **Organisationsfähigkeit** („Reibungsloses Funktionieren der Arbeitsabläufe")	1	

Gesamtpunktzahl: 47   Geteilt durch 11= 4,27
Durchschnittliche Punktzahl: 4,27

Abbildung 11: Beispiel eines Ergebnisprofils (III)

Die Beurteilung des Leistungspotentials 115

Ein standardisiertes Anforderungsprofil für Produktmanager oder Konstrukteure beispielsweise kann nicht aufgestellt werden – zu viele unterschiedliche situative Gegebenheiten machen dies unmöglich. Die innovativen Anforderungen eines Arbeitsplatzes – etwa in der Produktentwicklung – ändern sich je nach Markt- und Unternehmensbedingungen; einmal ist Originalität mehr gefragt, einmal Realitätskontrolle. Hier ist der Unternehmer, der Personalfachmann, der Vorgesetzte gefordert (siehe 7. Kapitel).

Zum Abschluß noch einige Gedanken rund um den Einsatz des *Beurteilungsbogens des innovativen Leistungspotentials:*

Das Instrument ist wohl nicht zu empfehlen als ein weiteres Formular im Rahmen einer offiziellen regelmäßigen Leistungsbeurteilung der Mitarbeiter. Folgende Gründe mögen dies verdeutlichen:

Arbeitnehmer, die als weniger kreativ oder innovativ beurteilt werden, könnten als minderwertig angesehen werden („der nicht kreative Mitarbeiter ist ein schlechter Mitarbeiter!") Dies beeinträchtigt nicht nur die Chancengleichheit aller (wogegen sich mit Sicherheit auch der Betriebsrat aussprechen würde, der ein offizielles Beurteilungsverfahren akzeptieren muß), sondern führt möglicherweise auch zu unerwünschten Konsequenzen bis hin zur finanziellen Bevorzugung kreativer Mitarbeiter, was Mißgunst und damit eine innovationsfeindliche Atmosphäre hervorrufen könnte.

Widerstände gegenüber formellen Beurteilungen lassen sich überall beobachten (auch auf Führungsebene); oft ist das Ganze nur noch eine Farce, der Vorgesetzte gibt ausschließlich „gute Noten", um jeder kritischen Diskussion mit dem Arbeitnehmer aus dem Weg zu gehen, oder – auch das soll vorkommen – läßt den zu Beurteilenden das Formular selbst ausfüllen. Es wäre schade und liefe dem Anliegen unseres Beurteilungsbogens zuwider, wenn er in derartige Vorgänge einbezogen würde.

Vielmehr soll unser Bogen ein Hilfsmittel sein, zuverlässiger als bislang vorhandene innovative Leistungspotentiale aufzuspüren und zu fördern, zum Wohl des Unternehmens wie des einzelnen.

Wann und wie es eingesetzt wird, ist eine Frage der Sensibilität für Situationen und Menschen; die muß sich jeder selbst beantworten.

Für alle innovationswilligen Unternehmen jedoch gilt: Die überdurchschnittlich kreativen Mitarbeiter in allen Unternehmensbereichen müssen entdeckt, ihre Kreativitätsausprägungen mit Hilfe eines Kreativitäts-Profils beschrieben werden.

5. Kapitel

Wer sind die kreativsten der zukünftigen Mitarbeiter?

Wie findet man bei Neueinstellungen kreative Mitarbeiter? Sicherlich werden die Personalabteilungen hier umdenken müssen. Zwar existieren eine Reihe von Verfahren, Bewerber auf „Herz und Nieren" zu prüfen, doch welches zeigt innovatives Leistungspotential wirklich auf? Intuition und „erster Eindruck" sollten gewiß keine große Rolle spielen, wenn es darum geht, den idealen Mitarbeiter zu gewinnen.

*Die Fantasie, sie ist doch
wichtiger als alle Wissenschaft!*
Albert Einstein

Kann man innovative Fähigkeiten bei Bewerbern erkennen?

Wir vertreten die Ansicht, daß bei der Mehrzahl der Mitarbeiter ein innovatives Leistungspotential in ausreichendem Umfang vorhanden ist und je nach betrieblichen Gegebenheiten nur noch geweckt werden muß. Lediglich die Schwerpunkte des Fähigkeitenprofils verteilen sich individuell unterschiedlich.

Dennoch verdient auch die Frage nähere Betrachtung, ob man bei Neueinstellungen auf das Vorhandensein stärkerer innovativer Begabungsausprägungen achten soll beziehungsweise kann. Hier ist der Personalleiter gefordert, wenn das Unternehmen über einen solchen verfügt, beziehungsweise der Chef selbst oder die Führungskraft (zum Beispiel der Verkaufsleiter), der oder die mit der Rekrutierung der Mannschaft betraut ist.

Wenn das Anforderungsprofil der zu besetzenden Stelle oder/und die Unternehmensphilosophie es erfordern, sollte natürlich auch das Vorhandensein innovativer Mindestbegabungen überprüft werden, denn wenn beim Bewerber entscheidende kreative oder begleitende intellektuelle Merkmale fehlen, ist damit weder ihm noch dem Unternehmen gedient. Kreativitätspotentiale können zwar mit entsprechenden Trainingsmaßnahmen gefördert und die innovative Leistungsbereitschaft durch das Arbeits- und Führungsklima geweckt werden (wie in den nächsten Kapiteln noch gezeigt wird), nur – „wo nichts ist, da hat auch der Kaiser sein Recht verloren". Welche Informationsquellen gibt es, die Auskunft über das Vorhandensein innovativer Leistungspotentiale geben können?

Die Frage betrifft zunächst die Informationsmöglichkeiten als solche, die bei der Bewerberauswahl zur Verfügung stehen, dann aber auch deren qualitative Brauchbarkeit.

Beginnt man mit dem zweiten Punkt, so wird sehr schnell klar, daß mehrere Informationsquellen von vornherein gar nicht in Betracht kommen können beziehungsweise dürfen. Denn sie müssen

- gültig,
- objektiv,
- zuverlässig,
- genügend differenzierend

und

- vergleichbar

sein.

Dies bedeutet im einzelnen:

- Gültig: Eine Informationsquelle mißt das tatsächlich, was sie behauptet zu messen. Ein Zollstock gibt eben ein Längenmaß an und keine Temperatur. Aber ist es zum Beispiel wirklich so, daß die Handschrift eines Menschen seinen „Charakter" verrät?
- Objektiv: Verschiedene Benutzer der gleichen Informationsquelle kommen zum selben Ergebnis. Wenn zwei Personen mit einem Metermaß dieselbe Strecke abmessen, kommen sie, wenn sie keine Ablesefehler machen, zum gleichen Resultat. Haben zwei Firmenangehörige (zum Beispiel der potentielle Vorgesetzte und der Personalleiter), die gemeinsam mit einem Bewerber ein Gespräch führen, hinterher denselben Eindruck – jedesmal?
- Zuverlässig: Die Informationsquelle mißt zu jedem Zeitpunkt gleichermaßen exakt. Ein Metermaß soll nachmittags um zwei Uhr in der Sonne genauso richtig eine Länge messen können wie nachts um zwei bei Bodenfrost. Spielt es aber bei einem Leistungstest keine Rolle, welche „Tagesform" der Bewerber hat oder zu welchem Tageszeitpunkt der Test stattfindet? Leider doch!

Innovative Fähigkeiten erkennen? 121

- Genügend differenzierend: Die Informationsquelle muß eine ausreichend große Streubreite in ihren Meßpunkten haben. Ein Metermaß nützt wenig, wenn es nur die Skalenpunkte 50 Zentimeter und 1 Meter hat. Welchen Nutzen aber hat etwa ein Zeugnis, das lediglich den Satz enthält: „Er hat den Anforderungen zu unserer Zufriedenheit entsprochen"?
- Vergleichbar: Das erfordert die einheitliche Verwendung derselben Informationsquellen. Werden Längenstrecken einmal in Metern, im anderen Fall in englischen Zoll gemessen, sind die Meßergebnisse nicht direkt vergleichbar, sondern müssen erst umständlich umgerechnet werden. Beruht die Beurteilung des einen Bewerbers auf dem Eindruck im Vorstellungsgespräch, des anderen auf einer Aussage im graphologischen Gutachten, so lassen sich diese „Befunde" nicht direkt vergleichen.

Streifen wir einmal ganz kurz, aber kritisch die zur Verfügung stehenden Informationsquellen, insbesondere unter dem Aspekt einer möglichen Messung innovativer Merkmale eines Bewerbers.

Genutzt werden:

die Analyse der Bewerbungsunterlagen, das Vorstellungsgespräch, das graphologische Gutachten, das Gruppengespräch beziehungsweise Assessment Center und schließlich der psychologische Test.

Bei den Bewerbungsunterlagen ist zum Beispiel mit dem Problem der Zeugnissprache zu rechnen. Der vorherige Arbeitgeber darf nach dem Arbeitsrecht nicht „unobjektiv Schädliches" schreiben. Um mögliche Prozesse mit früheren Arbeitnehmern zu vermeiden, bedient man sich stereotyper Formulierungen, die kaum differenzieren. Aufgrund unterschiedlicher Bezugssysteme von „Sender" und „Empfänger" sind viele Aussagen schwer interpretierbar – was versteht zum Beispiel der Verfasser des Zeugnisses unter Pünktlichkeit: Wenn man nur einmal im Monat oder jede Woche einmal zehn Minuten zu spät zur Arbeit kommt? Und genauso verhält es sich mit der Beurteilung der Kreativität eines ehemaligen Mitarbeiters – wie definiert der Beurteiler sie, welches Anspruchsniveau hat er dabei, äußert er sich überhaupt darüber? Wenn dem Arbeitnehmer kreatives Verhalten nicht bescheinigt werden konnte, so vielleicht auch nur deshalb, weil sein bisheriger Aufgabenbereich oder die Arbeitsbedingungen (Führungsstil) kreatives Verhalten gar nicht gestatteten.

Ähnliche Probleme gibt es im Vorstellungsgespräch. Abgesehen davon, daß man üblicherweise schon aus Kostengründen nicht mehr jeden Bewerber dazu einlädt (und damit keine Chancengleichheit mehr gegeben ist), spielen hier einige Störvariablen eine erhebliche Rolle: das unterschiedliche Bezugssystem der Beurteiler, die falsche Wirkung des ersten Eindrucks oder untypisches Verhalten der Bewerber. Die Brauchbarkeit der Informationsquelle Vorstellungsgespräch verbessert sich, wenn man versucht, sie zu objektivieren: beispielsweise erhalten alle Bewerber die gleichen Fragen (zwecks Vergleichbarkeit) und die Beobachter einen einheitlichen Maßstab. Kommt der Kandidat aus einem Unternehmen, wo er eine problemlösende Kreativität unter Beweis stellen mußte (ist also etwa Graphiker oder Texter), können von ihm vorgelegte Arbeitsproben vielleicht eine erste Auskunft über vorhandene Kreativität geben. Dabei ist aber Vorsicht geboten: die Beurteiler müssen sich vorher über ihr Verständnis von Kreativität klar und einig sein und außerdem das Produkt aus der Sicht der früheren Aufgabenstellung bewerten (die Beurteilung einer Werbekampagne setzt zum Beispiel genaue Kenntnis der Werbeziele und Marktsituation voraus).

Beim „anonymen Kreativen" dagegen helfen weniger Fragen nach „ungewöhnlichen" Hobbies (wo überdies das Blaue vom Himmel herunter gelogen werden kann) als vielmehr objektiv bewertbare Aufgaben.

Die Erstellung graphologischer Gutachten wird von zahlreichen einzelnen Graphologen oder auch graphologischen Testinstituten angeboten. So verführerisch bequem es auch sein mag, dem Hausgraphologen Handschriftproben der Bewerber zuzusenden und ein paar Tage später ein (meist sehr vage und allgemein formuliertes) Gutachten auf dem Tisch zu haben, das die Entscheidung erleichtern soll, so sehr soll davor gewarnt werden. Die Schriftdeuter behaupten, aus der Handschrift Leistungs- und Persönlichkeitsmerk-

Innovative Fähigkeiten erkennen? 123

male ablesen zu können. Abgesehen davon, daß der Bewerber meist seine „Sonntagsschrift" einreicht und damit keine „Kostprobe" der Alltagsschrift (das Testmaterial ist also atypisch), ist es der Graphologie bislang noch nicht gelungen, den wissenschaftlichen Beweis sowohl der Objektivität (vielfach ist schon nachgewiesen worden, daß verschiedene Schriftdeuter ein und dieselbe Handschriftprobe unterschiedlich interpretierten) als auch der Gültigkeit (was läßt sich überhaupt zutreffend aus den einzelnen Schriftmerkmalen deuten?) ihres Verfahrens zu erbringen. Der Blick in ein beliebiges graphologisches Lehrbuch zeigt dem kritischen Leser sehr schnell, daß es sich hier nur um subjektive Deutungen handelt. Zitat aus dem Lehrbuch von Dornig (Betriebsgraphologie, München 1970): „Oft genug ist der Graphologe beim Abwägen der Möglichkeiten (...) auf seine Intuition angewiesen (...) läßt sich (...) keine bestimmte Methode angeben." (Siehe hierzu auch: Harald Wiesendanger, Graphologie: Hokuspokus mit Profit, *Psychologie heute*, 6/1987, S. 20 ff).

Als entsprechend unbrauchbar sind daher auch Versuche zu bezeichnen, den Kreativitätsgrad eines Bewerbers graphologisch ermitteln zu wollen. In zwei vorliegenden Angeboten graphologischer Institute wird versprochen, aus der Handschrift neben 24 (!) anderen Persönlichkeitsmerkmalen auch zur „Kreativität" Erkenntnisse zu ermöglichen beziehungsweise innerhalb eines „Stärke-Schwäche-Profils" von 31 (!) Positionen auch das „kreative Denken" zu erfassen. In beiden Fällen fehlen sowohl Präzisierungen zum Begriff „Kreativität" wie Hinweise auf die Gültigkeit des Verfahrens.

Gruppengespräche beziehungsweise Assessment Center sind neuere Methoden zur Qualifikationsdiagnose, denen der Gedanken einer realistischen Untersuchungssituation zugrunde liegt, in der sich der Bewerber nicht so einfach verstellen kann wie etwa beim Vorstellungsgespräch. Insbesondere beim Assessment Center wird dies deutlich: ca. 6–12 Teilnehmer und möglichst ebenso viele Beobachter werden über mehrere Tage hinweg zusammengebracht; Interviews, Kurzvorträge, Postkorbübungen (Bewertung des Handlungsbedarfs bei diversen Geschäftsbriefen), Tests, Entscheidungsspiele etc. werden durchgeführt und ihre Ergebnisse von den teilnehmenden Beobachtern ausgewertet. Diese Verfahren dienen insbesondere zur Auswahl künftiger Führungskräfte; von der Simulation von Führungssituationen erwartet man eine höhere Prognosesicherheit. Laut Arnold Kitzmann (1981) können hier unter anderem auch Hinweise auf das „Kriterium Kreativität" gewonnen werden. Die Entwicklung, Vorbereitung und Durchführung eines Assessment Centers beanspruchen allerdings viel Zeit und verursachen hohe Kosten, da nicht auf Vorgefertigtes zurückgegriffen werden kann, sondern die Aufgaben unternehmensspezifisch ausgerichtet sein müssen, so daß der Einsatz nur Großunternehmen mit permanentem Diagnostikbedarf vorbehalten bleiben wird. Außerdem liegen überzeugende Gültigkeitsnachweise speziell zur Erfassung kreativer Eigenschaften bislang nicht vor. Stehle und Brunöhler (Assessment Center als Instrument der Ausbildungsbedarfsermittlung und Ausbildungsberatung bei Führungskräften, in: Schuler/Stehle 1987) sehen zwar zur „Ermittlung der Kreativität" die Übungen „führerlose Gruppendiskussion", Vortrag und „Controlling" vor („Aus der Analyse einer vorgegebenen Statistik sollen Schwachstellen in der Organisation erkannt und Maßnahmen zur Beseitigung eingeleitet werden. Beurteilt wird die Herangehensweise an die Analyse, das Erkennen der Schwachstellen sowie die Präsentation der Ergebnisse. Wichtig ist daneben auch das Aufzeigen von konkreten und originellen Lösungswesen"). Verallgemeinerbar ist dieser Ansatz jedoch vorerst nicht, da laut Stehle/Brunöhler „alle bisherigen veröffentlichten Validierungsstudien (...) nachweisen, daß die hohe Prognosegüte ausschließlich für firmenspezifisch entwickelte Verfahren gilt".

Bleibt als letzte Methodengruppe noch der psychologische Test:

Ein Test ist ein wissenschaftliches Routineverfahren zur Untersuchung von Leistungs- und Persönlichkeitsmerkmalen mit dem Ziel einer möglichst quantitativen Aussage über den relativen Grad der individuellen Merkmalsausprägung.

Hier wird der Meßbegriff besonders deutlich: Vergleich der Ergebnisse einer einzelnen Testperson mit den Durchschnittswerten einer

Innovative Fähigkeiten erkennen?

(möglichst repräsentativen) Eichstichprobe von vergleichbaren Personen (zum Beispiel in bezug auf das Alter).

Man unterscheidet zwischen Leistungstests und Persönlichkeitstests. Erstere untersuchen Intelligenz- und sonstige Leistungsfaktoren (zum Beispiel Konzentrationsfähigkeit), letztere Persönlichkeitsmerkmale wie zum Beispiel Extraversion.

Persönlichkeitstests werden aus folgenden Gründen hier nicht weiter behandelt:

- Sie gehören ausschließlich in die Hand von diplomierten Fachpsychologen und sind auch nur für diese Personengruppe erhältlich.
- Die Verwendung von Persönlichkeitstests in der Personalauswahl ist – von wenigen Ausnahmesituationen abgesehen – ethisch und juristisch äußerst bedenklich.
- Die wissenschaftlichen Gütekriterien sind oftmals nicht im notwendigen Umfang erfüllt.

Leistungstests dagegen genügen wissenschaftlichen Anforderungen, wie in den folgenden Ausführungen kurz erörtert wird, noch am ehesten. Ihre Anwendung in der Personalauswahl ist auch für den Praktiker meist ohne fachpsychologische Ausbildung möglich, wenn er dabei die gebotene Verantwortung für den richtigen Einsatz und Umgang mit diesen Verfahren walten läßt. Das bedeutet:

- das genaue Befolgen der Anweisungen des Testautors,
- nur den begründeten Einsatz einzelner Verfahren,
- die Aufklärungspflicht gegenüber den Getesteten im Hinblick auf ihre Ergebnisse.

Die im folgenden besprochenen Testverfahren zur Messung einzelner Eigenschaften für innovatives Leistungspotential können bei der Testzentrale des Berufsverbandes Deutscher Psychologen, Daimlerstraße 40, 7000 Stuttgart 50, bezogen werden. Bei der Bestellung muß dokumentiert werden, daß die gewünschten Testverfahren ausschließlich aus firmenspezifischem Interesse gekauft werden und ein privater Gebrauch nicht beabsichtigt ist, da die Testzentrale zu Recht Auslieferungsrichtlinien festgelegt hat, die den Mißbrauch von Tests vermeiden sollen.

Zunächst soll der Leser für die Brauchbarkeit psychologischer Leistungstests sensibilisiert werden. Danach wird erörtert, ob kreative Eigenschaften überhaupt testbar sind, welche „Kreatitvitätstests" für Erwachsene es gibt und wie man sich bei der Bestimmung des Innovationspotentials von zukünftigen Mitarbeitern behelfen kann.

Wie haben Tests zu funktionieren?

Damit ein Test „wissenschaftliches Routineverfahren" genannt werden kann, muß er die schon erwähnten Kriterien erfüllen, insbesondere gültig, objektiv, genügend differenzierend und verläßlich sein.

Gültigkeit oder Validität heißt, daß der Test tatsächlich das untersucht, was er zu untersuchen vorgibt. Dies ist wohl das wichtigste Kriterium. Der Autor, der einen Test entwickelt und erprobt hat, muß daher angeben, für welchen Zweck und unter welchen Bedingungen er Gültigkeit beansprucht und wie er sie nachgewiesen hat. Fehlen solche Informationen, muß man auf den Einsatz des Tests verzichten.

In der Praxis haben sich heute vier Möglichkeiten des Gültigkeitsnachweises durchgesetzt:

- Inhaltsgültigkeit (Beurteilung durch Fachleute),
- Übereinstimmungsgültigkeit (Korrelation mit guten Tests, die das Gleiche messen),
- Vorhersagegültigkeit (Korrelation zwischen Testleistung und späterem Erfolg der Getesteten),
- Konstruktgültigkeit (Übereinstimmung mit der Theorie, die der Konstruktion zugrunde lag).

Ferner wird die Objektivität eines Tests verlangt. Dies bedeutet, daß verschiedene, voneinander unabhängige Beurteiler bei der Bewertung des gleichen durch den Test erfaßten Verhaltens zum gleichen Ergebnis kommen müssen. Bei den Leistungstests ist in der Regel die Objektivität dadurch gewährleistet, daß

- die Anforderungen und Testsituationen für alle Probanden gleich sind,

Innovative Fähigkeiten erkennen?

- es nur objektiv eindeutige Richtigantworten gibt,
- die Auswertung anhand von Normentabellen vorgenommen wird und der subjektiven Beurteilung daher kein Spielraum gegeben ist.

Außerdem soll der Test verläßlich sein, das heißt, die erhobenen Informationen müssen zu jedem Zeitpunkt gelten. Diese auch „Reliabilität" genannte Notwendigkeit wird meistens dadurch bewiesen, daß man den Test mit den gleichen Personen wiederholt und die Ergebnisse der verschiedenen Durchgänge vergleicht oder den Test in zwei vergleichbare Hälften zerlegt und diese als Paralleltests betrachtet. Die Durchführung der beiden Paralleltests an derselben Person müßte dann absolute Übereinstimmung in den Ergebnissen zeigen.

Ein Test muß aber auch genügend differenzieren, das heißt, es reichen keine Pauschalurteile wie „gut" oder „schlecht", sondern das Ergebnis muß so ausgedrückt werden, daß es eine genaue Einstufung des Bewerbers für das getestete Anforderungsmerkmal erlaubt. Dies geschieht in der Regel dadurch, daß dem Auswerter Normentabellen zur Verfügung gestellt werden, die die Position des Probanden im Vergleich zu einer möglichst repräsentativen Eichstichprobe angeben. Daß diese Eichstichprobe den Voraussetzungen des Bewerbers (zum Beispiel Alter, Schulbildung) entsprechen muß, ist selbstverständlich. Die Information, wie weit ein Testverfahren die genannten Kriterien erfüllt, ist üblicherweise dem sogenannten Testhandbuch oder der Testhandanweisung zu entnehmen. Eine Übersicht über die wissenschaftliche Brauchbarkeit von Testverfahren, soweit sie im deutschsprachigen Raum gebräuchlich sind, ist bei Brickenkamp (Handbuch psychologischer und pädagogischer Tests, 1975 sowie Erster Ergänzungsband zum Handbuch psychologischer und pädagogischer Tests, 1983) enthalten.

Kritische Aussagen über Tests sind inzwischen mehrfach veröffentlicht worden. Stellvertretend darf hier auf das Buch von Ain Kompa (Personalbeschaffung und Personalauswahl, 1984, insbesondere S. 119 ff.) verwiesen werden.

Die in der Personalauswahl häufiger zum Einsatz kommenden Testverfahren werden in Hesse/Schraders „Testtraining für Ausbildungsplatzsucher" anhand von Beispielen besprochen. Die Lektüre dieses Buches mag bei Testpersonen die Testangst reduzieren; den Anspruch eines „Selbsthilfe- und Testknackerprogramms" kann es aber sicherlich nicht erfüllen.

Messen und Testen der Kreativität

Eine Reihe von Kreativitätsforschern hat sich mit der Frage der Messung von Kreativität beschäftigt. Oerter weist in seiner „Psychologie des Denkens" (1971) beispielsweise darauf hin, daß es schon bei der Zuverlässigkeit möglicher Testverfahren Schwierigkeiten gebe, die begründet seien etwa in den „Schwankungen" der Kreativität, in der Problematik, kreative Leistungen zu aktivieren, in der Zusammenstellung der Eichstichproben, wo große Gruppenunterschiede hingenommen werden müßten und im kulturellen Einfluß auf kreative Leistungen. Daher sei es schwer, für kreative Leistungen Normen aufzustellen, und die Beurteilungsmaßstäbe könnten sich auch schnell wieder ändern. Inge Seiffke-Krenke kommt in ihrem Buch „Probleme und Ergebnisse der Kreativitätsforschung" (1974) im 5. Kapitel (methodische und theoretische Probleme der Kreativitätsforschung) zu der Erkenntnis, daß die vorhandenen sogenannten Kreativitätstests mit diversen Problemen behaftet seien, wie beispielsweise die unterschiedlich gehandhabte Zeitbegrenzung, Unterschiede in den situativen Testbedingungen, uneinheitliche oder gar fehlende Kriterien zur Beurteilung der kreativen Testleistung, die Dominanz verbaler Verfahren, die Diskrepanz zwischen Theoriekonzeption und Messung etc., und fordert, zuerst sinnvolle und objektive Kriterien für kreative Leistungen zu entwickeln, ehe man überlegen könne, wie sie dann auch gemessen werden könnten.

Bollinger berichtet in seinem Aufsatz „Kreativitätsmessung durch Tests zum divergenten Denken", erschienen in der Zeitschrift für experimentelle und diagnostische Psychologie 1981, von über 100 in der Literatur genannten Testverfahren, die er lieber als Verfahren zur Erfassung des divergenten Denkens statt als reine Kreativitätstests bezeichnen möchte. Auch er sieht die Schwierigkeiten zum Beispiel darin, daß die Leistungen in Kreativitätstests nicht altersunabhängig seien, daß die Testdurchführungsbedingungen (Angst, Streß) einen besonders starken Einfluß hätten, und daß vor allem auch das zu testende Kriterium wohl kaum eindeutig definiert werden könne.

Rainer Krause stellt in seinem Buch „Kreativität" (1972) fest, daß die in den Tests gemessene Kreativität immer nur eine „Teildisposition" zu einer Leistung sei. In den Tests würden nur „Disposition" für spätere kreative Leistungen gemessen, was die Vorhersagegültigkeit enorm beeinträchtige. Weitere Autoren, wie zum Beispiel Hans Joachim Krämer in seiner Frankfurter Dissertation 1979 „zu Konzept und Diagnose der Originalität" oder Bernhard Floßdorf in seinen Ausführungen „Kreativität und die Grenzen der Psychometrie" (erschienen 1978 in *Psychologie und Gesellschaft*) geben eine Reihe von Hinweisen, wie Kreativitätstests überhaupt aufgebaut sein müßten, wenn sie nicht gleich dem Pessimismus verfallen, wie etwa Gisela Ulmann in ihrem Buch „Kreativität" (1968), die zu der Schlußfolgerung kommt, „den Kreativitätstest gibt es nicht, folglich könne kein einzelner als Kreativitätsmaß verwendet werden".

Diese Hinweise auf die unterschiedlichen und sehr differenzierten Meinungsbilder in der Kreativitätsforschung mögen genügen. Es sei an dieser Stelle daran erinnert, daß wir in unserem Forschungsprojekt den Begriff „kreatives Leistungspotential" aufgrund empirischer Untersuchungen zu bestimmen versuchten und anhand von elf Faktoren, die den kreativen Mitarbeiter kennzeichnen (ohne zum Teil selbst als eigentliche Kreativitätsfaktoren bezeichnet werden zu können), eine gewisse Prognosesicherheit erhoffen. Wenn Bollinger in seinem schon erwähnten Aufsatz zu der Feststellung kommt, daß herkömmliche Intelligenztests nicht jene intellektuellen Fähigkeiten erfassen könnten, die das Entstehen von innovativen Produkten fördern, und daher nicht brauchbar seien für die

Vorhersage von Fähigkeiten bei innovativem Problemlösen, so kann dem nicht zugestimmt werden, da hier offensichtlich ein Mißverständnis vorliegt. Intelligenztests erheben entweder ein quantitatives Maß für eine bestimmte Begabung oder sie sind (wie beispielsweise der Intelligenz-Struktur-Test von Amthauer oder Wilde-Test) dazu gedacht, ein bestimmtes Intelligenz-Struktur-Spektrum bei einem Probanden zu erfassen. Einen Anspruch auf die Diagnose innovativer Fähigkeiten wollten diese Verfahren überhaupt nicht erheben. Wenn man aber andererseits beim Anforderungsprofil eines innovativen Menschen feststellt, daß hier *auch* einige Intelligenzfaktoren eine Rolle spielen, ist kein Einwand dagegen zu erheben, diese speziellen Teilfaktoren durch geeignete Intelligenztests zu messen. Bei der Bewertung von Testverfahren, die behaupten, Kreativität zu erfassen, muß mit vier Problembereichen gerechnet werden:

1. Normengültigkeit (mögliche Einflüsse unterschiedlicher Kulturen, Veränderungen im Zeitablauf),

2. Reliabilität (Ist die Wiederholung einer im ersten Testteil provozierten kreativen Leistung auch noch kreativ? Wie können tages- oder altersbedingte Schwankungen erfaßt werden?),

3. Objektivität (Wie kreativ ist der Tester? Können ihm irgendwelche Bezugsnormen vorgegeben werden?),

4. Validität (In den kreativen Prozeß gehen auch Persönlichkeitsmerkmale sowie die situativen Gegebenheiten ein, das Phänomen Kreativität ist sehr komplex und ferner ergeben sich große Probleme bei der Außenvalidierung).

Das Angebot an „Kreativitäts"-Tests für Erwachsene

Die seit 1916 angebotenen Kreativitätstests sind unserer Ansicht nach für diagnostische Einsätze bei der Bewerberauswahl nicht brauchbar. Die Gründe liegen in folgenden Aspekten:

- Zielgruppe der meisten Testverfahren sind Kinder,
- verbale Verfahren dominieren, – es werden, wenn überhaupt, nur einige Kreativitätsdimensionen erfaßt,
- mit einer Ausnahme (siehe 6. Kapitel) sind alle Tests fremdsprachig,
- die meisten Testverfahren entsprechen nicht den Mindestanforderungen im Hinblick auf ihre wissenschaftlichen Gütekriterien.

Drei Verfahren zur Kreativität für die Zielgruppe Erwachsene (zu beziehen bei der Testzentrale) sollen nur kurz vorgestellt werden.

Der verbale Kreativitätstest VKT (Schoppe 1975)

Dieser Test (Verlag für Psychologie Hogrefe) wurde von der Fachwelt mit großem Interesse aufgenommen, da er der erste deutschsprachige für Erwachsene war. Schoppe bezeichnet ihn als geeignet zur Erfassung verbal-produktiver Kreativitätsmerkmale. Das Verfahren ist bestimmt für Personen ab 14 Jahren, als Einzel- wie als Gruppentest mit zwei Parallelformen einsetzbar, und die reine Durchführungszeit beträgt ca. 40 Minuten. Er besteht aus neun Subtests, die alle „einen Hauptfaktor des Intelligenzspektrums" messen sollen, nämlich den der „verbalen Produktivität".

Kritisch anzumerken ist, daß dieser Test ein eindimensionales Kreativitätskonzept hat, sich auf die Errechnung eines sogenannten „Kreativitätsindex" beschränkt und auf die Einbeziehung anderer Aspekte wie zum Beispiel Originalität und Flexibilität verzichtet. Es wird lediglich so etwas wie „verbale Kreativität" erfaßt, was man auch als „fluency" bezeichnen kann. Das Spektrum der Aufgabentypen ist sehr eng, und die Auswertung erfolgt ausschließlich quantitativ durch schlichtes numerisches Auszählen der Ergebnisse; eine qualitative Bewertung der Produktionen der Testperson findet nicht statt. Störend ist auch die zugrunde gelegte Eichstichprobe „Arbeiter", die nicht als repräsentativ für die Gesamtbevölkerung bezeichnet werden kann. Der Test arbeitet verständlicherweise mit einer Zeitvorgabe. In der Kreativitätsforschung gibt es aber auch die Ansicht, daß Zeitbegrenzung eine Störvariable im Hinblick auf kreative Produktion sein kann. Am Rande sei erwähnt, daß auch Persönlichkeitskorrelate, die mit dem kreativen Prozeß einhergehen, nicht erfaßt werden.

Die sorgfältige Bewertung des VKT zeigt, daß es sich hier um einen Test zur Erfassung einer Teildimension der Kreativität handelt, nämlich der Gedankenflüssigkeit. Der Anspruch eines universalen Meßverfahrens zur Kreativität kann wohl kaum erhoben werden.

Torrance-Tests of Creative Thinking (1966)

Die Kreativitätstests von Torrance sind wohl mit die bekanntesten. Die Testbatterie beinhaltet sieben verbale und drei figurale Aufgaben. Torrance unterscheidet zwischen mehreren Kreativitätsfaktoren (Flüssigkeit, Flexibilität, Originalität und Elaboration) und geht damit weit über das Konzept von Schoppe mit seinem VKT hinaus. Flüssigkeit wird durch die Menge der genannten Einfälle operationalisiert, Flexibilität durch die Anzahl der unterscheidbaren Inhaltsklassen gemessen (Kategorienanzahl), Originalität aufgrund der, auf eine bestimmte Population bezogen, statistischen Seltenheit der Ideen festgestellt, Elaboration durch die Zahl der zusätzlichen Details, die ein Einfall enthält, bewertet. Die Auswertung wird anhand von Beispielen demonstriert.

Aus testtheoretischer Sicht ergeben sich zahlreiche Bedenken, hauptsächlich, aber nicht nur, die Objektivität der Auswerter betreffend.

Ganz abgesehen davon, daß fremdsprachige Testverfahren aufgrund der unterschiedlichen Item-Formulierungen, der kulturellen Normen etc. nicht ohne empirische Überprüfung auf deutsche Verhältnisse übertragen werden können, ist bei den in Deutschland erhältlichen Testunterlagen kein brauchbares Normenmaterial beigegeben. In dieser Materialbeschaffenheit kann der Torrance-Test daher nur als Anschauungsmaterial dienen.

Creativity Attitude Survey (Schäfer, 1971)

Bei diesem ebenfalls bei der Testzentrale erhältlichen Testverfahren handelt es sich um einen Fragebogen, der lediglich die Einstellung des Probanden zu seiner Kreativität erfaßt. Dies geschieht anhand von 32 Items, wo Behauptungen mit ja oder nein zu bewerten sind.

Beispiele (vom Verfasser übersetzt):

„Ich denke, Tagträumen ist immer Zeitverschwendung";

„Ich denke, die besten Antworten sind immer die, die der Lehrer für richtig hält";

„Ich glaube, Geschichten über Zauberer und Magier sind albern";

„Ich scheue mich, meine Gedanken auszudrücken, weil sie gewöhnlich falsch sind";

„Ich kaspere gern herum und tue so, als ob ich jemand anders wäre";

„Ich denke, Kinder können gute Gedichte schreiben";

„Im allgemeinen versuche ich lieber, mir neue Wege auszudenken, um etwas zu tun, als es auf dem üblichen Wege zu tun" etc.

Für die Auswertung werden Normen nicht nur für Schulkinder und Studenten, sondern auch für Erwachsene vorgelegt. Schon die bescheidenen Stichprobengrößen lassen dieses Verfahren hinsichtlich seiner praktischen Brauchbarkeit fragwürdig erscheinen, ganz abgesehen von den generellen testtheoretischen Problemen mit Fra-

Welche „Ersatztests" zu den einzelnen Innovationsfaktoren?

Nachdem aus den vergangenen Ausführungen deutlich wurde, daß es „den" eigentlichen Kreativitätstest zumindest für Erwachsene im deutschen Sprachraum nicht gibt, werden im folgenden Testangebote daraufhin untersucht, ob sie dem zugrundegelegten jeweiligen Konzept der empirisch ermittelten Innovationsfaktoren entsprechen. Anschließend findet eine kurze Bewertung der Verfahren im Hinblick auf ihre testtheoretische Brauchbarkeit und Ökonomie statt.

Divergentes Denken

Darunter wird ein Denkprozeß verstanden, der nicht eine eingeschlagene Denkweise verfolgt, sondern auf neuen Wegen zum Erfolg kommt. Es ist das typische Problemlösungsverhalten, das sich verschiedener Möglichkeiten bedient, um das Ziel zu erreichen. Definition gemäß Lexikon der Psychologie (Arnold/Eysenck/Meili, 1976): „Beim divergenten Denken kommt es nicht auf das Finden nur einer richtigen Lösung an, sondern auf die Mannigfaltigkeit und Originalität der Antworten sowie auf Einfallsfülle und Umstrukturierung".

Dieser Begriff nähert sich wohl am ehesten dem, was man ganz pauschal unter Kreativität zu verstehen pflegt. Durch folgende Verfahren können hier annäherungsweise Informationen erhoben werden, die dem Spektrum dieses Faktors nahekommen:

1. Denksport-Test (DST) von Lienert, Verlag für Psychologie, Göttingen 1964.

Dieser Test verlangt Einfallsreichtum sowie schlußfolgerndes und kritisches Denken. Gemäß Brickenkamp (1975) (diese Quelle liegt auch den folgenden Ausführungen zugrunde) soll auch die „geistige Schärfe und Wendigkeit im Problemlösungsverhalten" diagnostiziert werden. Der Test setzt sich aus 15 Problemaufgaben zusammen. Er wendet sich insbesondere an Abiturienten, Studenten und Akademiker, wobei das Alter der Testpersonen 14 Jahre nicht unter- und 50 Jahre nicht überschreiten soll. Man kann ihn als Einzel- wie Gruppenuntersuchung (mit zwei Parallelformen) durchführen und benötigt eine Bearbeitungszeit von 45 Minuten.

2. Form-Lege-Test (FLT) von Lienert, Verlag für Psychologie, Göttingen 1964.

Dieser ebenfalls von Lienert konstruierte Test besteht aus 20 Aufgaben, bei denen die Testpersonen mit vorgegebenem konkretem Material hantieren sollen, wie zum Beispiel: Flächenteilchen aus Pappe so zusammenlegen, daß sie genau in die vorgezeichnete Umrißfigur hineinpassen. Dieses Verfahren soll die Fähigkeit untersuchen, „neue Aufgaben praktischer Art erfolgreich zu lösen". Als Lösungsweg sind spielerisches Probieren, systematisches Kombinieren oder die gedankliche Lösung (das heißt, ohne Benutzung der Flächenteile) zu beobachten.

Der Test wendet sich insbesondere an Personen zwischen 14 und 18 Jahren, es können aber auch Erwachsene von 20–50 Jahren untersucht werden, wobei Brickenkamp Bedenken hinsichtlich der kleinen Eichstichprobe hat. Einzel- wie auch Gruppendurchführung ist möglich, eine Parallelform liegt vor. Die Bearbeitungszeit beträgt 20 Minuten.

3. Intelligenz-Struktur-Test von Amthauer (Verlag für Psychologie, Göttingen 1953 beziehungsweise 1970), Subtest ZR (Zahlen-Reihen).

Innerhalb des umfangreichen Intelligenz-Struktur-Tests IST gibt es einen Subtest, der nach Ansicht des Verfassers nicht nur „theoretisch-rechnerisches Denken", sondern auch „Beweglichkeit und Umstellfähigkeit im Denken" erfassen soll. Jeder der neun Teile des IST ist für sich einsetzbar, das heißt also, man muß nicht den kompletten Test anwenden, um Auskunft über die Qualifizierung eines Bewerbers in einem der Strukturmerkmale zu erhalten. Der IST wurde anhand von über 15 000 Personen der verschiedensten Altersgruppen standardisiert. Unterschiedliche Schulbildung wie auch soziale Schichtung wurden angemessen berücksichtigt. Jeder Subtest wie auch der gesamte Test kann daher jeder beliebigen Altersgruppe (ab 12 Jahren) vorgelegt werden.

Die Durchführungszeit des Testteiles ZR beträgt 10 Minuten, mittels Schablonen ist eine rasche Auswertung möglich.

Unkonventionelles Denken

Hier geht es um Denkprozesse, Strategien und Vorgehensweisen, die von dem Betreffenden in seinem sozialen Vergleichsfeld bislang nicht oder kaum angewandt wurden. Sicher hängt damit auch das kritische Denken zusammen, das sich nicht auf einen einmal gefundenen Lösungsweg beschränkt.

Als Testverfahren für diesen Faktor bieten sich an:

1. Denksport-Tests (DST) von Lienert.

Da der Begriff des unkonventionellen mit dem des divergenten Denkens in Verbindung steht, kann auch hier der bereits erwähnte Denksporttest von Lienert verwendet werden.

2. Form-Lege-Test von Lienert.

Dieser zuvor besprochene Test ist ebenfalls einsetzbar, da er auf Intelligenz in dem Sinne abzielt, „neue Aufgaben praktischer Art erfolgreich zu lösen".

3. Creativity Attitude Survey.

Der früher erwähnte Fragebogentest zur kreativen Einstellung kann dann zumindest als Muster für einen selbstgefertigten Einstellungstest dienen, wenn man zum Begriff „unkonventionelles Denken" auch die innere Bereitschaft zählt, neue Wege zu beschreiben, die mit bestehenden Normen nichts zu tun haben. Die testtheoretische Problematik aller Fragebogentests bleibt dabei allerdings bestehen.

Gedankenflüssigkeit

Man versteht darunter die Qualifikation eines Menschen, nicht starr an einer Problemdefinition oder Lösungsoperation festzuhalten, sondern in der Lage zu sein, beständig zu gedanklich neuen Inhalten zu wechseln. Der ähnliche Begriff fluency bezeichnet gemäß Lexikon der Psychologie (Arnold, 1976) einen raschen Ideenfluß und die Bereitschaft, die Richtung zu ändern und Informationen zu modifizieren.

Folgende Testverfahren können über das Vorhandensein dieser Fähigkeit Auskunft geben:

1. Verbaler Kreativitätstest von Schoppe (bereits im Vorausgegangenen besprochen).

Wem der relativ hohe Zeitaufwand zu unökonomisch erscheint, kann sich auch mit einigen anderen Tests behelfen.

2. Leistungs-Prüf-System LPS von Horn (Verlag für Psychologie, Göttingen 1961), Subtest 5 und 6.

Innerhalb der 14 Untertests des LPS prüfen die beiden Subtests 5 und 6 den „Worteinfall". Da der Test äußerst material- und platzsparend konstruiert wurde, empfiehlt er sich wegen seiner Ökonomie. Für die Durchführung der Teile 5 und 6 werden knapp sieben Minuten benötigt. Hier sollen zunächst 40 Wörter rekonstruiert werden, deren Buchstaben durcheinander gebracht wurden. Zum anderen sind möglichst viele Wörter mit einem bestimmten Anfangsbuchstaben niederzuschreiben (dies entspricht einem Testteil des VTK). Altersnormen liegen bis zu 50 Jahren vor.

3. Wilde-Intelligenz-Test (WIT) von Jäger und Althoff, Verlag für Psychologie, Göttingen 1984), Subtest WG (Wortgewandtheit).

Der Wilde-Intelligenz-Test wurde von der Deutschen Gesellschaft für Personalwesen e.v. entwickelt und über viele Jahre benutzt, ehe er jetzt der (Fach-) Öffentlichkeit übergeben wurde. Auch beim WIT können die einzelnen Testteile spezifisch eingesetzt werden. Beim Subtest WG (Wortgewandtheit) geht es um die „Flüssigkeit der sprachlichen Einfälle". Die Durchführungszeit beträgt 12,5 Minuten (in der Kurzform) beziehungsweise 19 Minuten (in der Langform). Das Verfahren kann als Einzel- und Gruppentest durchgeführt werden (mit Paralleltestform). Normen liegen für Jugendliche und Erwachsene im Alter von 13 bis 38 Jahren (Langform) vor. Die Items ähneln einigen Aufgaben des VKT. Zum Beispiel: Möglichst viele Wörter suchen, die mit L anfangen und mit E enden.

Originalität

Originalität bedeutet das Denken und Handeln außerhalb bewährter, allgemein anerkannter Vorgehensweisen. Sie ist zum Beispiel erkennbar an ungewöhnlichen Einfällen und der Fähigkeit, unübliche Verwendungsmöglichkeiten für bestimmte Gegenstände zu finden oder zu praktizieren.

Die Definition macht schon deutlich, daß dieser Faktor schlechthin nicht zu messen ist, da jede Messung einen Maßstab benötigt, der für den Begriff Originalität nicht konstruierbar ist. Es ist daher auch nicht verwunderlich, daß die Durchsicht möglicher Tests im deutschsprachigen Raum zu diesem Faktor keine Ansatzpunkte ergab. Zwar sind in einigen Verfahren Testteile enthalten, die von ihrem Verständnis her durchaus das Phänomen Originalität erfassen, konsequenterweise aber in der Auswertung keinen qualitativen Maßstab vorgeben, sondern lediglich die Quantität der Einfälle feststellen und sich damit dem bereits behandelten Faktor Gedankenflüssigkeit nähern.

Ist die Analyse gerade dieses Faktors bei Bewerbern unumgänglich, bleibt es beim gegenwärtigen Stand der Testentwicklung daher dem Praktiker überlassen, eine eigene Methode zu finden.

Problemaufspüren

„Sensitivity to Problems" kann als Denkweise folgendermaßen charakterisiert werden:
- Problemparameter herausarbeiten,
- den aktuellen Zustand als Problem erfassen,
- festlegen, worin die Abweichung von Ist- und Sollzustand liegt,
- die Mangelhaftigkeit vorhandener Gegebenheiten erkennen.

Folgende Testverfahren können diesen Faktor annäherungsweise untersuchen:

1. Intelligenz-Struktur-Test von Amthauer, Subtest WA.

Der bereits behandelte Intelligenz-Struktur-Test von Amthauer enthält unter anderem den Subtest „Wortauswahl" (WA), der sieben Minuten reine Testzeit beansprucht. Er besteht aus 20 Aufgaben, bei denen von fünf vorgegebenen Wörtern vier in einer gewissen Weise einander ähnlich sind und das fünfte Wort gefunden werden soll, das nicht in diese Systematik paßt. Laut Amthauer sollen damit auch „Einfühlungsfähigkeiten" und „rezeptive Komponenten" untersucht werden.

2. Wilde-Intelligenz-Test, Subtest BO.

Ein Subtest des WIT kann hier ebenfalls einen Beitrag leisten. Dieser Subtest „Beobachtung" mißt die Wahrnehmungsgeschwindigkeit und -genauigkeit und ist von seinen Aufgaben her so konstruiert, daß er das rasche Erkennen von Details erfordert, was sicher eine wichtige Voraussetzung für die Fähigkeit „Problemaufspüren" bedeutet. Geboten werden jeweils drei Schemagesichter, von denen zwei identisch sind; herauszufinden ist das dritte, das durch eine deutlich erkennbare Einzelheit von den beiden anderen abweicht. Die Testdauer beträgt nur 3,5 Minuten.

3. Der Labyrinth-Test (LT) von Chapuis, übersetzt von Henschel, Huber-Verlag Bern 1959.

Laut Brickenkamp soll dieser Test die „konkrete, situationsbezogene Intelligenz" ansprechen, wobei visuelle Orientierung, Voraussicht im Sinne räumlich-zeitlicher Antizipation, Planung und wahrnehmungsabhängige Umorganisation und die visuomotorische Koordination eine Rolle spielen sollen. Zweifelsohne sind das wichtige Detailfaktoren der Fähigkeit Problemaufspüren, doch ist dieser Test nur mit Vorbehalt zu empfehlen, da er sich an die Altersgruppe von 16–30 Jahre wendet und keine Angaben zur Objektivität und Validität enthält. Die Testdauer beträgt im Durchschnitt 10–15 Minuten (keine Zeitbegrenzung), eine Paralleltestform steht zur Verfügung.

4. Leistungsprüfsystem (LPS) von Horn, Verlag für Psychologie, Göttingen 1961.

Der bereits besprochene LPS enthält mit den Subtests 11 und 12 einen Teil, der dem Phänomen Problemaufspüren nahekommt. Im Subtest 11 soll der Proband vorgelegte unvollständige Zeichnungen erkennen, und im Subtest 12 findet er 40 Hauptwörter in der Einzahl, die verstümmelt abgedruckt sind und außerdem noch je einen Fehler enthalten. Die Aufgabe der Testperson ist es, den falschen Buchstaben durchzustreichen, nachdem sie das Wort entziffert hat. Beide Subtests dauern zusammen nur drei Minuten.

Elaboration

Elaboration bedeutet die Fähigkeit, eine Idee detailliert zu produzieren beziehungsweise auszuarbeiten. Sicher gehören dazu auch Begriffe wie Erarbeitung des Problemverständnisses, sich hineindenken in die Problemsituation und Erfassen der Struktur und Funktionen der beteiligten Faktoren und Bedingungen.

Hierzu können folgende Testverfahren annäherungsweise herangezogen werden:

„Ersatztests"

1. Leistungsprüfsystem LPS, Subtests 13 und 14.

   Hier geht es nach Angaben des Verfassers vor allem um das Wahrnehmungstempo, wobei die Aufgaben so konstruiert sind, daß die Probanden zwei Zeilen miteinander vergleichen sollen unter der Fragestellung, ob beim Abschreiben Fehler gemacht wurden, und wenn ja, welche. Die Testzeit wird mit insgesamt zehn Minuten angegeben.

2. Allgemeiner Büroarbeitstest ABAT von Lienert, Verlag für Psychologie, Göttingen 1967.

   Die Aufgaben des ABAT wurden in Anlehnung an die praktischen Erfordernisse der Büroarbeit entwickelt und in folgende, weitgehend homogene, Untertests gegliedert:

   – Karteikarten sortieren,
   – Adressen prüfen,
   – Summen prüfen,
   – Rechtschreibung korrigieren,
   – Textaufgaben lösen,
   – Zeichen setzen.

   Der als Schnelligkeitstest konzipierte ABAT ist vor allem für Testpersonen zwischen 13 und 59 Jahren gedacht, die auf Eignung zu einfachen und routinemäßigen Büroarbeiten untersucht werden sollen. Er wird hier erwähnt, weil man über das Testergebnis sicher auch Aufschlüsse bekommt, wie weit der Betreffende unter Zeitdruck in der Lage ist, exakt und gründlich zu arbeiten.

   Der als Individual- und Gruppentest geeignete ABAT liegt in zwei Formen vor; die Bearbeitungszeit beträgt insgesamt 26 Minuten.

   Der Faktor Elaboration kann aber sicherlich auch durch firmenspezifische Aufgaben überprüft werden.

Reicher Wortschatz

Dieser Begriff bezeichnet ein begleitendes Eigenschaftsmerkmal, das dem Kreativen unter anderem hilft, sein innovatives Gedankenprodukt „an den Mann zu bringen". Zur Prüfung bietet sich vor allem ein spezieller Intelligenztest an, nämlich:

1. Der sprachliche Leistungstest (SASKA) von Riegel, Verlag für Psychologie, Göttingen 1967.

   Mit diesem Test soll neben der allgemeinen vor allem die „verbale Intelligenz" erfaßt werden, wobei besonderes Gewicht auf den Synonymtest gelegt wurde, der „als Mittel zum Einschätzen des Wortschatzes" gilt.

   Bei diesem Verfahren, das Altersnormen von 16 bis 99 Jahre ausweist und keine Zeitbegrenzung kennt, müssen beispielsweise im Synonymtest Aufgaben folgender Art gelöst werden:

   Zu einem linksstehenden Testwort muß unter fünf Auswahlwörtern ein zweites gefunden werden, das die gleiche oder fast gleiche Bedeutung hat.

2. Wilde-Intelligenz-Test, Subtest WG.

   Dieser Subtest wurde bereits besprochen. Der Zusammenhang zwischen Gedankenflüssigkeit und reichem Wortschatz ist evident.

3. Hamburg-Wechsler-Intelligenztest für Erwachsene (HAWIE), Huber-Verlag, Bern 1956.

   Der HAWIE soll gemäß Amthauer „sprachliche Intelligenzleistungen wie Wortschatz, allgemeines Wissen und Verständnis" messen. Normen liegen für die Altersgruppen 10 bis über 75 Jahre vor. Das Verfahren ist nur als Einzeltest sinnvoll einsetzbar und benötigt in der Durchführung 60 bis 75 Minuten.

Konzentrationsfähigkeit

Dieser Begriff umfaßt Zeitdauer und Intensität, mit der die Aufmerksamkeit auf einen spezifischen Sachverhalt gerichtet wird.

„Ersatztests"

Hier liegt eine Fülle von Testverfahren vor, die sich vor allem durch unterschiedliche Länge unterscheiden. Das Maß für die Konzentrationsfähigkeit wird üblicherweise bestimmt durch die Aspekte Leistungsmenge und Leistungsgüte. Unter den zahlreichen Tests erscheinen folgende vier besonders geeignet:

1. Test d 2, Aufmerksamkeits-Belastungs-Test von Brickenkamp, Verlag für Psychologie, Göttingen 1972.

Der Test d 2 ist ein sogenannter Durchstreichtest, bei dem der Proband aus einer Reihe ähnlicher Zeichen jedes d durchzustreichen hat, das mit insgesamt zwei Strichen versehen ist. Für jede der 14 Zeilen mit je 47 Zeichen wird eine Bearbeitungszeit von maximal 20 Sekunden vorgegeben. Der gesamte Test dauert vier Minuten und 40 Sekunden in der Durchführung, auch die objektive Auswertung benötigt nicht mehr als etwa drei Minuten. Normen gibt es für Altersgruppen von 9 bis 59 Jahren.

2. Revisions-Test (REV.T.) nach Stender, bearbeitet von Marschner, Verlag für Psychologie, Göttingen 1972.

Der Revisions-Test besteht aus 15 Testzeilen zu je 44 Items. Die Zeitbegrenzung pro Zeile beträgt 30 Sekunden. Die Testperson hat die Aufgabe, fortlaufend und unter Zeitdruck die Ergebnisse der Addition von je zwei einstelligen Zahlen zu prüfen. Hier soll „die anhaltende Konzentration bei geistiger Tempoarbeit" untersucht werden. Der Test ist anwendbar ab 13 Jahren.

3. Konzentrations-Verlaufs-Test (KVT) von Abels, Verlag für Psychologie, Göttingen 1961.

Bei diesem Test bekommt der Proband ein Kartenpäckchen mit 60 Zahlenkarten, ein Auswertungsblatt und ein Arbeitsblatt. Der Kartenstoß muß nach vier Kriterien durchgesehen und sortiert werden: ob die Karten die eine oder andere von zwei vorgegebenen Zahlen enthalten oder alle beide oder keine von beiden. Der Test hat keine Zeitbegrenzung und dauert in der Regel zwischen 7 und 16 Minuten. Die Normen sind für Erwachsene geeicht, eine genaue Differenzierung nach Alter oder sozioökonomischem Status erfolgt jedoch nicht.

4. Konzentrations-Leistungstest (KLT) nach Düker, herausgegeben von Lienert, Verlag für Psychologie, Göttingen 1965.

Bei diesem als Einzel- oder Gruppenversuch durchführbarem Test müssen die Probanden zwei einfache Rechenaufgaben im Kopf lösen und das kleinere Ergebnis vom größeren abziehen. Dieser komplexe Vorgang setzt sich aus den Einzeltätigkeiten Auffassen, Rechnen, Merken, Vorstellen und Entscheiden zusammen. Die Durchführung dauert 30 Minuten, zuzüglich etwa acht Minuten für die Instruktion. Normenwerte liegen vor für Erwachsene verschiedenen Alters und verschiedener Berufszugehörigkeit.

Bei der Überprüfung dieses Faktors besteht auch die Möglichkeit des Einsatzes apparativer Verfahren, die nicht nur den Vorteil einer standardisierten Reizgebung und Auswertung haben, sondern aufgrund der aktiven Betätigung am Gerät bei vielen Probanden auch besonders beliebt sind. Stellvertretend seien hier folgende Verfahren genannt:

- Aufmerksamkeits- und Konzentrationstestgerät AKTG (Firma ZAK),
- Daueraufmerksamkeitstest PD 6 (Firma Dufour),
- Beck-Tensor (Firma Beck),
- Motorische Leistungsserie mit Pursuit-Rotor nach Schoppe (Firma Dr. Schuhfried),
- Wiener Reaktionsgerät (Firma Dr. Schuhfried),
- Wiener Determinationsgerät (Firma Dr. Schuhfried),
- Wiener Konzentrationsgerät (Firma Dr. Schuhfried).

Informationen und Bezugsmöglichkeit beim Apparatezentrum Dr. Hogrefe, Rohnsweg 25, 3400 Göttingen.

Redefinition

Dieser Begriff kann auch umschrieben werden als Abstraktionsfähigkeit. Darunter ist die Fähigkeit zu verstehen, als wesentlich erscheinende Merkmale bestimmter Dinge hervorzuheben und die unwesentlichen davon trennen zu können. Volkstümlich ausgedrückt könnte man auch sagen „den Wald trotz der vielen Bäume als Wald erkennen".

Testmöglichkeit: Intelligenz-Struktur-Test IST, Subtest GE.

Im Subtest GE (Gemeinsamkeiten) werden den Testpersonen zwei Wörter vorgegeben, und sie sollen herausfinden, was diesen beiden Wörtern gemeinsam ist, welchen Oberbegriff es dafür gibt. Der Subtest GE benötigt acht Minuten Durchführungszeit und mißt nach Ansicht des Testautors die Abstraktionsfähigkeit im speziellen.

Realitätskontrolle

Darunter ist die Fähigkeit zu verstehen, Lösungsvorschläge unter dem Gesichtspunkt zu bewerten, ob sie wirklich zum erwünschten Ziel führen können, aber auch ihre praktische Umsetzbarkeit zu überprüfen, das heißt ihre tatsächliche Leistungsfähigkeit richtig einzuschätzen.

Als Test erscheint hierzu geeignet der Büro-Test (BT) von Marschner, Verlag für Psychologie, Göttingen 1967.

Der Büro-Test besteht aus sechs Aufgaben zu praktisch-kaufmännischen Büroarbeiten, die folgende Vorgänge erfassen:
- Ordnen und Verteilen,
- Arbeitsabläufe planen,
- Umgang mit Zahlen.

Sie sind laut Brickenkamp ohne spezielle kaufmännische Fachkenntnisse lösbar und erfordern „praktische Intelligenz", also Leistungsaspekte wie „praktisch-anschauliches Denken", „Kombinationsfähigkeit" und „organisatorische Befähigung".

Tabelle 3: Welche Testform zu welchen Innovationsfaktoren?

Test-kriterium	Ökonomischer Test	Dauer	Alter	Paralleltestform
Divergentes Denken	I.S.T., Subtest ZR	10 Min.	Bis 60 Jahre	Ja
Unkonventionelles Denken	FLT	20 Min.	Bis 50 Jahre	Ja
Gedankenflüssigkeit	LPS, Subtest 5+6	7 Min.	Bis 50 Jahre	Ja
Originalität	–	–	–	–
Problemaufspüren	I.S.T., Subtest WA	7 Min.	Bis 60 Jahre	Ja
Elaboration	LPS, Subtest 13+14	10 Min.	Bis 50 Jahre	Ja
Reicher Wortschatz	SASKA	Keine Angaben (Erfahrungswert 20 bis 40 Min.)	Bis 99 Jahre	Nein
Konzentrationsfähigkeit	d 2	5 Min.	Bis 59 Jahre	Nein
Redefinition	I.S.T., Subtest GE	8 Min.	Bis 60 Jahre	Ja
Realitätskontrolle	BT	30 Min.	Nur bedingt noch aussagefähig für Erwachsene	Ja
Organisationsfähigkeit	LT	15 Min.	Bis 30 Jahre	Ja

Der Test richtet sich an Personen ab 14 Jahren und kann als Einzel- und Gruppenversuch durchgeführt werden, wobei eine Parallelform vorliegt. Die reine Bearbeitungszeit beträgt 30 Minuten.

Organisationsfähigkeit

Dieser Begriff soll als die Fähigkeit verstanden werden, das als kreativ beziehungsweise innovativ zu bezeichnende Denkergebnis in die Realität umzusetzen, ohne daß dies an Hindernissen scheitert, die zu beseitigen möglich gewesen wäre. Als geeignete Tests bieten sich an:

1. Büro-Test (BT) von Marschner, Verlag für Psychologie, Göttingen 1967 (bereits besprochen).

2. Der Labyrinth-Test (LT), übersetzt von Henschel, Verlag Huber, Bern 1959 (bereits besprochen).

Zusammenfassend läßt sich sagen: Tabelle 3 soll dem Praktiker ermöglichen, zu den einzelnen aufgeführten Innovationsfaktoren die *ökonomischste* Testform einzusetzen. Der jeweilige Test wurde unter rein praktischen Gesichtspunkten ausgewählt, im Hinblick auf wissenschaftliche Gütekriterien waren nur Mindestvoraussetzungen gefordert.

Kann man Kreativitätstests auch selbst konstruieren?

Die dargestellten standardisierten Testverfahren können zweifellos nur einen bescheidenen Beitrag zur gesicherten Erfassung des kreativen Leistungspotentials bei zukünftigen Mitarbeitern von innovationsorientierten Unternehmen leisten. Neben der unterschiedlichen Güte der Verfahren beeinträchtigen insbesondere Konstruktionsaspekte die Übertragung; denn überwiegend schwebte den Testautoren sicher nicht der Eigenschaftsbegriff vor, der den von uns entwickelten Innovationsfaktoren zugrunde lag. Für den Praktiker empfiehlt es sich daher, sehr genau zu überprüfen, ob der jeweilige Testaufwand gerechtfertigt ist, um über eine gewünschte kreative Eigenschaft Auskunft zu erhalten.

In diesem Zusammenhang ist auch die Frage zu überdenken, ob es überhaupt sinnvoll ist, neue Testverfahren zu entwickeln, die in ihren Grundkonzepten den einzelnen von uns gefundenen Kreativitätsfaktoren und deren begleitenden Merkmalen entsprechen. Der methodische Aufwand einer Neukonstruktion bedingt einen immens hohen Bedarf an Zeit und Mitteln. Darüber hinaus bleibt sicher bei einzelnen Faktoren die Frage offen, ob sie wirklich valide erfaßt werden. Wie bereits dargestellt, bezweifeln namhafte Kreativitätsforscher, daß dies überhaupt je gelingen mag.

Nur am Rande seien die sogenannten „Illustriertentests" erwähnt, deren Existenzberechtigung wohl nur in der vergnüglichen Unterhaltung der Leser zu sehen ist. Wie weit der von Professor Georg Weise für *Capital* (Heft 8/1984) entwickelte „Computertest Kreativität" wissenschaftliche Gütekriterien erfüllt, kann zum derzeitigen Termin nicht bewertet werden. In den Capital-Ausführungen fehlen entsprechende Hinweise.

Natürlich befriedigen diese Aussagen den Praktiker nicht. Es bleibt für ihn zu überlegen, ob er unter firmenspezifischen Gesichtspunkten eigene Aufgaben entwickelt, die dem Augenschein nach die notwendigen und geforderten Faktoren berühren. Sicher ist auch eine solche Vorgehensweise besser als die Bewertung des kreativen Leistungspotentials etwa aufgrund „des ersten Eindrucks". Dennoch muß man sich bei dieser Methode klar sein, daß sie wissenschaftlichen Mindestanforderungen nicht genügt.

Der Personalfachmann kann nach einer Bestimmung der für seine Auswahlaufgabe relevanten Kreativitäts- beziehungsweise Innovationsfaktoren überlegen, ob von den Bewerbern diesbezüglich Arbeitsproben zu erhalten sind. Bedingung ist, um wenigstens die Vergleichbarkeit zu wahren, daß dieselben Aufgaben allen Bewerbern vorgelegt werden und im Sinne einer annähernden Objektivität vom gleichen Auswerterteam bewertet werden. Sicher würde eine solche „objektivere" Vorgehensweise eine „bessere" Prognose ermöglichen als allein die Analyse der Bewerbungsunterlagen oder auch das Vorstellungsgespräch. Mit diesem Aspekt beschäftigen sich zum Beispiel die Ausführungen von Kompa (1984, Kapitel 4.3).

Mögliche Aufgaben beziehungsweise Arbeitsproben wird man stets im Kontext von Tätigkeitsbeschreibungen suchen, die auf die eigene Firma zutreffen und erforderlich sind. Je konkreter die Aufgabenstellung und die geforderten Denkprozesse, um so brauchbarer wird wohl das daraus zu ziehende Testurteil sein.

Als Anregung für die Eigenkonstruktion werden im folgenden Beispiele möglicher Aufgaben zu den einzelnen Faktoren genannt.

Faktor „unkonventionelles Denken"
Aufgabenbeispiel: Was kann man mit einem bestimmten Gegenstand (zum Beispiel der Büroklammer oder einer leeren Konservendose) alles anfangen?

Faktor „divergentes Denken"
Aufgabenbeispiel: Sie werden auf eine unbewohnte Insel verbannt. Welche fünf Gegenstände nehmen Sie außer Ihrer Kleidung mit?

Faktor „Gedankenflüssigkeit"
Aufgabenbeispiel: Begründen Sie in möglichst wenigen Sätzen, warum Kreativitätstraining Schulfach werden sollte.

Faktor „Originalität"
Aufgabenbeispiel: Welche drei Maschinen, die es noch nicht gibt, sollten schnellstens erfunden werden?

Faktor „Problemaufspüren"
Aufgabenbeispiel: Dem Bewerber wird eine Aufgabe gestellt (zum Beispiel Neueinführung eines Produktes). Er hat selbst zu entscheiden, welche Informationen er hierfür braucht und abfragen kann.

Faktor „Elaboration"
Aufgabenbeispiel: Dem Bewerber wird eine Zeichnung mit äußerst unvollständigen Elementen vorgelegt, die gerade noch erkennen lassen, was dargestellt werden soll. Der Proband soll die Zeichnung vervollständigen.

Faktor „reicher Wortschatz"
Aufgabenbeispiel: Der Proband soll in drei Sätzen den Hausmeister von der Notwendigkeit überzeugen, weiches Toilettenpapier zu beschaffen.

Faktor „Konzentrationsfähigkeit"
Hier eignen sich Aufgabentypen, die den gebräuchlichen Konzentrationstests entsprechen.

Faktor „Redefinition"
Aufgabenbeispiel: Ein Haus verfügt über Wasser-, Elektrizitäts-, Gas- und Telefonanschluß sowie folgende Geräte: Gasheizung, Gasherd, Kühl- und Gefrierschrank, Waschmaschine, Spülmaschine sowie diverse elektrische Kleingeräte. Zwei Anschlüsse sollen beseitigt werden; der Proband hat zu wählen, welche dafür in Betracht kommen.

Faktor „Realitätskontrolle"
Aufgabenbeispiel: Der Proband erhält eine kurze Kriminalstory vorgelegt und soll durch die Analyse der Aussagen aller Beteiligten den Täter ermitteln.

Faktor „Organisationsfähigkeit"
Aufgabenbeispiel: Der Bewerber bekommt einen Stadtplan vorgelegt, in dem auch die Lage einiger Geschäfte eingezeichnet ist. Er soll die günstigste Route zum Abfahren dieser Geschäfte ermitteln.

In der abschließenden Übersicht ist zusammengefaßt, welche Informationsquellen über Bewerber es gibt und wie weit sie zur Messung innovativer Eigenschaften geeignet sind.

Kreativitätstests selbst konstruieren?

Informationsquelle	Schwerpunkte	Informationsgehalt	Brauchbarkeit
Bewerbungsunterlagen	Persönliche Daten, schulischer Werdegang, Lehrzeit, Bundeswehr, berufliche Entwicklung, Fortbildung und Spezialkenntnisse	– Zeitfolgenanalyse (Arbeitsplatzwechsel, Lebenslauflücken) – Positionsanalyse (Auf- oder Abstieg) – Firmen- und Branchenanalyse – Kontinuitätsanalyse (sinnvoll, berufliche Entwicklung, eventuell Berufswechsel)	Gegeben bei der Bewertung objektiver Daten (Ausbildungsinhalte, Arbeitsschwerpunkte); nicht gegeben bei subjektiven Aussagen (zum Beispiel Zeugnissprache); innovative Eigenschaften kaum meßbar
Graphologisches Gutachten	Verschiedene Schriftmerkmale wie Größe, Weite, Druck, Buchstabenabstände, Längenunterschiede, Schräglage, Über- und Unterstreichungen etc.	Angeblich: Intelligenz-, Leistungs- und Persönlichkeitsmerkmale	Umstritten, da intuitives Bewerten. Zur zuverlässigen Messung innovativer Eigenschaften nicht brauchbar
Vorstellungsgespräch	Persönliche Situation des Bewerbers, Bildungsgang, Weiterbildungsabsichten, Hobbies, berufliche Entwicklung, Berufspläne	– Persönlicher Eindruck – Ermittlung und Analyse fehlender Daten – Ermittlung von Fach- und Spezialkenntnissen – Integrationsfähigkeit – Entwicklungsfähigkeit	Gegeben bei der Bewertung objektiver Daten und bei halbstandardisierter Fragetechnik. Gefahr einer Überbewertung. Erste Aufschlüsse über vorhandene Kreativität bei „professionellen" Kreativen

Dokument 4: Informationsquellen über Bewerber in der Übersicht

Informationsquelle	Schwerpunkte	Informationsgehalt	Brauchbarkeit
Psychologische Tests	Leistungs- und Intelligenztests (Vergleich der richtigen Lösungen in vorgegebener Zeit mit repräsentativer Eichstichprobe) Persönlichkeitstests (Fragebogen- und projektive Verfahren)	– Diverse Leistungsfunktionen – Diverse Persönlichkeitsmerkmale	Gegeben bei Leistungstests, wenn diese wissenschaftlichen Güterkriterien entsprechen; nicht gegeben bei Persönlichkeitstests wegen wissenschaftlicher und juristischer Bedenken. Tests für einzelne innovative Eigenschaften vorhanden
Gruppengespräche/ Assessment Center	Gruppendiskussionen, Einzelinterviews, Kurzvorträge, Tests, Rollenspiele, Postkorbübungen, Planspiele	Planen und Organisieren, Kommunikations- und Durchsetzungsfähigkeit, Belastbarkeit, Leistungsmotivation, Entscheidungsfähigkeit	Gegeben bei unternehmensspezifischer Ausrichtung und sorgfältiger Schulung der Beobachter/Beurteiler. Beobachtung innovativer Eigenschaften nur firmenspezifisch möglich

Dokument 4 (Forts.)

Zusammenfassend wollen wir festhalten: Bei der Neueinstellung von Mitarbeitern für innovative Aufgabenbereiche sollte mehr als bisher das kreative Potential als Auswahlkriterium dienen. Besser als subjektive Beurteilungen beziehungsweise Intuitionen beim Einstellungsgespräch eignen sich individuell für das Unternehmen ausgewählte Testkombinationen.

6. Kapitel

Förderung kreativer Mitarbeiter

Kreativität ist nicht nur eine Gottesgabe, sie kann auch erlernt werden. Es wäre Verschwendung, Kreative zwar zu erkennen, aber nicht zu fördern. Eine zielgerichtete Förderung von Kreativen ist jedoch nur in einer aufgeschlossenen Unternehmenskultur möglich. Aber auch die Übung und Anwendung von Kreativitäts-Techniken ist unumgänglich, denn nur so können anstelle alteingetretener Pfade neue Lösungswege gefunden werden.

Ist Kreativität erlernbar?

Es gibt nichts, was man nicht noch besser machen kann.

Henri Nestlé

Ist Kreativität erlernbar? Kann man sie trainieren, kann man kreatives Potential durch Übung erhöhen? Diese Fragen drängen sich gleichsam auf, nachdem wir die Methoden zum Erkennen überdurchschnittlich kreativer Mitarbeiter kennengelernt haben: die Identifizierung bisher brachliegender Kreativität zwingt dazu, sie zu fördern, womöglich zu steigern und dann nutzbringend bei der Lösung schwieriger, neuartiger Probleme einzusetzen. Für den als „überdurchschnittlich kreativ" eingestuften Mitarbeiter wäre es äußerst frustrierend, wenn nach dieser für ihn sehr erfreulichen Erkenntnis alles so bliebe wie bisher. Für das Unternehmen würde es bedeuten, daß es nun ganz bewußt einen schwerwiegenden Fehler macht, der ihm bisher unbewußt unterlaufen ist, nämlich auf den wertvollsten Teil des „human capital" zu verzichten: auf die Fähigkeit, Ideen für neuartige Lösungswege zu produzieren.

Empirische Untersuchungen haben ergeben, daß bei einer trainierten Gruppe der Zuwachs an Einfällen bis zu 90 Prozent beträgt im Vergleich zu den Ergebnissen vor dem Kreativitätstraining. Doch nicht nur durch Training, sondern auch durch das gesamte soziale Umfeld, durch das Unternehmensklima und die vorhandene hierarchische Struktur wird das Verhalten des kreativen Mitarbeiters beeinflußt.

Und dies sind die wichtigsten Zielsetzungen für die Kreativitätsförderung:

- Erhöhung der Bereitschaft zur Teamarbeit,
- Sensibilisierung für das Erkennen von Problemen,
- Mut, das Vorhandensein von ungelösten Problemen im eigenen Verantwortungsbereich zuzugeben,

- Fähigkeit, Probleme zu analysieren, eventuell in Teilprobleme zu zerlegen,
- Übung, neuartige Gedanken nicht sofort zu verwerfen (Öffnung zum Ungewohnten),
- Abbau der Angst vor dem Mißlingen, vor der Lächerlichkeit,
- Fähigkeit, auf originelle Gedanken anderer einzugehen und sie weiterzuentwickeln,
- Gelassenheit bei der Hinnahme von Fehlschlägen (Frustrationstoleranz),
- Fähigkeit zum Denken in Analogien,
- Übung in positiv-aufbauender Kritik,
- Verstärkung der bei kreativen Menschen ohnehin vorhandenen positiven Grundeinstellung.

Zur Erreichung dieser Ziele muß das innovationswillige Unternehmen in dreierlei Hinsicht aktiv werden:

- im Bereich der Unternehmenskultur,
- bei der Unternehmensorganisation,
- durch die Einführung von Kreativitätstechniken und -übungen.

Entwicklung und Pflege einer positiv-aktiv-kreativen Unternehmenskultur: PAK

Positiv eingestellt ist ein Mensch, der ein Glas als „halb voll" bezeichnet, das der miesepetrige Kollege „halb leer" nennt. Positiv ist in der Regel auch die Grundeinstellung des kreativen Mitarbeiters, der sich wieder nur in einer positiv eingestellten Umgebung voll entfalten kann. Leider neigt man hierzulande häufiger zur negativen als zu positiven Betrachtungsweise – sowohl im privaten als auch im geschäftlichen Bereich. So wird immer wieder die Flut negativer Nachrichten und pessimistischer Kommentare in den bundesdeutschen Medien beklagt, während erfreulichen Meldungen wenig, wenn überhaupt Platz eingeräumt wird.

In den meisten Unternehmen analysiert man eingehend die *negati-*

ven Abweichungen der Ist- von den Sollzahlen, während kaum jemand den sicher ebenso aufschlußreichen Gründen für *das Übertreffen* gesetzter Plandaten nachgeht. Veränderungen im Markt oder das Aufkommen neuer Verfahren werden eher als Bedrohung empfunden denn als Chance.

Mit dieser überwiegend kritisch-negativen Einstellung unterscheidet sich der Deutsche sehr von seinen Hauptmitbewerbern: dem optimistisch-flexiblen Amerikaner, dem pragmatisch-wendigen Japaner und auch von den aufstrebenden Chinesen, in deren Sprache die Begriffe *Risiko und Chance* identisch sind.

(Die negative Tendenz in der deutschen Denkweise scheint übrigens nicht neu zu sein. Schon Freiherr von Knigge klagte vor gut 200 Jahren „(...) Ihr seid eine sonderbare Generation. (...) Ihr sprecht soviel vom Welt*unter*gang und so wenig vom Sonnen*auf*gang, dabei findet der viel häufiger statt (...)")

Es ist die wichtigste Aufgabe für die *innovationsorientierte* Unternehmensführung, für eine positive Grundeinstellung im Unternehmen zu sorgen, indem sie diese *vorlebt*. *Optimismus und Zuversicht* müssen von oben nach unten verbreitet werden und nicht umgekehrt. *Optimismus und Zuversicht* müssen zum wichtigsten Bestandteil der Unternehmensidentität werden.

Die *innovationsorientierte* Unternehmensführung muß deshalb

- jegliche Form von „Autoritätsdruck" beseitigen,
- die Unternehmenszielsetzungen klar und zukunftsorientiert formulieren und sie den Mitarbeitern vorstellen (zum Beispiel im Rahmen der alljährlichen Betriebsversammlung),
- Vertrauen in die Fähigkeiten und die Kooperationsbereitschaft der Mitarbeiter bei der Verfolgung dieser Ziele demonstrieren (am besten durch Delegation von Aufgaben und Verantwortung),
- das Zusammengehörigkeitsgefühl zwischen Unternehmensspitze und allen Mitarbeitern verstärken (zum Beispiel durch einen „Tag der offenen Tür", an dem jeder Mitarbeiter seine Familie mitbringen und ihr stolz „sein Unternehmen" zeigen kann),

- die Tradition des Unternehmens pflegen, die Leistungen in der Vergangenheit, insbesondere die innovativen, herausstellen (zum Beispiel motivierende Aussprüche des Firmengründers publizieren),
- die Wertschätzung der Person und Leistung der Mitarbeiter unterstreichen (zum Beispiel durch Anerkennungsdiplome, Preisverleihungen, Herausstellung am Schwarzen Brett oder in der Firmenzeitung),
- Informationen allen Mitarbeitern zugänglich machen, die davon betroffen sind, und alle „Informationssperren" beseitigen (zum Beispiel durch Auslegen von Fachzeitschriften im Aufenthaltsraum des technischen Personals),
- für ein positives Image des Unternehmens in der Öffentlichkeit sorgen (zum Beispiel durch laufende Berichte über Aktivitäten des Unternehmens in der örtlichen Presse).

Aktiv ist eine Unternehmenskultur dann, wenn
- konkrete, *herausfordernde* Ziele und *anspruchsvolle* Leistungsstandards gesetzt werden,
- zwischen den einzelnen Abteilungen ein regelmäßiger Informations- und Erfahrungsaustausch gepflegt wird,
- die fachliche Weiterbildung der Mitarbeiter von der Unternehmensleitung initiiert und gefördert wird (nur der fachlich kompetente Mitarbeiter ist zu kreativen Leistungen fähig),
- regelmäßig Aktionsprogramme zur Verbesserung bestimmter Leistungen gefahren werden (zum Beispiel Verkaufswettbewerbe, Materialeinsparungswochen, Besichtigung von Kunden- oder Lieferantenbetrieben zur Kommunikationsverbesserung),
- die Unternehmensleitung zumindest an einigen der genannten Maßnahmen teilnimmt und damit ihre eigene Aktivität demonstriert.

Kreativ gestaltet sich das Unternehmensklima dann, wenn die Geschäftsleitung
- innovativen Aufgaben grundsätzlich höheren Stellenwert beimißt als Routineaufgaben,
- sich zunächst selbst eingehend mit den Grundelementen des Phänomens „Kreativität" vertraut macht,

- in regelmäßigen Zeitabständen von sich aus „kreativen Wandel" initiiert (zum Beispiel durch Neustrukturierung der Mitarbeiter-Beurteilung),
- sich gegenüber Neuerungen aufgeschlossen zeigt (zum Beispiel durch regelmäßige Berichterstattung über neue Verfahren oder neu aufkommende Werkstoffe durch qualifizierte Mitarbeiter),
- genormte und eingefahrene Verfahrensweisen gelegentlich selbst in Frage stellt und die Mitarbeiter dazu ermutigt,
- Toleranz gegenüber Fehlern beim Beschreiten neuer Wege zeigt und diese als „Lernerlebnisse" wertet (zum Beispiel indem die Fehler analysiert und Rückschlüsse für weitere Vorhaben daraus gezogen werden).

In dem bereits zitierten, vielbeachteten Buch „In Search of Excellence" fassen die beiden Autoren die Erfolgsgrundlagen der 14 erfolgreichsten US-Firmen in acht Grundsätzen zusammen, die von allen 14 Unternehmen (unterschiedlichster Branchenzugehörigkeit) befolgt werden. Unternehmerische „Excellence" wird übrigens zuvor definiert als Ergebnis der *„Fähigkeit zu ununterbrochener Kreativität"*.

Von den acht Grundsätzen betreffen *fünf*, also mehr als die Hälfte, die Schaffung beziehungsweise Verbesserung eines positiv-aktiv-kreativen Unternehmensklimas (und ein weiterer, auf den wir später zu sprechen kommen werden, die kreativitätsfördernde Organisation):

1. *Das Primat des Handelns*: Schwierige Probleme des Unternehmens werden rasch und *aktiv* angefaßt. IBM zum Beispiel sucht zu diesem Zweck zehn erfahrene Mitarbeiter aus, sperrt sie mehrere Tage lang in ein Zimmer, bis sie eine Lösung gefunden haben und dann auch gemeinsam für die Umsetzung dieser Lösung in praktische Ergebnisse verantwortlich sind.

2. *Der Freiraum für „Champions"*: Kreative Neuerer dürfen – freigestellt von Routineaufgaben – herumexperimentieren. Dabei begangene Fehler werden als „billiger Lernprozeß" angesehen, hauseigene Konkurrenz um die besten Innovationsergebnisse wird gefördert.

3. *Produktivität durch Menschen*: Im Gegensatz zu vielen Unternehmen, die „im Grunde nicht viel von ihren Leuten halten und deshalb unabsichtlich die kreative Kraft ihrer Angestellten unterdrücken", geben die beschriebenen 14 Unternehmen jedem einzelnen ihrer Mitarbeiter das Gefühl, ein Erfolgsmensch zu sein. Einsatzfreude und Begeisterungsfähigkeit der Mitarbeiter werden intensiv gepflegt, die „Achtung vor dem einzelnen Mitarbeiter" immer wieder unter Beweis gestellt. Von „Familiensinn" ist die Rede, Vertrauen wird unter anderem durch die „Politik des offenen Materiallagers" demonstriert und ständig nach Gelegenheiten gesucht, „Mitarbeiter mit Anstecknadeln, Spangen, Abzeichen und Medaillen zu überhäufen". Nach den Erfahrungen der beiden Autoren sind „Ehrenpreise für gute Leistungen durchschnittlicher Mitarbeiter" wichtiger als Preise für ohnehin hochmotivierte Spitzenkräfte.

4. *Sichtbar gelebtes Wertsystem*: Klare Wertvorstellungen werden in den 14 Spitzenunternehmen vorgegeben und vorgelebt. So zum Beispiel bei McDonald's: Qualität, guter Service, Sauberkeit und vorteilhafte Preise. Die Leistungen der Mitarbeiter, auch die des obersten Managements, werden mit diesen Maßstäben gemessen.

5. *Intensiver Gedankenaustausch*: Um die Kommunikation zwischen Mitarbeitern auch unterschiedlicher hierarchischer Stufen zu fördern, wird unter anderem großer Wert auf Zwanglosigkeit gelegt. Bei Walt Disney zum Beispiel trägt jeder ein Namensschild mit seinem Vornamen – auch der Präsident.

Das hervorragende Unternehmensklima wird – nach den Beobachtungen der beiden Autoren – geprägt durch eine „transformierende" Führung, die Begeisterung und Eifer weckt. Sie kann „eine Arbeitswelt schaffen, in der der einzelne aufblüht, Selbstachtung entwickelt und sich freudig für das Unternehmen und die Gesellschaft als Ganzes einsetzt".

Auch wenn wir bei der Übertragung dieser Erfolgsgrundsätze auf bundesdeutsche Verhältnisse gewisse Abstriche vornehmen müssen, so unterstreichen sie doch in überzeugender Deutlichkeit die große Bedeutung eines *positiv-aktiv-kreativen* Unternehmensklimas als Voraussetzung für die volle Entfaltung der kreativen Kräfte unserer Mitarbeiter und der bewußten Nutzung dieser Kräfte bei der Lösung schwieriger Probleme des Unternehmens.

Umformung der Organisationsstrukturen

Die Schaffung einer *positiv-aktiv-kreativen* Unternehmenskultur ist ohne begleitende organisatorische Maßnahmen nicht denkbar. In den meisten Fällen werden sich Klima und Organisation gegenseitig beeinflussen: so werden Verbesserungen im Unternehmensklima die eine oder andere organisatorische Kontrollmaßnahme entbehrlich erscheinen lassen. Andererseits werden wohl alle organisatorischen Umstellungen Auswirkungen auf das Klima im Unternehmen zur Folge haben, positive oder negative, kreativitätsfördernde oder -hemmende.

Generell kann man sagen, daß die Unternehmenskultur die Organisationsstruktur prägen sollte – und nicht umgekehrt. Der Geist, der in einem Unternehmen herrscht, muß sich auch in den Organen des Unternehmenskörpers wiederfinden lassen. Leider finden sich in den bundesdeutschen Unternehmen in der überwiegenden Zahl der Fälle Organisationsformen, die hervorragend geeignet sind, das Tagesgeschäft und Routineaufgaben zu bewältigen, zumeist aber völlig ungeeignet sind, Kreativität zu fördern und Innovationen zu realisieren.

Nach Abschluß unserer Betrachtungen über die Bedeutung eines positiv-aktiv-kreativen Klimas und bevor wir uns näher mit Organisationsfragen befassen, sollten wir auf den Erfahrungsschatz der amerikanischen Wissenschaftlerin und Unternehmensberaterin *Rosabeth Kanter* zurückgreifen. Sie hat in einer Untersuchungsreihe die Ursachen zahlreicher mißlungener Innovationsvorhaben bloßgelegt: sie lagen ausnahmslos in innovations- und kreativitätsfeindlichen Elementen des Unternehmensklimas oder der Organisation.

Es lohnt sich, ihre Negativliste „*10 Regeln zur Blockierung von Kreativität*" zu studieren:

„1. Betrachte jede neue, von unten kommende Idee mit Mißtrauen – weil sie neu ist und weil sie von unten kommt.

2. Bestehe darauf, daß Personen, die deine Zustimmung für eine Aktion benötigen, auch die Zustimmung mehrerer höherer Ebenen einholen müssen.

3. Fordere Abteilungen oder Individuen auf, ihre Vorschläge gegenseitig zu kritisieren. (Das erspart dir die Mühe des Entscheidens; du mußt nur den Überlebenden belohnen.)

4. Drücke Kritik ungehemmt aus und unterdrücke Lob. (Das hält die Leute unter Druck!)

5. Behandle die Aufdeckung von Problemen als Fehlleistung, damit die Leute nicht auf die Idee kommen, dich wissen zu lassen, wenn etwas nicht klappt.

6. Kontrolliere alles sorgfältig. Sorge dafür, daß alles, was gezählt werden kann, oft gezählt und genau kontrolliert wird.

7. Fälle Entscheidungen zur Reorganisation heimlich und überfalle die Mitarbeiter damit unerwartet. (Auch das hält die Leute unter Druck.)

8. Stelle sicher, daß Informationsnachfrage stets gut begründet wird und achte darauf, daß Information nicht umsonst zur Verfügung gestellt wird. (Informationen sollen nicht in die falschen Hände fallen!)

9. Übertrage im Rahmen der Delegation auf nachgeordnete Manager vor allem die Verantwortung, Einsparprogramme und andere bedrohliche Entscheidungen zu realisieren. Und bringe sie dazu, es schnell zu tun.

10. Und vor allem: Vergiß nie, daß du als Angehöriger der höheren Ebene schon alles Wichtige über das Geschäft weißt."

Umformung der Organisationsstrukturen

Der interessierte Leser wird bei der einen oder anderen (glossierten) Regel Verhaltensweisen im eigenen beruflichen Umfeld – vielleicht sogar von ihm selbst praktizierte – wiedererkannt haben. Es ist – nach dem bisher über Kreativitätsförderung Gesagten – auch ganz einfach zu erkennen, daß diese Verhaltensweisen Kreativität nicht nur nicht fördern, sondern sie im Keim ersticken. Dennoch findet man sie auch hierzulande und in Unternehmen aller Größenordnungen und viel häufiger, als man nach immerhin bereits mehreren Jahren offizieller und inoffizieller Bekenntnisse zur Innovation erwarten würde.

Ein Blick über den großen Teich zu den 14 „exzellenten" amerikanischen Unternehmen zeigt uns, daß eine der acht allen gemeinsamen Erfolgsregeln auch die Organisation betrifft:

„*Einfacher, flexibler Aufbau*": „(...) Trotz meist beachtlicher Größe sind die grundlegenden Strukturen in den untersuchten Spitzenunternehmen von bestechender Einfachheit. Die oberste Ebene ist sparsam besetzt; nicht selten lenkt eine Führungsmannschaft von weniger als 100 Köpfen ein Milliardenunternehmen." Auch die Zerlegung großer Unternehmen in kleine, selbständige Einheiten wird empfohlen: „Die kleine Fabrik hat sich als die wirtschaftlichste erwiesen; ihre motivierten und sehr tüchtigen Arbeiter, die mit ihren Kollegen ständig im Gespräch (und im Wettstreit) stehen, leisten durchweg mehr als Arbeiter in riesigen Werken. Das gilt für Fabriken, für Projektgruppen, für Unterabteilungen – für das ganze Unternehmen." (Robert H. Waterman, S. 270 ff.)

Wie aber soll das *innovationswillige* Unternehmen die vorhandenen Organisationsstrukturen verändern, welche davon abschaffen, welche neu hinzunehmen, um zu erreichen, daß das wertvolle kreative Potential seiner Mitarbeiter voll zum Tragen kommt?

Je nach vorhandener Organisationsform wird diese Frage von Unternehmen zu Unternehmen unterschiedlich zu beantworten sein. Dennoch kann man zur Optimierung *jeder* Organisationsform mit Zielrichtung „Kreativitätsförderung" fünf allgemein gültige Richtlinien aufstellen:

Änderung vorhandener Organisationsformen durch
- Abbau von Kreativitäts-Bremsen und
- Förderung von Teamarbeit.

Eliminierung vorhandener Strukturen durch
- Abschaffung möglichst vieler Routineprozesse.

Einführung oder Reaktivierung von zusätzlichen organisatorischen Einrichtungen wie
- betriebliches Vorschlagswesen oder
- Quality Circles.

Diese fünf recht unterschiedlichen Vorgehensweisen wollen wir nun näher betrachten und durch Beispiele veranschaulichen.

Abbau von Kreativitäts-Bremsen

Für innovationsorientierte Unternehmen hat die Förderung von Kreativität zur „Ideenproduktion" einen viel höheren Stellenwert als zum Beispiel die Perfektionierung des „Controlling" oder die Optimierung der Einkaufsorganisation. Kreativitäts*bremsende* organisatorische Maßnahmen müssen deshalb vorrangig durch kreativitäts*fördernde* ersetzt werden.

Eine der wirksamsten Kreativitätsbremsen ist autoritäres Management, verbunden mit der Überzeugung, Kreativität sei ausschließlich Sache der Unternehmens- beziehungsweise Abteilungsleitung; alle anderen Mitarbeiter hätten nur die Ideen ihrer Vorgesetzten „weisungsgemäß" umzusetzen; der kreative Mitarbeiter gilt als aufsässig und als Störfaktor innerhalb der Organisation. Vorgesetzte mit diesem „Führungsstil" unterdrücken entweder die Ideen der ihnen anvertrauten Mitarbeiter ganz oder geben sie zu einem späteren Zeitpunkt als ihre eigenen aus. Überdurchschnittlich kreative Mitarbeiter reagieren nach einiger Zeit auf dieses äußerst frustrierende Verhalten ihrer Vorgesetzten entweder mit effektiver, zumindest aber mit „innerer Kündigung" – beides zum Schaden des Unternehmens.

Die Beseitigung solcher Kreativitätsbremsen im hierarchischen Gefüge ist nicht ganz einfach. Zunächst gilt es nämlich, sie zu entdecken! Manche Vorgesetzten sind sich ihrer bremsenden Wirkung selbst gar nicht bewußt, andere verstehen sie meisterhaft zu tarnen. Mitarbeiter scheuen sich oft, auf das diktatorische Verhalten ihrer Chefs an höherer Stelle aufmerksam zu machen. Die innovationswillige Unternehmensleitung muß deshalb in eigens dazu einberufenen Betriebs- oder Abteilungsversammlungen dieses Problem offen ansprechen, um herauszufinden, wo kreatives Verhalten unterdrückt wird. Sollten offene Aussprachen kein Ergebnis bringen, kann man auch zu einer ganz unorthodoxen Methode greifen: zur geheimen „Wahl der größten Kreativitätsbremse" der Firma! Unter dem Schutz der Wahlanonymität erhält man dann in der Reihenfolge der jeweils abgegebenen Stimmenzahl gleich *eine Liste* der im Unternehmen vorhandenen Kreativitätsbremsen – und kann nun Maßnahmen zu ihrer Beseitigung überlegen:

– Manchmal kommt das Wahlergebnis für den Betroffenen selbst ganz überraschend und führt zu einer spontanen Änderung seiner Verhaltensweisen (bei der man ihm Unterstützung zuteil werden läßt).
– Bei älteren Vorgesetzten liegt eine Übergangslösung bis zur Pensionierung nahe.
– Jüngeren, uneinsichtigen Vorgesetzten sollte eine „Veränderung" empfohlen werden, die bei ansonsten wertvollen Mitarbeitern auch in einer Versetzung auf einen weniger „kreativitätsbeeinflussenden" Posten bestehen kann. (So wurde bei einem mittleren Konsumgüterhersteller ein äußerst kreativitätsbremsender Gebietsverkaufsleiter zum Leiter des größten Außenlagers „befördert" – mit hervorragenden Auswirkungen auf die Umsatzentwicklung seines ehemaligen Gebietes!)

Förderung von Teamarbeit

Es ist bekannt, daß die Kreativität einer Gruppe *wesentlich* höher ist als die Summe der Einzelkreativitäten der Gruppenmitglieder. Deshalb sollten organisatorische Vorkehrungen getroffen werden, um Teamarbeit noch stärker als bisher zu fördern: durch gemeinsames Vorgehen und durch die Bereitschaft zum Miteinander lassen sich nämlich zusätzliche Kreativitätspotentiale erschließen. Besonders ergiebig ist diese Vorgehensweise dann, wenn organisatorisch die Bildung von Teams aus verschiedenen Abteilungen des Unternehmens nicht nur ermöglicht, sondern sogar vorgeschrieben wird. (Dabei soll allerdings jeder „Zwang" vermieden werden.) So könnte zum Beispiel vierteljährlich ein „Dringlichkeitskatalog" veröffentlicht werden, der bisher ungelöste Probleme aus verschiedenen Unternehmensbereichen zur Lösung „ausschreibt". Die Mitarbeiter werden gebeten, sich zu freiwilligen Lösungsteams zusammenzuschließen und jede Woche ein bis zwei Stunden in der Gruppe zu arbeiten, für welche Zeit sie von ihren sonstigen Aufgaben freigestellt werden. Häufige Arbeit im Team erhöht die Motivation, schafft Barrieren zwischen den Abteilungen ab und beseitigt Vorbehalte gegenüber Kollegen und Vorgesetzten.

Auf weitere Einsatzbereiche und Vorteile der Teamarbeit werden wir im nächsten Abschnitt bei der Besprechung von Kreativitätstechniken eingehen.

Abschaffung möglichst vieler Routineprozesse

Alle durch organisatorische Vorschriften zur Routine erstarrten Arbeits- und Entscheidungsabläufe sollten überprüft und weitestgehend abgeschafft werden.

Organisatorisch vorgesehene „einsame Entscheidungen" von Vorgesetzten zum Beispiel sollten entfallen. Sie entbinden die Mitarbeiter vom Mitdenken und der Mitverantwortung und fördern häufig passiven Widerstand. Eine möglichst frühe Einbindung der

Mitarbeiter in den Entscheidungsfindungsprozeß wird in vielen Fällen die Qualität, auf jeden Fall aber die Akzeptanz der Entscheidung erhöhen.

Auch die routinemäßige Abwicklung der Informationsweitergabe könnte entfallen. Informationen sollten hingegen *allen* zur Verfügung stehen, die sich dafür interessieren (ausgenommen solche mit vertraulichem Charakter): nur gut informierte Mitarbeiter werden sich mit dem Unternehmen verbunden fühlen und im technischen und sozialen Wandel keine Bedrohung sehen, sondern Chancen!

Routinemäßige Berichterstattung sollte abgeschafft werden. Solche Berichte erfordern in der Regel viel Zeit und finden kaum Beachtung. Die Übermittlung von Erfahrungen, Beobachtungen und auch Ideen geht zumeist unter, der Berichterstatter erhält oft keine oder eine Routine-Antwort und resigniert. Entfällt hingegen der Gewohnheits-Bericht, erhalten *gelegentliche* Mitteilungen und Vorschläge ein ganz anderes Gewicht, werden beachtet und beantwortet und motivieren zu noch schärferer Beobachtung und noch besseren Vorschlägen.

Die organisatorische Zugehörigkeit zu nur einem einzigen Unternehmensbereich und die damit verbundene routinemäßige Behandlung von Problemen dieses Bereiches wird – zumindest teilweise – abgeschafft durch „Job-Rotation". Diese besonders in Japan angewandte Technik sieht einen häufigen Wechsel des Arbeits- und Einsatzbereiches – insbesondere von jungen Mitarbeitern – vor. Nach einer allgemeinen Einarbeitungszeit wechseln zum Beispiel kaufmännisch ausgebildete Mitarbeiter aus dem Rechnungswesen in den Vertrieb, von dort nach einem Jahr in den Einkauf, um schließlich nach wieder einem Jahr in der Personalabteilung zu landen. Zweifellos wird durch diese Technik die Anhäufung von Routine verhindert, Flexibilität und Kreativität beim Mitarbeiter werden in hohem Maße gefördert.

Der Fachbereich Wirtschaft der Fachhochschule Bielefeld führte im Jahr 1987 eine Befragung seiner Absolventen der Examensjahre 1982–1985 durch. Dabei ergab sich unter anderem, daß nur knapp 10 Prozent der antwortenden Diplombetriebswirte in den ersten beiden Berufsjahren drei Mal und mehr innerhalb des Unternehmens den Job gewechselt hatten: immerhin ein hoffnungsvoller Anfang für diese kreativitätsfördernde Maßnahme auch in unserem Lande.

Einführung oder Reaktivierung des betrieblichen Vorschlagswesens (BVW)

Im Unterschied zu allen bisher besprochenen Maßnahmen der Kreativitätsförderung unterliegt das betriebliche Vorschlagswesen zumindest zum Teil gesetzlichen Regelungen, nämlich dann, wenn der Vorschlag eine patent- oder gebrauchsmusterfähige Erfindung eines Arbeitnehmers darstellt. Es tritt dann das Gesetz über Arbeitnehmererfindungen aus dem Jahre 1957 in Kraft. Über die Anwendungsbereiche und Handhabung dieses Gesetzes ist bereits so viel und so ausführlich geschrieben worden, daß wir nicht näher darauf einzugehen brauchen.

Das organisierte Vorschlagswesen sollte in keinem Unternehmen fehlen. Selbstverständlich dient es nicht nur der Produktion von Produktideen, sondern wurde in der Regel dazu geschaffen, Vorschläge der Belegschaft zur Verbesserung und Rationalisierung der technischen Arbeitsvorgänge anzuregen. Nach wie vor liegt hier auch der Schwerpunkt. Doch werden immer häufiger die Mitarbeiter eingeladen, auch Ideen zur Verbesserung bestehender beziehungsweise zur Schaffung neuer Erzeugnisse der Geschäftsleitung mitzuteilen.

Man kann beim organisierten Vorschlagswesen verschiedene Wege gehen, zum Beispiel:

- laufend durch Auslegung von Vorschlagsbogen und Anbringen von Vorschlagsbriefkästen in den Belegschaftsräumen die Mitarbeiter zu schöpferischem Denken anregen,
- einmalige oder periodische Wettbewerbe veranstalten, die durch Aushang, in der Firmenzeitung oder bei einer Betriebsversammlung angekündigt werden.

Firma Produktiv-GmbH

Dringend gesucht: gute Ideen!

Lieber Mitarbeiter!

Haben Sie schon manchmal gedacht: diesen Arbeitsvorgang könnte man vereinfachen?, hier sollte man statt ... besser ... verwenden?, warum erzeugt unsere Firma nicht ...??? Ihre Gedanken sollen in Zukunft nicht ungenützt bleiben: wir, das heißt die Geschäftsleitung, wollen jeden Ihrer Vorschläge prüfen und ihn – falls dies möglich – rasch verwirklichen.

Ihre aktive Mitarbeit wollen wir besonders belohnen: jeder verwirklichte Vorschlag wird zunächst einmal im Rahmen einer Feier innerhalb der Abteilung entsprechend gewürdigt! Darüber hinaus aber gibt es

– bei Rationalisierungsmaßnahmen und sonstigen technischen Verbesserungen: ... Prozent der erzielten Einsparungen des ersten Jahres und je ... Prozent des zweiten und dritten Jahres,
– bei Vorschlägen für Verbesserungen oder Neuschaffung von Erzeugnissen ... Promille des Umsatzes im Einführungsjahr, je ... Promille des zweiten und dritten Umsatzjahres.

Sie sehen: es lohnt wirklich mitzudenken, mitzuarbeiten! Und selbst, wenn Ihre Idee aus irgendwelchen Gründen nicht durchführbar ist: wir werden Sie in jedem Falle mit einem kleinen Geschenk für Ihre Mühe belohnen!

Bitte benutzen Sie die Rückseite dieses Blattes für Ihren Vorschlag. Sollten Sie mehrere Ideen haben, schreiben Sie bitte jede auf ein gesondertes Blatt. Und nun: viel Spaß und viel Erfolg!

Dokument 5: Beispiel eines Vorschlagbogens

Produktiv-Geschäftsleitung

Name: ....
Abteilung: ....
Tätigkeit: ....

Mein Vorschlag betrifft:

– Verbesserung von Arbeitsmethoden
– Organisatorische Maßnahmen
– Maßnahmen zur Unfall- und Schadensverhütung
– Materialprobleme
– Verpackungsänderungen
– Produktveränderungen
– Produktverbesserungen
– Neue Erzeugnisse
– Vertriebsmethoden
– Werbemaßnahmen
....
....

Kurze Beschreibung meiner Idee:

(Bitte verwenden Sie ein leeres Blatt, falls der Platz nicht ausreicht und schließen Sie gegebenenfalls Skizzen und Zeichnungen bei.)

Dokument 5 (Forts.)

Zu empfehlen ist eine Kombination beider Methoden. Einerseits soll dem Mitarbeiter die Möglichkeit gegeben werden, zu jeder Zeit gute Vorschläge vorbringen zu können. Andererseits aber sollten von Zeit zu Zeit Impulse die Vorschlagstätigkeit beflügeln: insbesondere auf dem Sektor der Neuprodukt-Vorschläge.

Interessant ist die Frage, inwieweit sich das organisierte betriebliche Vorschlagswesen kreativitätsfördernd auswirkt.

Es gibt verschiedene Untersuchungen über die Leistungsfähigkeit des BVW, wobei unterschiedliche Effizienz-Maßstäbe zur Anwendung kommen:

Zunächst die *Beteiligungsquote*, das ist der Anteil der eingereichten Verbesserungsvorschläge pro 100 Teilnahmeberechtigte. Als teilnahmeberechtigt gelten alle Mitarbeiter außer den leitenden (von ihnen erwartet man Verbesserungsvorschläge als Teil ihrer angestammten Aufgaben), in manchen Unternehmen auch die bereits im Ruhestand lebenden ehemaligen Mitarbeiter – um das gesamte Kreativitätspotential auszuschöpfen. Dieses Kriterium ist als Maßstab für die Bereitschaft zur kreativ-konstruktiven Mitarbeit der Belegschaft zu betrachten. Da mit der Anzahl der Verbesserungsvorschläge erfahrungsgemäß auch die Wahrscheinlichkeit steigt, daß sich darunter brauchbare Anregungen befinden, sollte eine *hohe Beteiligungsquote* angestrebt werden. Das Streben nach hoher Beteiligung könnte zugleich auch eine Reduzierung der eventuell vorhandenen kreativitätsbremsenden Wirkung von Vorgesetzten sein: sie sind selbst nicht teilnahmeberechtigt und sollten durch einen innerbetrieblichen Wettbewerb zwischen den einzelnen Abteilungen dazu veranlaßt werden, möglichst viele ihrer Mitarbeiter zur Teilnahme zu ermuntern. Und damit ist eine zusätzliche kreativitätsfördernde organisatorische Maßnahme getroffen.

Als weiteres, diesmal qualitatives Effizienzkriterium wird die *Annahmequote* benutzt, die sich aus dem Anteil der angenommenen von je 100 eingereichten Verbesserungsvorschlägen ergibt. Diese Größe hängt nicht nur von der Kreativität der Mitarbeiter, sondern in hohem Maße von der Einstellung der Gutachter und der Innovationsfreudigkeit der Unternehmensleitung ab. Die Kreativität der

Mitarbeiter, deren Vorschläge angenommen wurden, wird durch dieses Erfolgserlebnis sicherlich gefördert. Doch welchen Einfluß hat die *Nichtannahme* ihres Vorschlages auf die übrigen Teilnehmer? Hier hat die innovationswillige Geschäftsleitung Gelegenheit, den im Grunde negativen Vorgang in eine kreativitätsfördernde Maßnahme umzukehren, indem sie

- jedem abgelehnten Teilnehmer einen kleinen Preis zuerkennt, sinnvollerweise zum Beispiel ein kleines Büchlein mit Übungen zur Steigerung seiner Kreativität,
- jedem abgelehnten Teilnehmer für seinen Vorschlag dankt und ihn gleichzeitig ermuntert, auch weiterhin am BVW teilzunehmen,
- nachdrücklich auf die Bedeutung der Innovation für das Unternehmen und alle seine Mitarbeiter hinweist,
- *allen* Teilnehmern anbietet, an innerbetrieblichen Veranstaltungen zur Kreativitätsförderung, zum Beispiel Schulungen in Brainstorming und anderen Kreativitätstechniken, teilzunehmen.

Man darf vom betrieblichen Vorschlagswesen keine Fülle von unmittelbar verwertbaren Ideen für neue Erzeugnisse oder entscheidende Produktverbesserungen erwarten: die *Beteiligungsquote* der Mitarbeiter liegt erfahrungsgemäß bei etwa fünf Prozent, die Annahmequote bei etwa zehn Prozent der eingereichten Vorschläge. Dieser relativ niedrige Erfolg sollte die Unternehmensleitung aber nicht entmutigen: immerhin läßt sich schon bei einer Belegschaft von 200 Mitarbeitern *ein* guter Vorschlag erwarten – zusätzlich zu der kreativitätsfördernden Wirkung dieser Maßnahme.

Einführung von „Quality Circles"

Diese kreativitätsfördernde Methode wird schon in zahlreichen, allerdings meist großen Unternehmen praktiziert, wenn auch nicht immer unter der Bezeichnung Quality Circle: auf völlig freiwilliger Basis findet sich eine Gruppe von Mitarbeitern einer Abteilung in regelmäßigen Zeitabständen zusammen, um selbst ausgewählte Probleme und Schwachstellen aus dem eigenen Arbeitsbereich zu

Umformung der Organisationsstrukturen

analysieren. Daran anschließend werden gemeinsam Problemlösungen erarbeitet, Ideen und Verbesserungsvorschläge entwickelt. Die Realisierung der beschlossenen Zielsetzungen liegt sodann ebenfalls in der Verantwortung dieser Gruppe.

Es läßt sich heute bereits durch die Definition des Arbeitsbereiches von Quality Circles die kreativitätsfördernde Wirkung erkennen: gefordert und gefördert werden Problembewußtsein, kritisches Überprüfen gewohnter Verhaltensweisen, Ideenreichtum, Initiative, daneben aber auch Durchhalte- und Durchsetzungsvermögen und die Fähigkeit, andere Kollegen – die nicht am Quality Circle teilnehmen – von den eigenen Ideen zu überzeugen und zur Mitwirkung bei deren Realisierung zu motivieren.

Im 7. Kapitel wird bei Besprechung der Methoden zur optimalen Führung kreativer Mitarbeiter nochmals eingehend das Instrument der Quality Circles behandelt.

Anwendung von Kreativitäts-Techniken

Die Geschichte der Zivilisation ist die Geschichte menschlicher Kreativität; nahezu jeder Verbesserung der Lebensbedingungen lag eine Erfindung zugrunde. Unter dem Eindruck dieser Erkenntnis erscheint es völlig unverständlich, daß in unserer Erziehung die Kreativität erschreckend vernachlässigt wird. Wenn man von wenigen Ausnahmen, zum Beispiel den Steiner-Schulen, absieht, werden an unseren Erziehungsanstalten von der Primär- über die Sekundär- bis zur Tertiärstufe ausschließlich der kritische Verstand geschult und Wissen angereichert. Überdurchschnittlich kreative Kinder und Jugendliche werden als Störfaktor empfunden und in der Regel „zur Ordnung gerufen". Nach abgeschlossener Berufs- oder Hochschulausbildung ist die ursprünglich vorhandene Kreativität des Kindes nicht nur nicht weiterentwickelt, sondern eher durch die jahrelange Unterdrückung verkümmert.

Es ist zu hoffen, daß sich in unserem Lande auch in der Bildungspolitik eine Wende von der Kreativitätsvernachlässigung und -unterdrückung hin zur bewußten Kreativitätsförderung vollziehen, und daß man damit möglichst früh, also schon in der Elementarschule beginnen wird. Die Kreativität der Einwohner unseres sonst so rohstoffarmen Landes stellt eine wertvolle Ressource dar, die sorgfältig entwickelt und gefördert werden muß. An die Stelle von „Fundstätten" müsse eben „die Findigkeit" treten, fordert Professor Giersch vom Kieler Institut für Weltwirtschaft schon seit Jahren.

Für das *innovationsorientierte* Unternehmen ist das regelmäßige und methodische Training der Kreativität seiner Mitarbeiter unerläßlich: wie nahezu alle anderen körperlichen und geistigen Eigenschaften lassen sich auch im kreativen Bereich durch Übung und Verbesserung der Technik beachtliche Leistungssteigerungen erzielen. So kann ein Mensch mit einem geringeren Maß an Kreativität durch Training und gezielten Einsatz einen anderen mit höherer, aber ungeschulter Kreativität in seinen kreativen Leistungen übertreffen. General Electric war eines der Pionierunternehmen in diesem Bereich und läßt seit vielen Jahren seine neueingestellten Ingenieure parallel zur üblichen Einarbeitung ein zweijähriges Kreativitätstraining durchlaufen. Auch die vorhandenen Mitarbeiter in den technischen Bereichen erhalten bei GE ständige Unterweisung in der Anwendung kreativer Techniken. Als überzeugenden Erfolg dieser Maßnahmen hat GE zu vermelden: die trainierten Mitarbeiter erzielen dreimal soviel Patente wie die nicht-trainierten!

Neben GE waren es vor allem US-Steel, General Motors, IBM und die 3M-Company, die frühzeitig begannen, die Kreativität ihrer Mitarbeiter zu trainieren und bewußt einzusetzen. Außerhalb des rein wirtschaftlichen Bereiches schulten die US-Navy und Airforce schon während des zweiten Weltkrieges ihre Angehörigen durch kreativitätsfördernde Maßnahmen: so hatten Torrance und Guilford, die bereits mehrfach zitierten bedeutenden Kreativitätsforscher, ihre ersten Kontakte mit dem Phänomen Kreativität als Offiziere der US-Airforce! Damals praktizierte man vorwiegend die von Alex Osborn bereits 1939 entwickelte Methode des „Brainstorming", die auch heute noch als die bekannteste und am weitesten verbreitete Kreativitätstechnik gilt. Der in den USA in den

Anwendung von Kreativitätstechniken 177

50er Jahren einsetzende „Kreativitäts-Boom", der gegen Ende des Jahrzehnts durch den „Sputnik-Schock" noch angeheizt wurde, brachte eine Reihe weiterer mehr oder weniger bekannter und bewährter Methoden wie Synectics, Itemized Response, Attribute Listing und andere.

Nach Europa und in die Bundesrepublik Deutschland kamen die ersten Erfolgsmeldungen über die in den USA praktizierten „Ideenfindungsmethoden" Mitte der 60er Jahre, führten dann hierzulande Anfang der 70er Jahre zu einer euphorischen Überschätzung ihrer Effizienz: Man glaubte, mit ihrer Hilfe alle noch so schwierigen und komplexen Probleme im Handumdrehen lösen zu können – und wurde alsbald ernüchtert und enttäuscht. Nach einer Reihe von „Abstinenzjahren" begann man sich Ende der 70er Jahre wieder auf realistischer Basis mit den Kreativitätstechniken zu beschäftigen. Seither werden sie in Unternehmen und Institutionen eingesetzt und in Seminaren gelehrt und geübt, allerdings bei weitem nicht in dem Umfang, wie es zu einer systematischen Erschließung der landesweit vorhandenen Kreativitätsreserven erforderlich wäre.

Bevor wir das Wesen und die Leistungsfähigkeit der am häufigsten zum Einsatz kommenden Kreativitätstechniken behandeln, sollen erst die Ziele definiert werden, die mit ihrer Hilfe anzustreben sind. Außerdem müssen wir feststellen, daß es außer den zumeist aus den USA übernommenen reinen Kreativitätstechniken auch sehr nützliche „Hilfstechniken" gibt, die aus anderen Bereichen stammen, aber als äußerst kreativitätsfördernd in unsere Betrachtungen mit einbezogen werden müssen, wie zum Beispiel das „Visualisieren" und die „Checklists".

Alle diese Haupt- und Hilfstechniken dienen den folgenden Zielen:

- dem Abbau von „Blockierungen",
- dem Verlassen eingefahrener Denk- und Verhaltensweisen,
- der neuartigen Kombination von bekannten Elementen und Begriffen,
- der Herstellung von Assoziationen und Bisoziationen,
- der „Verfremdung" bisher ungelöster Probleme,

- der Einleitung gruppendynamischer Prozesse,
- der Vermeidung von verfrühter Kritik,
- der Gewinnung von Abstand zu Routineprozessen.

Aus der großen Zahl der kreativitätsfördernden Techniken (man spricht von über 100 verschiedenen Methoden) sollen die herausgegriffen werden, die sich in der praktischen Anwendung durch *innovationsorientierte* Unternehmen bisher am besten bewährt haben. Dabei soll auch berücksichtigt werden, ob die Methoden ausschließlich in Gruppenarbeit oder aber auch vom einzelnen Mitarbeiter allein anzuwenden sind.

Kreativitätsfördernde Methoden und Hilfstechniken

Visualisieren

Sowohl in der Gruppe als auch bei der Problemlösung am Schreibtisch muß das Problem „visualisiert", das heißt veranschaulicht beziehungsweise sichtbar gemacht werden. Gedankengänge müssen schriftlich festgehalten, Skizzen angefertigt werden, Pfeile müssen auf Zusammenhänge hinweisen! Im Sitzungsraum der Gruppe beziehungsweise im Arbeitszimmer des einzelnen müssen zwei bis drei Flipcharts stehen, ergänzt durch Pinwände oder ähnliche Einrichtungen, auf die verschiedenfarbige Kärtchen einfach und rasch auf- und umgesteckt werden können. Dicke Filzschreiber sollen großzügig in den verschiedensten Farben zur Verfügung stehen. Das Visualisieren von Gedankenabläufen, die anschauliche Skizzierung eines Problems oder der rasch hingeworfene Plan der örtlichen Verhältnisse wirken stark motivierend auf die Gruppe und aktivieren auch die ansonsten eher zurückhaltenden Gruppenmitglieder. *Visualisieren ist eine der wichtigsten Voraussetzungen für erfolgreiche kreative Arbeit!*

Problemformulierung

Die exakte Formulierung des zu lösenden Problems ist eine weitere unabdingbare Voraussetzung für die kreative Arbeit. John Dewey

behauptete sogar: „Ein Problem ist halb gelöst, wenn es klar formuliert ist."
Ein Problem ist gekennzeichnet durch ein vorgegebenes Ziel (Z), die derzeitige, vom Ziel mehr oder weniger weit entfernte Ausgangsposition (A) und die Unkenntnis des Weges, der von A nach Z führt (W).

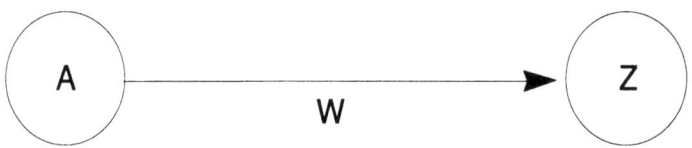

Abbildung 12: Problemlösung durch Problemformulierung

Die Erarbeitung eines firmenspezifischen Problemformulierungsbogens ist sinnvoll und fördert die kreative Lösung des Problems. Der Bogen könnte die folgenden fünf grundsätzlichen Fragen zur Beantwortung vorgeben:

- Welches Ziel wollen Sie erreichen? (Z)
- Wie ist Ihre derzeitige Ausgangsposition? (A)
- Was haben Sie oder andere (wer?) bereits versucht, um das Ziel zu erreichen? (W_1, W_2, W_3)
- Wieso haben diese Versuche nicht zum Erfolg geführt?
- Welche Bedeutung hat die Erreichung des gesetzten Zieles für Sie beziehungsweise Ihre Firma?

Selbstverständlich können diese Fragen auf die speziellen Belange des Unternehmens ausgerichtet und durch weitere Fragen ergänzt werden. Wichtig ist, daß die Mitarbeiter ihre Probleme schriftlich klar ausdrücken und gleichzeitig auch den Stellenwert ihres Problems im Gesamtbereich des Unternehmens erkennen. Wichtig ist aber auch, dem Mitarbeiter die Erkenntnis zu vermitteln, daß *seine* Problemformulierung nur eine von mehreren denkbaren Problembetrachtungen ist und ihn selbst oder die Gruppenmitglieder zu veranlassen, das Problem möglichst oft umzuformulieren!

Problemumformulierung

Bei gegebener Ausgangslage A und noch unbekanntem Lösungsweg W kann sich die Problemumformulierung nur auf eine Abwandlung der Zielvorgabe Z beziehen. Die ursprüngliche Formulierung der Zielsetzung erfolgte nach einer kritischen Analyse der Ausgangslage in einer Richtung, die auf den bisherigen Erfahrungen mit ähnlich gelagerten Problemen aufbaute. Jede Neuformulierung des Zieles entspricht entweder den anders gelagerten Erfahrungen anderer Gruppenmitglieder und ist schon dadurch kreativ, daß Wissenselemente aus einem Bereich auf ein ganz anderes Gebiet übertragen werden. Oder die neue Zielsetzung entspringt dem Vorstellungsbereich eines anderen Teilnehmers und ist deshalb als besonders kreativ zu bezeichnen. Wir stellen fest, daß zur Problemumformulierung bereits kreative Begabung gehört und verstehen, daß man gelegentlich für diesen Vorgang auch die Bezeichnung *„Problem-Ideen"* verwendet – im Unterschied zu den *„Lösungs-Ideen"*, die erst zu einem späteren Zeitpunkt produziert werden.

Ein Beispiel soll den Vorgang der Problemumformulierung noch verständlicher machen: bei einem Hersteller von Maschenmode beklagt der Produktionsleiter die negative Beeinflussung seiner Ergebnisrechnung durch die extrem niedrigen „Kilopreise", die er bei der Veräußerung von Restposten ursprünglich sehr teurer Garne erzielt. Aus seiner Sicht heißt die Zielsetzung: „Erzielung höherer Preise für Garnreste".

Von den anderen Gruppenmitgliedern, die aus den verschiedensten Betriebsabteilungen stammen, werden unter anderem folgende Problemumformulierungen, das heißt neue Zielsetzungen, vorgeschlagen:

– Verkauf der Garnreste an Hobbystrickerinnen,
– Weiterverarbeitung der Garnreste im eigenen Unternehmen,
– Vermeidung bzw. Minimierung des Anfalls von Garnresten,
– caritative Verwendung der Garnreste, verbunden mit PR-Maßnahmen.

Einige dieser „Problem-Ideen" enthalten tatsächlich schon eine halbe Problemlösung, zumindest bieten sie einen großen Spielraum für die anschließend zu erarbeitenden „Lösungs-Ideen"! Ganz besonders ergiebig wird die Arbeit der Gruppe dann, wenn man nacheinander für mehrere oder auch für alle der erarbeiteten Zielsetzungen Lösungswege konzipiert.

Check-Lists

Zur Anregung kreativer Einfälle bewährt sich die Erstellung von Listen mit Namen, Verfahren, Materialien, Eigenschaften, Aufgaben und anderen Begriffen, die mit dem zu lösenden Problem in Zusammenhang stehen. So könnten zum Beispiel folgende Check-Lists hilfreich sein:

- Liste *aller* Funktionen, die eine zu verbesssernde Werkzeugmaschine erfüllen muß,
- Verzeichnis *aller* Werkstoffe, die zu einer neuartigen Werkstoffkombination herangezogen werden können,
- Beschreibung *aller* Verfahren zur Darstellung einer bestimmten chemischen Verbindung bei der Suche nach einem neuartigen Klebestoff,
- Auflistung *aller* auf dem Markt befindlichen Marken bei der Namensgebung für eine neue, besonders modische Herrenhosenkollektion.

Ein gutes Beispiel für den erfolgreichen Einsatz dieser Methode entnehmen wir dem Lebensbericht von Lee Iacocca: der attraktive Name „Ford-*Mustang*" entstammte nicht etwa dem genialen Einfall einer Werbeagentur, sondern einer Liste aller vorhandenen Tiergattungen, die ein junger Ford-Mitarbeiter in der Public Library von Detroit erstellt hatte. Er war zur Erfüllung dieses Auftrages einen ganzen Tag freigestellt worden, nachdem feststand, daß das neue Modell den Namen eines kraftvollen Tieres erhalten sollte ...

Funktionsanalyse

Diese Methode ist der Check-List verwandt, sie stellt die Auflistung von Elementen eines Produktes oder einer Dienstleistung dar, die im weitesten Sinn als Funktionen bezeichnet werden können. Die Methode ist streng logisch angelegt und dient als Grundlage für daran anschließende kreative Prozesse.

Mit Hilfe der Funktionsanalyse zerlegen wir zum Beispiel die Probleme unserer Kunden in Einzelelemente, um durch Studium der einzelnen „Problemelemente" Erkenntnisse für Lösungen zu finden, die in Form neuer Produkte oder neuer Dienstleistungen dem Kunden angeboten werden können.

Die Funktionsanalyse eignet sich als Methode besonders für Bereiche, bei denen die Problemstellung exakt und umfassend beschrieben werden kann, mehr also für Probleme technischer und organisatorischer Art in der Investitionsgüterherstellung als für die weitgehend psychologisch gefärbten Probleme der Konsumgüterindustrie.

Die Technik der Funktionsanalyse ist relativ einfach und soll an einem praktischen Beispiel verständlich gemacht werden:

Ein Hersteller von Tiefbaumaschinen sucht nach neuen Produktideen, die seinen Kunden – vorwiegend Straßenbaufirmen – Einsparungen an Arbeitszeit, Kosten, vor allem aber auch an menschlicher Arbeitskraft bringen sollen.

Er zerlegt zunächst die Tätigkeit des Straßenbaues in Einzelvorgänge und sucht aus diesen diejenigen aus, die besonders arbeitszeitaufwendig sind. Eine davon ist die Herstellung der Randstreifen bei Betonstraßen. Diese Randstreifen müssen besonders exakt eingebaut werden, da von ihrer Beschaffenheit und Paßgenauigkeit die Qualität der dazwischenliegenden Straßenoberfläche abhängt. Bis zum Zeitpunkt der Untersuchung war der Einsatz von Maschinen nur sehr begrenzt und nur für kleine Teilbereiche des Arbeitsvorganges möglich.

Zielsetzung des Unternehmens, die sich aus der Funktionsanalyse ergab: Konstruktion einer Maschine oder einer Maschinen-Kombination, welche die Herstellung des Beton-Randstreifens in einem Arbeitsgang erlaubt.

Die Funktionsanalyse wurde danach durch eine Kalkulation erweitert, welche Kosten durch eine solche Anlage erspart würden und welcher Anschaffungspreis für die neue Maschine gerechtfertigt wäre. Außerdem wurde geprüft, welche bereits vorhandenen Maschinen oder Maschinenelemente Verwendung finden können, mit welcher Stundenleistung zu rechnen ist, welche Anschaffungs- und Betriebskosten für die Maschine aufgrund ihrer Leistungsfähigkeit vertretbar wären.

Die Entwicklungsabteilung wurde mit diesen Ergebnissen ausgestattet und konnte aufgrund der ausgezeichneten Vorarbeiten – die wieder auf der Funktionsanalyse aufbauten – in wenigen Monaten ein brauchbares Modell zur Begutachtung vorstellen.

Wenn auch die Anwendungsmöglichkeit der Methode der Funktionsanalyse in der Investitionsgüterindustrie besonders häufig ist, weil dort die Probleme eher rationaler und seltener emotionaler Struktur sind, so kann doch auch bei der Herstellung von Konsumgütern und bei Dienstleistungen im Konsumbereich manche Idee durch eine vorangehende Funktionsanalyse gefunden werden.

So haben im Bereich der textilen Rohstoffe gerade Funktionsanalysen die Anregung zu pflegeleichten Produkten gegeben. Auch die Verpackungsindustrie bedient sich häufig der Funktionsanalyse, um zum Beispiel den Öffnungsvorgang einer Lebensmittelkonserve in einzelne Elemente zu zerlegen und Verbesserungen an Büchsen, Gläsern und Verschlüssen vorzunehmen: Der bekannte Twist-off-Drehverschluß für Gläser ist das Ergebnis einer auf Funktionsanalysen aufgebauten Entwicklung.

Morphologische Methoden

Trägheit im Denken, Vorurteile und festgefahrene Meinungen sind die Haupthindernisse beim Finden neuer Ideen. Wie die Funktionsanalyse, so versucht auch die Morphologie diesen Hemmnissen durch logisch sachliches Vorgehen zu Leibe zu rücken.

Unter dem Begriff Morphologie – eine auf Goethe zurückgehende Wortbildung – versteht man in diesem Zusammenhang ein Verfahren der wissenschaftlichen Gegenstandsbeschreibung. Morphologische Methoden können in allen Bereichen der Wissenschaft, aber auch der wissenschaftlichen Betriebsführung, dem „scientific management", zu neuen Erkenntnissen führen.

Der Schweizer Physiker F. Zwicky hat während seiner Lehrtätigkeit in den USA eine Vielzahl morphologischer Methoden entwickelt und sie in seinem Buch „Entdecken, Erfinden, Forschen" vorgestellt.

Es würde jedoch zu weit führen, sie hier alle zu besprechen. Statt dessen soll nur eine Methode erläutert werden: mit Hilfe des sogenannten „morphologischen Stammbaumes" soll, auf einer Funktionsanalyse aufbauend, eine neuartige Armbanduhr gefunden werden.

Zunächst wird mit Hilfe einer Funktionsanalyse ermittelt, welche Funktionen das neu zu entwickelnde Produkt übernehmen soll. Das Resultat der Untersuchung wird verbal oder – wenn möglich – in einer Skizze festgehalten (siehe Abbildung 13).

Dieses analytische Funktionsschema muß allerdings auch noch eingehend schriftlich erläutert werden, bevor man den nächsten Schritt setzt, nämlich die Aufzeichnung aller denkbaren Elemente, die zur Wahrnehmung der einzelnen beschriebenen Funktionen geeignet erscheinen. Diese Elemente werden in einer übersichtlichen Liste festgehalten.

Nunmehr können wir nach dem Prinzip des morphologischen Kastens den sogenannten „technischen Stammbaum" aufstellen, der die einzelnen Funktionen mit den ihnen zugeteilten möglichen durchführenden Elementen enthält, die aus der Liste übernommen werden.

Aus diesem technischen Stammbaum lassen sich durch verschiedenartige Kombinationen der einzelnen Elemente untereinander rund *121 000* Lösungen vermitteln: wir haben die jahrzehntelang gebräuchlichste Lösung skizziert und eine neue Lösung, nämlich die der elektrischen Armbanduhr, angedeutet (Abbildung 14).

Anwendung von Kreativitätstechniken 185

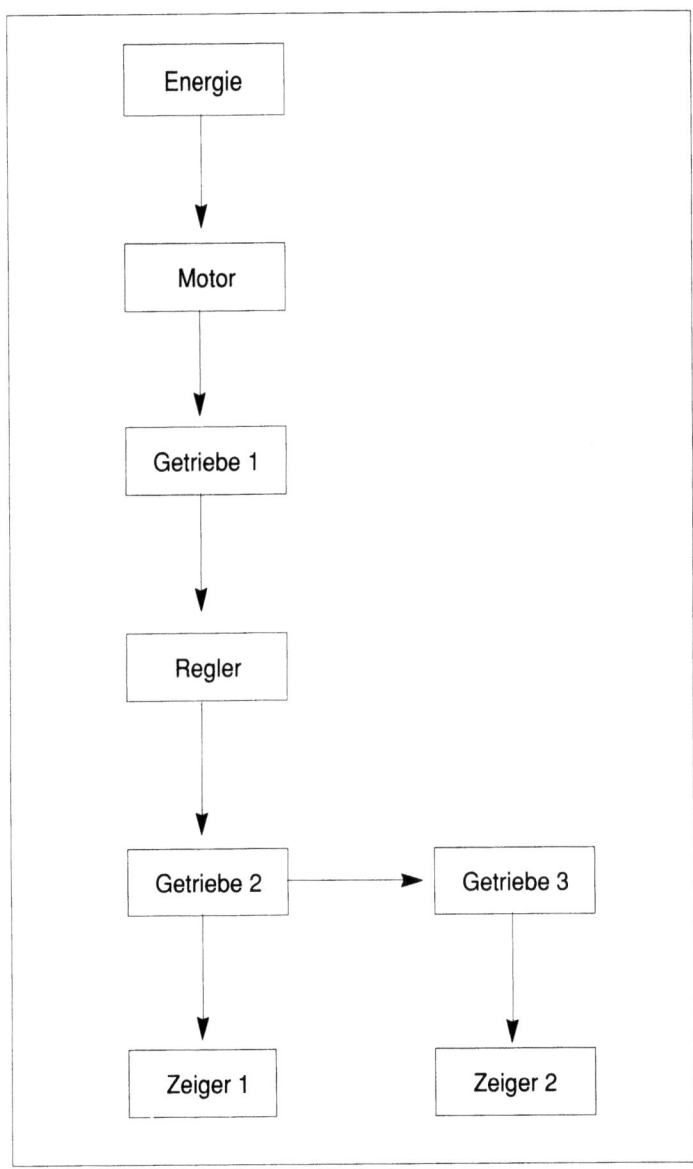

Abbildung 13: Funktionsanalyse zum morphologischen Stammbaum

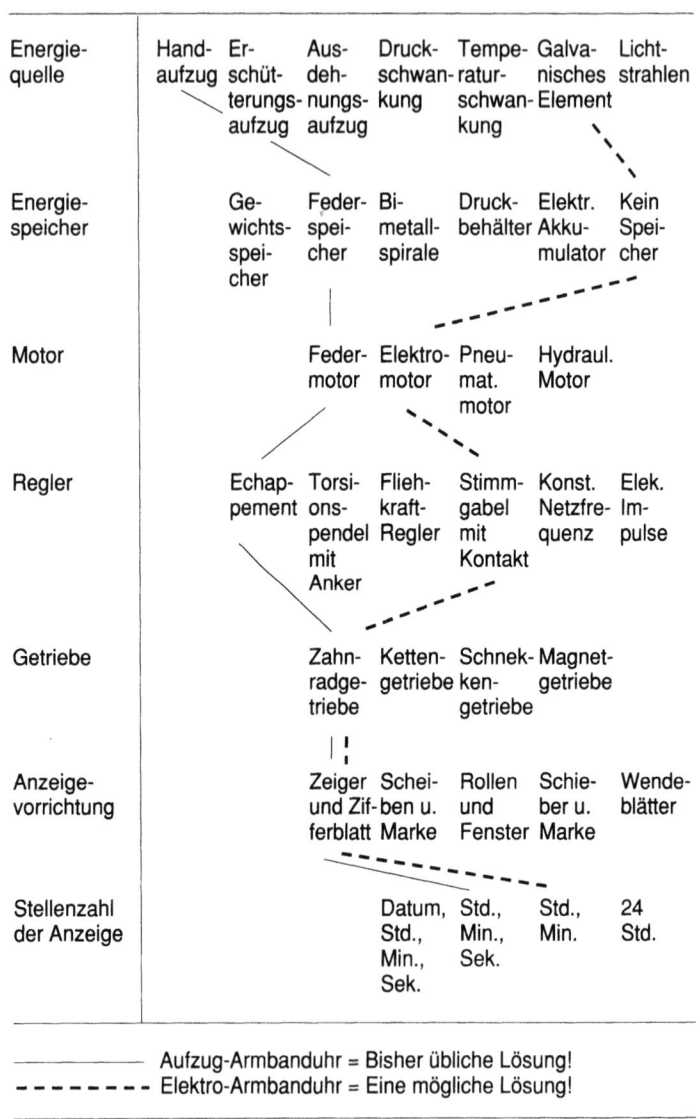

Abbildung 14: Morphologischer Stammbaum

Selbst wenn man davon ausgeht, daß rund 99 Prozent aller konstruierbaren Lösungsmöglichkeiten technisch oder kostenmäßig nicht realisierbar seien, verbleiben immer noch 1200 verwertbare Möglichkeiten, aus denen nun durch systematisches Einkreisen eine oder mehrere Aufgaben für die Entwicklungsabteilung erarbeitet werden können. Daß dabei in der Regel ein Computer zu Hilfe genommen werden muß, versteht sich von selbst.

Morphologische Methoden sind bei einiger leicht zu erwerbender Sachkenntnis in allen Unternehmungen, insbesondere in der Investitionsgüterindustrie mit ihrer vorwiegend technischen Ausrichtung, gut anwendbar und bringen eine Fülle von Anregungen.

Ein Beispiel aus der Praxis eines mittelständischen Herstellers von Elektro-Haushaltsgeräten soll zeigen, daß der morphologische Stammbaum auch im Marketing von Konsumgütern im Verbund mit anderen Kreativitätstechniken gute Ergebnisse liefert. Im nachstehenden Fall (Tabelle 4) war die Konzeption einer optimalen Verkaufshilfe für Elektrokleingeräte zu finden.

Tabelle 4: Morphologischer Stammbaum für Verkaufshilfen

Funktionen	Technische Möglichkeiten (im Brainstorming erarbeitet)			
Ware SB-gerecht zur Schau stellen	Regale	Körbe	Hängestäbe	
Preisinformationen geben	Leuchtziffern	Preisschienen		
Aufmerksamkeit erregen	Lichteffekte	Melodie	Wecker	Signalfarbe
Prospektmaterial anbieten	Kasten	Fließband	Mechanismus	
Über gesamtes Programm informieren		Schautafel	Mini-Modelle	
Konkurrenzware ausschließen	Auf CEE hinweisen		Paßgerechte Mulden	
Wenig Platz beanspruchen	Zylinder	Litfaßsäule	Baum	Kugel von der Decke

Zielsetzung:
optimale Verkaufshilfe für Elektrokleingeräte.

Methoden:
Funktionsanalyse, Brainstorming, morphologischer Stammbaum.

Reizwort-Methode

Diese Verfahrensweise soll dem Abbau von Blockierungen dienen. Der menschliche Geist verbindet zumeist nur jene Begriffe miteinander, zwischen denen ein logischer Zusammenhang besteht: er bildet Assoziationen. Dadurch blockiert er sich selbst und verhindert das Entstehen neuer, origineller Kombinationen und Zusammenhänge. Nur durch Anwendung von Zwangsmaßnahmen läßt sich ein Verlassen der gewohnten, bequemen, weil eingefahrenen Gedankengänge bewirken: durch die *Bisoziation*, das ist die Herstellung einer Verbindung zwischen zwei oder mehreren Begriffen, die offensichtlich in keinerlei logischem Zusammenhang untereinander stehen. Der problemlösenden Gruppe werden mehrere Reizworte zugerufen, die sie zunächst vom Begriffsinhalt analysiert und anschließend versucht, die gewonnenen Erkenntnisse auf das vorgegebene Problem zu übertragen.

Ein Beispiel: die leitenden Mitarbeiter eines großen Elektrogeräte-Marktes suchten verzweifelt nach einer Methode zur Eindämmung der rapide ansteigenden Zahl der Ladendiebstähle. Sie hatten bereits alle herkömmlichen Maßnahmen getroffen, der Erfolg blieb aus: selbst die zur Überwachung aufgestellten Monitoren waren gestohlen worden. Soviel man das Problem auch drehte und wendete, man kam immer wieder auf die bereits bekannten Methoden, die versagen mußten, weil sie den Dieben auch bekannt waren und von ihnen umgangen wurden. Die Reizwortmethode wurde angewandt – und nach einigen wenig ergiebigen Reizworten brachte der Begriff „Trompete" die später erfolgreich verwirklichte Idee: etwas laut hörbar machen! Man brachte an die wertvollen Geräte an nicht sichtbarer Stelle Sensoren an, die, wenn nicht an der Kasse entfernt, beim Durchschreiten der Lichtschranke am Ausgang ein lautes Signal von sich gaben und den Dieb entlarvten!

Erstaunlich ergiebig ist diese Methode immer bei Kreativitäts-Seminaren mit Studenten: bei der Suche nach einem möglichst lukrativen Ferienjob drehen sich die Gedanken zunächst immer im Kreise um die üblichen Aushilfstätigkeiten. Angeregt durch Reizworte entwickeln die Studenten hingegen Ideen, die vielen von ihnen sehr ungewöhnliche und deshalb zumeist sehr einträgliche Tätigkeitsfelder erschließen.

Drei Beispiele sollen dies veranschaulichen:

Das Reizwort *Champignon* brachte einen – einschlägig interessierten – Studenten auf die Idee, in den Sommersemesterferien Pilzwanderungen zu veranstalten.

Mit Hilfe des Wortes *Prospekt* entstand in einer Studentengruppe der später verwirklichte Plan, für die zahlreichen privaten Vermieter von Ferienwohnungen und -häusern anschaulich bebilderte und gut getextete Prospektblätter zu erarbeiten und zusätzlich zum Honorar auch noch Vermittlungsprovision bei den Druckereien zu kassieren.

Und schließlich fiel durch das Wort *Schleppnetz* dem Besitzer eines alten, aber sehr leistungsfähigen Dieselfahrzeuges ein, er könnte sich als Schlepper für Wohnwagen und Boote verdingen.

Die Methode wird auch gelegentlich als „Lexikonmethode" bezeichnet, weil man die Reizworte am einfachsten durch Aufschlagen einer beliebigen Seite in einem Lexikon und Antippen eines dort verzeichneten Begriffes erhält. Die Reizwortmethode ist sowohl für die Gruppe als auch in besonderem Maße zum „Entblockieren" eines einzelnen Problemlösers geeignet.

Positive Kritik

Bei den meisten Kreativitätstechniken ist Kritik in jeder Form (verbal oder durch Gesten und Blicke) während der Ideenfindungsphase streng verboten, weil sie kreative Ansätze im Keim erstickt. Die leider sehr weitverbreitete „Lust am Kritisieren" kann aber auch durch die Technik des „Itemized Response" (zu deutsch etwa „gegliederte Antwort") kreativitätsanregend wirken.

Kritik in Form von „Itemized Response" verlangt
+ die Nennung von zumindest
+ drei Pluspunkten für die
+ kritisierte Idee, um sodann
− zwei kritische Ansätze in
− Form von Wünschen vortragen zu dürfen.

So läßt sich die demotivierende Wirkung der Killerphrase „Das läßt sich niemals verkaufen!" als Reaktion auf eine Neuproduktidee in eine konstruktive „Itemized Response" umwandeln:

+ Die Produktidee stellt eine echte Neuheit dar;
+ wir können das Produkt vermutlich selbst herstellen;
+ das neue Produkt könnte in der saisonal schwachen Zeit produziert werden;
− zu wünschen wäre noch der Einbau eines echten Verbrauchernutzens;
− man müßte noch einen speziellen Anreiz für die Aufnahme des Produktes in das Sortiment des Fachhandels finden.

Die „Itemized Response" läßt sich aber auch zur „Positiven Kritik" vereinfachen und dann zur Grundregel für jede kritische Äußerung innerhalb des Unternehmens erheben:

− *Jede* Kritik muß mit dem Satz beginnen: „An Ihrem Vorschlag finde ich gut, daß ...";
− für *jeden* geäußerten Pluspunkt darf ein Wunsch im Hinblick auf eine Verbesserung der Idee geäußert werden: „Ich wünsche nur noch, daß ...".

Die Technik der „Positiven Kritik" wird, konsequent angewandt, nicht nur die kreativen Mitarbeiter beflügeln, sondern auch ganz wesentlich zur Verbesserung der Unternehmenskultur beitragen.

Kreativitätstechniken für die Gruppe

Alle bisher beschriebenen Methoden eignen sich sowohl für den einzelnen als auch für die Gruppe. Nun sollen die drei bekanntesten Methoden vorgestellt werden, die ausschließlich für die Gruppenarbeit konzipiert wurden: Brainstorming, Brainwriting und Synektik. Ihnen ist gemeinsam, daß sie im Hinblick auf das kreative Potential der Gruppe synergetischen Effekt haben: die Kreativität der Gruppe ist bei Anwendung einer dieser Methoden wesentlich größer als die Summe der Einzelkreativitäten, wie Versuche von Guilford und Torrance überzeugend bewiesen haben.

Brainstorming

Diese wohl bekannteste Kreativtechnik wurde von dem Werbefachmann Alex Osborn (Mitbegründer der Werbeagentur BBDO) in den 30er Jahren entwickelt und 1939 in seinem Buch „Applied Imagination" der Öffentlichkeit vorgestellt. Brainstorming bedeutet, sinngemäß übersetzt, die Erstürmung eines Problems durch die von der Gruppe repräsentierte Gehirnkapazität. Osborn stellte für den Ablauf von Brainstorming-Sitzungen vier Regeln auf:

– *Kritik ist streng verboten (*dies gilt nur für die kreative Phase der Ideenproduktion, nicht für die spätere Phase der Ideenbewertung),
– *freies Fantasieren ist willkommen* („the wilder the ideas, the better"),
– *Quantität geht vor Qualität* – je mehr Vorschläge produziert werden, um so größer ist die Chance einer „heißen" Idee, die ohne großen Zeit- und Kostenaufwand verwirklicht werden kann,
– *Bildung von Ideenketten* – die Weiterentwicklung von vorgebrachten Ideen durch die Gruppe führt meistens zu sehr innovativen Ergebnissen.

Brainstorming ist eine der ergiebigsten Methoden der unternehmensinternen Ideenproduktion. Voraussetzung ist jedoch, daß die Praxis des Brainstorming beherrscht wird, denn nicht jede Sitzung, bei der einfach „darauf-los-geredet" wird, ist bereits eine Brainstorming-Sitzung! Wenn nämlich die Regeln des Brainstorming nicht bekannt sind oder nicht befolgt werden, ist das Ergebnis des „Darauf-los-Redens" zumeist enttäuschend und führt häufig zur gänzlichen Ablehnung dieser Methode, obwohl man sie in Wirklichkeit gar nicht praktiziert hat.

Brainstorming ist die unkonventionelle Organisation von Besprechungen und Zusammenkünften, bei denen Problemlösungen gefunden werden sollen.

Die übliche Konferenzmethode, bei der es gilt, in Anwesenheit des Chefs oder des Vorgesetzten möglichst wenig, dafür aber um so Geistreicheres von sich zu geben, erzeugt einerseits Befangenheit und Angst, sich zu blamieren, andererseits das Bestreben, doch irgendwie in Erscheinung zu treten und möglichst positiv aufzufallen. Diese Gefühle, von denen die meisten Konferenzteilnehmer befallen werden, lassen eine schöpferische Atmosphäre nicht entstehen und führen dazu, daß sich die Gedanken immer wieder in einer vorgefahrenen Bahn bewegen und schließlich dort festfahren. Schöpferische Fähigkeit kann sich erfahrungsgemäß nur in gelöster, ungehemmter Atmosphäre entfalten. Sie soll neue Wege und originelle Lösungen zeigen, die nicht das Ergebnis rationeller, streng logischer Denkvorgänge sind. Im Gegenteil: das logische Aufbauen auf bekannten Gesetzmäßigkeiten und vorhandenen Voraussetzungen kann das Auffinden gänzlich neuer Möglichkeiten sogar verhindern!

Die Methode des Brainstorming kann bei Einhaltung nachfolgender organisatorischer Regeln ein Maximum an Kreativität zur Entfaltung bringen.

- Teilnehmerzahl 6–12 Personen: Diese ideale Teilnehmerzahl ergibt erfahrungsgemäß die besten Ergebnisse. Bei einer wesentlich größeren Anzahl von Teilnehmern muß die Aufteilung in kleinere Gruppen (6–12) erfolgen;
- die Teilnehmer sollen verschiedenen Fachbereichen angehören: damit soll eine möglichst umfassende Behandlung des Problems gesichert sein;
- die Teilnehmer sollen einander etwa gleichgestellt sein: die „blockierende" Wirkung der Vorgesetzten wird damit ausgeschaltet.
- *Sitzungsort*: helle, freundliche Räume eignen sich für erfolgrei-

che Brainstormings, nicht geeignet sind dagegen beispielsweise Prunk-Konferenzräume mit „Ahnengalerien".
- *Sitzungsdauer*: 15–20 Minuten, bei geübten „Brainstormern" kann die Zeitspanne auf 30 Minuten und mehr erhöht werden, allerdings sind dann Pausen einzuschalten.
- *Abgrenzung des Problems*: zugleich mit der Einladung zum Brainstorming erhält jeder Teilnehmer einige Tage vor der Sitzung eine kurze schriftliche Darstellung des zu lösenden Problems. Zu Beginn der Sitzung erfolgt nochmals eine Schildung des Problems durch den zuständigen Fachmann, der sich danach aber zurückzieht und an der Sitzung selbst nicht teilnimmt. Diese Einführung sollte nicht länger als 5 Minuten dauern.
- *Spontane Ideenäußerungen*: die Teilnehmer sollen ihre Gedanken und Vorschläge unmittelbar unzensiert aussprechen. Zunächst wird betonter Wert auf die Quantität der Vorschläge gelegt. Auch die Kürze der zu Verfügung stehenden Zeit soll bewirken, daß die Gedanken der Teilnehmer gleichsam „sprudelnd" zutage kommen. Auch zunächst völlig unsinnig scheinende Vorschläge sollen, ja müssen ausgesprochen werden.
- *Kritik ist streng verboten*: weder durch Worte, noch durch Gebärden, Lachen oder ähnlich abfällige Gebärden darf an den geäußerten Gedanken Kritik geübt werden. Generell darf auf geäußerte Ideen nur durch Weiterführen dieser Idee oder aber Entgegensetzen eines anderen Vorschlages reagiert werden. Insbesondere sind – übrigens nicht nur während des Brainstorming, sondern bei jeder Teamarbeit – sogenannte „Killerphrasen" zu vermeiden, da sie jeden kreativen Ansatz im Keim ersticken: „Das haben wir noch *nie gemacht*." „Das ist viel zu teuer." „Das haben wir immer ganz anders gemacht." „Damit gibt's eine Bauchlandung." „Für unseren Kundenkreis ungeeignet." „Läßt sich nicht realisieren." „Dafür gibt es keinen Markt." usw.
- *Alle Vorschläge werden protokolliert*: ein nicht an der Sitzung beteiligter Stenograf hält alle Vorschläge schriftlich fest. Bei großer Teilnehmerzahl und lebhaftem Sitzungsverlauf müssen zwei Protokollanten eingesetzt werden, wobei auf jeder Seite des Tisches einer sitzt und die Vorschläge der gegenübersitzen-

den Teilnehmer registriert. Tonbandgeräte haben sich bei Brainstorming-Sitzungen nicht bewährt, da durch Nebengeräusche häufig Vorschläge untergehen.
- *Ein Sitzungsleiter* sorgt für den flüssigen Verlauf der Sitzung. Es gibt nur zwei Situationen, die sein Eingreifen erfordern: wenn sich Teilnehmer gegen die Regel des „nicht Kritisierens" vergehen oder wenn die Sitzung in eine „Flaute" gerät. Im letzteren Fall wird er zum Beispiel durch Wiederholenlassen der bisher vorgebrachten Vorschläge durch den Protokollanten den Gedankenfluß wieder anregen oder ein paar Ideen in die Diskussion werfen, die er für solche Fälle in Reserve hält, oder aber auch eine kurze Pause einlegen. Auch ein Wechsel der Sitzordnung kann eine festgefahrene Brainstorming-Sitzung wieder in Schwung bringen.
- Nach Beendigung der Sitzung wird eine *Liste sämtlicher Vorschläge* angefertigt und jedem Teilnehmer eine Kopie davon zugesandt mit der Bitte, sie durch inzwischen noch aufgetretene Gedanken zu ergänzen.
- Erst nach Rücklauf aller Listen wird ein endgültiges und vollständiges Ideenprotokoll aufgestellt, das nunmehr Gegenstand eines kritischen Ausscheidungsverfahrens wird. Dabei treten nun Erfahrung und Sachkenntnis in Aktion und gliedern die vorgebrachten Gedanken in

Gruppe I:

sofort verwertbare Vorschläge;

Gruppe II:

verwertbare Vorschläge, die aber eingehende Prüfung und Vorbereitung erfordern;

Gruppe III:

unbrauchbare Vorschläge.

Erfahrungen in Unternehmen, in denen die Methode des Brainstorming mit Erfolg praktiziert wird, besagen:

Zwölf Teilnehmer produzieren in einer Sitzung von etwa 20 Minuten zwischen 50 und 80 Vorschläge, von denen rund zehn Prozent verwertbar sind!

Die Ergiebigkeit dieser Ideenquelle ist damit sehr hoch und sollte *jedes* an Innovationen interessierte Unternehmen dazu veranlassen, regelmäßig gut organisierte Brainstorming-Sitzungen abzuhalten. Unternehmen aller Branchen und Größenordnungen können in nahezu gleichem Maße mit Erfolg Brainstorming praktizieren, wenn sie neben den zuvor aufgestellten zwölf organisatorischen Regeln noch zwei Hinweise beachten:

1. *Information der Erst-Teilnehmer:* zugleich mit der *ersten* Einladung zu einer Brainstorming-Sitzung erfährt jeder Teilnehmer neben dem zu lösenden Problem auch das Wesentliche dieser für ihn neuen Methode. Er soll neben den zwölf Grundregeln und den organisatorischen Einzelheiten auch wissen, daß man mit diesem Verfahren Zugang zu den im *Unterbewußtsein* vorhandenen Reserven an Wissen und Vorstellungen finden will. Den Laien überzeugt sehr häufig ein Beispiel: Jeder kennt die Situation, daß der Name einer Person oder einer Sache dem *bewußten* Gedächtnis entfallen ist und sich auch durch noch so intensives Nachdenken nicht finden läßt. Stunden, nachdem man die bewußte Suche aufgegeben hat, während der das Unterbewußtsein aber weiter in dieser Sache tätig war, wird der gesuchte Name vom Unterbewußtsein gleichsam „herauskatapultiert" und ist damit wieder gegenwärtig.
Einer solchen fruchtbaren Arbeit des Unterbewußtseins sollte man sich gezielt bedienen. Die Bekanntgabe des anstehenden Problems einige Tage *vor* Sitzungsbeginn erreicht dies: das Unterbewußtsein beschäftigt sich mit der Frage und wirft zum Zeitpunkt der Sitzung – in entsprechend gedeihlicher Atmosphäre – Lösungen aus, die dem streng den Gesetzen der Logik folgenden „Oberbewußtsein" wahrscheinlich nie eingefallen wären.

2. *Problemstellung*: eine Brainstorming-Sitzung kann nur dann erfolgreich verlaufen, wenn das zu lösende Problem eng abgegrenzt wird. Eine zu allgemein gehaltene Fragestellung erbringt keine spezifische Lösung, höchstens eine Gliederung in Teilprobleme, die dann für sich wieder Gegenstand einer Brainstorming-Sitzung sein müssen.

Ein Beispiel soll dies erläutern: Eine Herstellerfirma von Bauhütten stellte sich in ihrer ersten Brainstorming-Sitzung der Frage: „Wie können wir unsere unbefriedigende Gewinnsituation verbessern?"

Die Antworten auf diese zu breit und zu wenig spezifiziert gestellte Frage waren ebensowenig spezifiziert und reichten von diversen nicht exakt definierten Rationalisierungsmaßnahmen bis zur ebensowenig präzisen Idee der Umsatzsteigerung. Die nächste Brainstorming-Sitzung mit dem Thema: „Wie können wir unsere Umsätze steigern?" ergab bereits zwei noch unklare, aber richtungweisende Vorschläge: technische Verbesserungen gegenüber der Konkurrenz einerseits, Suche neuer Verwendungsmöglichkeiten für Bauhütten andererseits.

Aber erst die dritte Brainstorming-Sitzung mit der präzisen Fragestellung: „Wie können wir für unsere Bauhütte neue Verwenderkreise gewinnen?" ergab die erfolgbringende Idee: nämlich durch kleine Verschönerungen an den Hütten und intensive Werbung in Siedlerzeitungen die Bauhütte zum rasch und billig zu montierenden Gartenhäuschen umzufunktionieren. Diese Idee brachte dem Unternehmen nicht nur eine fühlbare Gewinnverbesserung, sondern war der erste Schritt zur später erfolgten Produktionsumstellung auf Fertighäuser!

Brainwriting

Wie schon aus der Bezeichnung hervorgeht, werden die Ideen bei den verschiedenen Formen des Brainwriting immer in schriftlicher Form produziert.

Es gibt zahlreiche Spielarten des Brainwriting. Die am häufigsten anzutreffenden sind:

– *Methode 635*: bei der von Bernd Rohrbach entwickelten Technik geben sechs Teilnehmer einer Problemlösungsrunde jeweils drei von ihnen schriftlich produzierte Ideen an ihre Nachbarn weiter. Diese lassen sich von den Ideen der Vorgänger inspirieren und entwickeln sie weiter oder machen ganz neue Vorschläge. Nach fünfmaligem Weiterreichen erhält jeder Teilnehmer wieder seinen ursprünglichen Bogen und die Runde hat maximal 108 Lösungsvorschläge erbracht.

- *Ideenpool*: es werden Listen mit bereits – eventuell im vorausgegangenen Brainstorming – erarbeiteten Lösungsvorschlägen in einem Behälter (Pool) in der Mitte des Sitzungstisches aufgestellt. Jeder Teilnehmer entnimmt eine Liste, liest die Vorschläge und fügt seine eigenen hinzu. Er legt sodann die Liste in den Pool zurück und holt sich eine weitere zur Komplettierung.

- *Ideenbuch*: ähnlich wie ein Gästebuch wird es im Vorzimmer des Firmeninhabers oder eines Vorstandsmitgliedes ausgelegt und jeder Besucher wird gebeten, während der Wartezeit Ideen zu einem exakt definierten Problem zu entwickeln und schriftlich festzuhalten.

Der Hauptvorteil gegenüber dem Brainstorming ist die Aktivierung auch jener kreativen Mitarbeiter, die sich bei der mündlichen Auseinandersetzung in der Gruppe eher zurückhaltend geben und häufig von redegewandten Kollegen übertönt werden. Der Nachteil der schriftlichen Form ist ein gewisser nicht zu vermeidender Verlust an Spontaneität bei der Ideenentwicklung.

Mit gewissen Modifikationen kann man Brainwritingmethoden auch zur Förderung der Kreativität einzelner Mitarbeiter außerhalb der Gruppe einsetzen, indem man sie zum Beispiel bittet, jeweils vor Beginn ihrer täglichen Routinetätigkeit in einem aufliegenden Vorschlagsbuch Eintragungen zu machen. Durch ständig wechselnde Probleme – auch aus anderen Abteilungen – wird die Fähigkeit zum kreativen Denken immer wieder neu angeregt. Entsprechendes Feedback über den Verbleib der produzierten Ideen und gelegentliches Lob muß mit dieser schriftlichen Form einhergehen, da es sonst unweigerlich zu Frustrationserscheinungen bei den Beteiligten kommt.

Synektik

Eine in Europa noch weitgehend unbekannte Methode zur Ideenfindung ist die von William J. J. Gordon entwickelte Synektik-

Sitzung. Das Wort entstammt dem Griechischen und bedeutet das Zusammenfügen verschiedener und offensichtlich nicht verwandter oder ähnlicher Elemente. Die Synektik-Gruppe besteht denn auch aus Angehörigen der verschiedensten beruflichen Disziplinen, vorwiegend aus Technikern, Naturwissenschaftlern, Psychologen, Anwendungsspezialisten und Marketing-Fachleuten. In der Synektik-Praxis, die auf die letzten zwanzig Jahre und vornehmlich auf die USA beschränkt ist, zeichnen sich die Teilnehmer an Synektik-Sitzungen in der Regel durch besonders hohe fachliche Qualifikationen aus.

Die Technik der Synektik-Sitzung hat gewisse Ähnlichkeiten mit dem Brainstorming: gleich diesem soll es eine bewußte Nutzung der unterbewußten Mechanismen ermöglichen und damit zum kreativen Prozeß führen.

Die zwölf Regeln des Brainstorming gelten im weitesten Sinne ebenfalls, nur ist die Teilnehmerzahl an der Synektik-Sitzung meist geringer als beim Brainstorming.

Die wesentlichsten Unterschiede zum Brainstorming liegen jedoch

- in der bereits erwähnten weit überdurchschnittlichen Qualifikation der Teilnehmer,
- in der für die Synektik-Sitzung typischen Technik der „Verfremdung": Um zu neuen Lösungen zu gelangen, werden alle vorhandenen, bekannten Möglichkeiten und Voraussetzungen ausgeschaltet. Häufig werden dafür gewisse Analogien aus anderen Bereichen herangezogen, Lösungen in diesen „fremden" Bereichen gesucht und dann auf das ursprüngliche Problem „rückübertragen".

Drei vereinfachte praktische Beispiele sollen die etwas kompliziert anmutende Theorie der Synektik-Methode erläutern.

Den Teilnehmern einer Synektik-Sitzung wird die Aufgabe gestellt, einen völlig neuartigen Dachbelag zu entwickeln. Zunächst werden die Anforderungen erarbeitet, die man an ein „ideales" Dach stellen sollte: es soll unter anderem auch vor Temperaturextremen schützen, also im Winter vor Kälte, im Sommer vor Hitze.

Dies wird mit den herkömmlichen Dachbelägen gar nicht oder nur unbefriedigend erreicht.

Danach wird die Verfremdung hergestellt durch Analogien aus dem naturwissenschaftlichen Bereich: wo gibt es in der Natur Beispiele für eine solche Anpassungsfähigkeit?

Der anwesende Biologe nennt das Wiesel: durch Wechseln des Sommerfelles mit dem Winterfell paßt es sich den klimatischen Gegebenheiten an. – Rückführung zum eigentlichen Problem: Lösung nicht übertragbar, da ein Wechseln des Dachbelages zweimal jährlich nicht realisierbar ist.

Neuerliche Verfremdung: die Otter wird genannt, die ihre Haut ebenfalls den Umgebungsverhältnissen anpassen kann. Der Naturwissenschaftler erklärt diesen Vorgang durch das Vorhandensein von unter der Hauptoberfläche ruhenden Farbpigmenten, die bei Bedarf an die Oberfläche wandern und der Haut eine andere Tönung verleihen.

Die Analogie zum Ursprungsproblem wird vom Anwendungstechniker hergestellt: es müßten im neu zu schaffenden Dachbelag ebenfalls Farbstoffe eingelagert werden können, die bei Temperaturschwankungen ein Anpassen der Dachoberfläche ermöglichen.

Der anwesende Chemiker kann die Analogie-Lösung herstellen: In Frage kommt nur ein Kunststoffbelag, der eine Einlagerung von weißen Farbkügelchen erlaubt, die in der Kunststoffmasse gleichsam schwimmen, bei hohen Außentemperaturen an die Oberfläche steigen und diese weiß erscheinen lassen. Die licht- und wärmereflektierende Wirkung geht sofort wieder verloren, wenn bei sinkenden Temperaturen die weißen Farbkügelchen wieder absinken und die ursprünglich dunkle Dachfarbe wieder wärmespeichernd wirksam wird.

Die Teilnehmer einer anderen Synektik-Sitzung sollen das System eines luftdichten Verschlusses für Raumfahrtanzüge entwickeln.

Bei der Analyse des Problems orientiert man sich zunächst am Beispiel des allseits bekannten Reißverschlusses, der jedoch weder luftdicht noch für diesen Zweck ausreichend stark ist. Man verfremdet das Problem in den Bereich der Naturwissenschaften, indem man den Reißverschluß spontan als „mechanische Wanze" bezeichnet.

Biologen und Techniker gelangen nach längeren Diskussionen, in denen der Phantasie freier Lauf gelassen wird, zu der Forderung, daß man winzige Tierchen, Mikroben oder Bakterien, dazu bringen müßte, zwei „Verschlußsäulen" aus Gummi oder anderem luftundurchlässigen Material in deren Inneren miteinander zu „vernähen" und bei Bedarf auch wieder voneinander zu lösen. Einer der Teilnehmer träumt von zwei langen, in Gummi eingelagerten Spiralfedern, die ein „Dämon" blitzschnell miteinander verbindet.

Der ebenfalls anwesende Anwendungstechniker realisiert schließlich den „Dämon" als Stahlstift, der sich auf mechanischen Druck durch die beiden Federn schiebt und diese und damit die beiden Gummiteile solange fest und luftdicht miteinander verbindet, bis er durch neuerliche mechanische Auslösung die beiden Federn wieder freigibt.

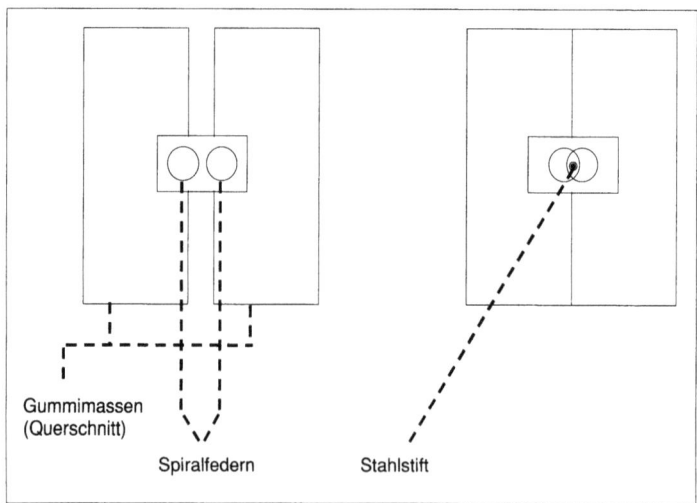

Abbildung 15: Erarbeitetes System von Verschlüssen für Raumfahrtanzüge

Abbildung 15 veranschaulicht das in dieser Sitzung erarbeitete System, das allen Verschlüssen von Raumfahrtanzügen zugrunde liegt und inzwischen auch in vielen anderen Bereichen Verwendung findet.

Die leitenden Mitarbeiter eines führenden Hotels der Bundesrepublik lösten ein lange anstehendes Problem in einer einstündigen Synektik-Sitzung: Mit Rücksicht auf die meist älteren Kurgäste des Hauses pumpte man das Wasser für die sanitären Anlagen in den Zimmern auf das Hoteldach und ließ es von dort druck- und *geräuschlos* durch die Rohre abwärtsfließen. Das ging so lange gut, bis die Hotelleitung zur Schließung von Auslastungslücken in der Vor- und Nachsaison auch hochkarätige Seminar-Veranstaltungen ins Haus nahm und die neuen, wesentlich jüngeren Gäste den mangelnden Wasserdruck der Duschen beanstandeten.

In der Synektik-Sitzung reduzierte man die Zielsetzung zunächst auf die geforderten zwei Worte und suchte dann für „geräuschlosen Druck" Beispiele in problemfremden Bereichen. Nach einigen erfolglosen Ansätzen brachte schließlich der Gedanke an die Fontäne aus dem Elefantenrüssel den technischen Leiter des Hotelbetriebes auf die Lösungsformel: Man erzeugte den gewünschten Wasserdruck bei Bedarf an Ort und Stelle durch mit einem kleinen Elektromotor ausgestattete „Manager-Duschköpfe", die bei Bedarf vom Zimmerpersonal eingesetzt wurden.

Die Synektik eignet sich besonders für im weitesten Sinne technische Probleme. So gab die NASA vor einiger Zeit bekannt, daß rund 80 Prozent der von ihr zur wirtschaftlichen Nutzung freigegebenen Erfindungen aus der Raumfahrttechnik auf synektischem Wege zustande gekommen seien.

Die Teilnehmer an einer Synektik-Sitzung müssen überdurchschnittlich qualifiziert sein, insbesondere im Hinblick auf Abstraktionsvermögen und ein breites Allgemeinwissen, um immer wieder neue Verfremdungen in andere Wissensgebiete und entsprechende Analogien erarbeiten zu können. Außerdem erfordert der erfolgreiche Verlauf der Sitzung einen Moderator, der diese anspruchsvolle Technik souverän beherrscht.

Tabelle 5: Kreativitätstechniken im Überblick

Methode	Einsatzbereich	Teilnehmer	Dauer	Vorteile	Nachteile
Reizwort-Methode	– Bei festgefahrenen Diskussionen – Beim Fehlen neuer Betrachtungspunkte eines Problems – Bei der Suche nach Problemlösungen im „Alleingang"	1 – 6	10 – 30 Minuten	– Entblockierung – Auflösung festgefahrener Denkschemata	– Zufallsauswahl der Reizworte kann zu vielen „Nieten" führen
Morphologischer Stammbaum	– Bei Problemen mit vielfältigen Ausprägungen in technischen und organisatorischen Bereichen	1 – 6	1 – 3 Stunden	– Aufzeigen einer Vielfalt von Kombinations- und Lösungswegen	– Vielfalt verwirrt – Schematik beeinträchtigt die Spontaneität
Brainstorming	– Bei gut strukturierten Problemen, die eine Fülle von Lösungsmöglichkeiten erwarten lassen, zum Beispiel Namensfindung, Werbeslogans, Packungs- und Produktvarianten, Einsparungsmöglichkeiten	6 – 12	10 – 30 Minuten	– Rasch durchführbar – Keine hohen Anforderungen an Qualifikation der Teilnehmer	– Starke Begrenzung des Suchbereichs – Behandlung von komplexen Problemen nicht möglich
Brainwriting (als Beispiel „635")	– Wie bei Brainstorming	6	40 – 50 Minuten	– Gleichmäßige Beteiligung aller Teilnehmer – Skizzen möglich – Protokoll entfällt durch schriftliche Form	– Verlust von Spontaneität durch schriftliche Form
Synektik	– Bei schwierigen oder komplexen Problemen, die nicht eindeutig definiert werden können – Bei der Suche nach grundsätzlich neuen Lösungswegen, vorwiegend im technischen Bereich	4 – 6	1 – 3 Stunden	– Weiter Suchbereich durch Analogie- und Verfremdung – Qualitativ besonders gute Lösungsvorschläge	– Hohe Anforderungen an Qualifikation der Teilnehmer

In den Vereinigten Staaten wird die Methode am Synectic-Institute Cambridge (Massachusetts) in zweierlei Weise gepflegt und fortentwickelt:

- Durch das dort vorhandene Synektik-Team werden laufend im Auftrag von Industrieunternehmen, aber auch öffentlicher Stellen, vor allem des Verteidigungsministeriums, Probleme neuen Lösungen zugeführt.
- Es werden Synektik-Spezialisten ausgebildet, die von der Wirtschaft, aber auch aus den staatlichen Bereichen entsandt werden und dann in ihre Firmen oder an ihre Dienststellen zurückkehren und dort – als alleinige Aufgaben – Synektik-Teams aufbauen und schulen, um die schwierigen Probleme des Unternehmens beziehungsweise der öffentlichen Dienststelle mit dieser Methode zu lösen.

Zur besseren Übersicht und als Entscheidungshilfe bei der Auswahl der einzusetzenden Kreativitätstechnik(en) soll Tabelle 5 eine Hilfe sein.

Als abschließende Erkenntnis dieses Kapitels sei festgehalten: Die überdurchschnittlich kreativ begabten Mitarbeiter bedürfen einer ständigen und gezielten Förderung durch eine positiv-aktiv-kreative Unternehmenskultur, durch kreativitätsfördernde organisatorische Maßnahmen und durch die Übung und Anwendung von Kreativitäts-Techniken.

7. Kapitel

Führung und Einsatz kreativer Mitarbeiter

Die Führung Kreativer bedarf eines besonderen Einfühlungsvermögens von seiten der Führungskräfte. Nicht jeder Kreative ist für jede Problemlösungsaufgabe geeignet – die Kunst liegt in der richtigen Kombination von Problem und Problemlösern. Von beiden müssen Kreativitätsprofile entworfen werden. Der beste Mix liegt im Vergleich.

*Nichts in der Welt ist so mächtig
wie eine Idee zur richtigen Zeit.*

Victor Hugo

Manager müssen Mitarbeiter zur Kreativität motivieren

Kreative Leistungspotentiale sind bei mindestens einem Drittel aller Arbeitnehmer vorhanden. Sie zu identifizieren war Gegenstand der vorausgegangen Erörterungen. Sie richtig anzusprechen ist Aufgabe jeder Führungskraft, die mit Hilfe ihrer Mitarbeiter innovationsorientierte Ziele erreichen muß. Die Bedeutung „richtigen" Führungsverhaltens für die volle Ausschöpfung des human capital ist hinreichend bekannt. Sie wurde schon umfangreich sowohl in einschlägigen Büchern dargestellt (siehe etwa „Führung 2000" von Georg Wolff und Gesine Göschel, 1987) als auch in firmeninternen oder von Verbänden und freien Managementinstituten veranstalteten Führungsseminaren behandelt. Wichtig ist aber auch eine Betrachtung der Voraussetzungen und Prinzipien effektiver Führung gerade kreativer Mitarbeiter, da sie eine besondere Variante im Führungsalltag darstellen. Dies ist einerseits durch die Aufgaben und andererseits durch die Persönlichkeit der Kreativen begründet.

Führung ist eine Tätigkeit, die die Steuerung und Gestaltung des Handelns anderer Personen beinhaltet (Wild, 1974). Die Steuerung wird dabei vom Ziel, zum Beispiel einer innovativen Problemlösung, bestimmt. Dabei kommen auf den Vorgesetzten diverse Führungsaufgaben zu:

– Probleme erkennen und analysieren (Beispiel: Was hindert meine Mitarbeiter daran, ihre kreativen Fähigkeiten voll zu entfalten?),

- Ziele finden und setzen (Beispiel: Zu welchem Zeitpunkt müssen wir ein neues Produkt marktreif entwickelt haben?),
- Planen von Lösungsalternativen (Beispiel: Wie können wir unser Produkt modifizieren, ohne auch die Technologie der Produktion verändern zu müssen?),
- Entscheidung (Beispiel: Wann ist eine Produktinnovation wirklich ausgereift?),
- Initiieren und aktivieren (Beispiel: Zusammenstellung des Mitarbeiterkreises, der sich mit der Problemlösung beschäftigen soll),
- Organisieren (Beispiel: Festlegung der Arbeits- und Rahmenbedingungen, die kreativitätsfördernd sind),
- Koordinieren, lenken (Beispiel: Förderung des Dialoges und Erfahrungsaustausches zwischen den Mitarbeitern),
- Motivieren (Beispiel: Überprüfen des augenblicklichen Motivationsgrades in der Arbeitsgruppe, um möglicherweise neue Impulse zu geben),
- Bewerten (Beispiel: Wer ist für welche Teilaufgabe besonders geeignet?),
- Kommunikation und Kooperation (Beispiel: Den notwendigen Dialog mit einzelnen Mitarbeitern zum richtigen Zeitpunkt und im richtigen Ausmaß führen).

Ein Versuch, diese Führungsaufgaben nach ihrer Wichtigkeit und Häufigkeit zu sortieren und in eine Rangreihe zu bringen, mag reizvoll sein (zum Beispiel zur Festlegung von Führungseignungsmerkmalen), ist aber doch letztlich sinnlos, denn die Art der Aufgaben, die Arbeitsbedingungen, der Stand der Aufgabenbewältigung und die psychischen Voraussetzungen der einzelnen Mitarbeiter sind in jeder Führungssituation anders. Die jeweils aktuelle bestimmt die notwendigen Führungsaufgaben.

Daraus ergibt sich eine erste und entscheidende Anforderung an die erfolgreiche Führungskraft: genug Sensibilität für das Umfeld zu haben, sowohl in Hinblick auf die Ziele als auch die Qualität und Motivation der Mitarbeiter. Für den letzten Aspekt kann man auch den Begriff „Empathie" verwenden, das heißt, fremdes Erleben nachvollziehen zu können mit dem Ziel, andere Menschen zu verstehen. Diese Eigenschaft gewährleistet, daß auch ein selbst nicht sehr kreativer Vorgesetzter durchaus kreative Denkprozesse und Arbeitsergebnisse bei seinen Mitarbeitern auslösen kann, wenn er sie für Aufgaben begeistern, die richtigen Voraussetzungen schaffen und die geeigneten Personen auswählen kann.

Selbstverständlich hat auch „hohe Kreativität" im Managerprofil von heute und insbesondere von morgen einen großen Stellenwert, wie eine Umfrage der Zeitschrift *Management Wissen* vom Oktober 1986 ergab. Personal- und Weiterbildungschefs stuften bei einer Befragung darüber als zukünftig „noch wichtiger" außer der Kreativität ebenso die Kommunikations- und Kooperationsfähigkeit, Motivationsfähigkeit, „Charisma", Zielstrebigkeit und Entscheidungsstärke sowie geistige Mobilität und Flexibilität ein. Entscheidend ist also nicht die selbst hochkreative Führungspersönlichkeit (möglicherweise hätte diese sogar Schwierigkeiten, erfolgreich zu *führen*), sondern der Chef, die Chefin, die es verstehen, das Kreativitätspotential ihrer Mitarbeiter zu aktivieren.

Dazu gehört neben der notwendigen Sensibilität die Kenntnis spezieller Führungstechniken und die Bereitschaft, sich auch selbst immer wieder zu fordern und sich nicht auf erworbenen Lorbeeren auszuruhen. Keinesfalls ist der Führungserfolg abhängig von der Intelligenzhöhe, wie Macioszek/Liebel 1978 feststellten, eher von der Art der Intelligenzstruktur. Analytisches Denken (etwa die Fähigkeit zur praktischen Urteilsbildung) sowie Vorstellungsfähigkeit (zum Beispiel möglicher Konsequenzen von beabsichtigten Entscheidungen) zählen mehr als der IQ.

Die Führungspsychologie hat längst Abschied genommen von der „great man"-Theorie. Zum erfolgreichen Führer wird man nicht geboren. Ebensowenig kann man hoffen, „eine einzigartige Kombination von Führungseigenschaften zu finden, die zum Führungserfolg in allen möglichen Aufgabenstellungen und Gruppensituationen prädestiniert" (Wiswede/von Beckerath/Sauermann 1981).

Das Führen von Menschen mit kreativen Potentialen in Aufgabensituationen mit innovationsorientierten Zielen stellt ganz andere Bedingungen als die Führung von Mitarbeitern, die am Fließband stehen und möglichst fehlerfrei arbeiten sollen. Im ersteren Fall muß der Manager zu Kreativität motivieren, im letzteren zu Qualität. Die Wege dahin sind ganz unterschiedlich, und die zahlreichen Führungsstillehren geben dazu viele Anregungen, Patentrezepte vermögen sie aber nicht zu vermitteln.

Der ideale Führungsstil – gibt es den?

Die klassischen Lehrbücher zur Führung sind voll von verschiedenen Führungsstillehren. Sie stellen ein umfangreiches Lernpensum für den Examenskandidaten zum Beispiel in der Betriebswirtschaftslehre dar. Aber welcher Führungsstil ist denn nun der richtige?

So wird der Praktiker schon bei der ersten grundlegenden Lehre, der Unterscheidung zwischen autoritärem und kooperativem Führungsstil, erfahren, daß man heute zwar üblicherweise schon aufgrund des Anspruchsniveaus der Mitarbeiter kooperativ führen müsse, aber, wenn es die *Situation* verlangt, auch gelegentlich autoritäres Führungsverhalten angebracht sei. Die Experimente von Lewin (1951), White und Lippitt (1953) haben exakt die Auswirkungen der beiden Führungsstilpolaritäten „demokratisch" versus „autokratisch" festgestellt. Beim autoritären Führungsstil steht der Führer über allem. Er baut eine starke Distanz zu seinen Mitarbeitern auf. Er hat höchstens zwei, drei „Lieblinge", die ein wenig eher in seine Nähe kommen dürfen und ihn als Dank für diese Gunst mit Informationen darüber versorgen, was bei den übrigen „läuft". Er wünscht fügsame und willige Arbeitnehmer, die genau das machen, was man ihnen sagt, und keine unnötigen Fragen stellen. Natürlich ist dieses jede Eigeninitiative unterdrückende Führungsverhalten nicht nur bei Innovationsaufgaben unangebracht. Würde es ständig praktiziert, führte dies bei den Mitarbeitern zu Depressionen oder Aggressionen. Außerdem kann der „Boß" nie in Ruhe Urlaub machen oder seine Grippe auskurieren, da in seiner Abwesenheit nichts bewegt würde, weil man ja nicht gelernt hat, eigenverantwortlich zu arbeiten. Aber: gelegentlich verlangt die

Führungssituation eine autoritär gefällte Entscheidung und rasches Handeln ohne vorherige Diskussion mit den Geführten, vor allem in Krisen- und Notsituationen. Der Feuerwehrführer wird sich nach Ankunft am Brandherd einen Überblick über die Lage verschaffen und dann seine Einsatzbefehle erteilen, ohne die Mannschaft vorher zu befragen. Kooperativ, das heißt gemeinsam diskutiert, muß dann aber der Beschluß gefaßt werden, in welcher Gaststätte nach dem Löschen des Brandes der eigene Durst gelöscht werden soll!

Kooperative Führung ist heute keine bloße Forderung mehr, sondern eine Selbstverständlichkeit! Wer autoritär führen will, wird sich sehr schwer tun, was die „Gefolgschaft" der Mitarbeiter angeht. Die Grundprinzipien der kooperativen Führung sind eine Voraussetzung, aber sicher noch keine Garantie für den Erfolg in innovationsorientierten Führungssituationen. Sie sind die Basis für mehr physische wie psychische Produktivität. Das Verhältnis des Führers zu seiner Gruppe als „Primus inter pares", eine entspannte Atmosphäre ohne Zeremonien und Distanz, gegenseitige Hilfe der Gruppenmitglieder und Zusammenarbeit in wir-betonter Grundeinstellung, aber auch eine kritische Einstellung gegenüber dem Vorgesetzten – das sind nur einige Merkmale des Zusammenlebens in modernen Organisationen. Der Leitende erfüllt vor allem die „Lokomotions"funktion (die Gruppe immer wieder zur Zielerreichung zu aktivieren) und die „Kohäsionsfunktion" (für den Zusammenhalt der Gruppe zu sorgen).

Der kooperative oder auch demokratisch genannte Führungsstil ist durch folgende primäre und auch sekundäre Verhaltensweisen gekennzeichnet:

- Die Führungskraft muß sich um jedes einzelne Gruppenmitglied kümmern (dies setzt eine überschaubare Anzahl von Mitarbeitern voraus).
- Die Führungskraft muß den Mitarbeitern das Gefühl der Gemeinschaft geben (bei nach Status getrennter Essenseinnahme in der Kantine beispielsweise kann dies nur schwer entstehen).
- Die Führungskraft muß bei Reibungen innerhalb der Gruppe ausgleichend wirken (ein zu hohes Konfliktpotential bindet die Energie, die zur Leistung notwendig wäre).

- Die Führungskraft muß den Willen zum Teamwork haben (die Leistung steigt dadurch nachweislich).
- Die Führungskraft muß das, was sie fordert, auch konsequent selbst tun (der Chef darf nicht absolute Pünktlichkeit verlangen und selbst ständig zu spät kommen).

Die Anwendung dieser Prinzipien begünstigt auch eine erfolgreiche Führung bei innovationsorientierten Aufgaben.

Seit vielen Jahren werden dem Praktiker auch Grundsätze zum effizienten Leiten und Führen von Unternehmen – und damit selbstredend auch der Mitarbeiter – in Form sogenannter Management-by-...-Systeme angeboten. Franz R. Nick weist im Handwörterbuch der Betriebspsychologie und -soziologie (von Beckerath/Sauermann/Wiswede 1981) zu Recht auf folgendes hin: „Sie bieten Soll-Aussagen über die Modalitäten der Beeinflussung des Arbeitsverhaltens anderer Menschen und haben somit den Charakter normativer Empfehlungen. Der Anwendungserfolg einer „Leitung durch ..." ist nicht etwa sicher, sondern im Sinne *heuristischer Wegweiserfunktion* allenfalls wahrscheinlicher als bei anderer Vorgehensweise und zwar insoweit situativ und personenbezogen „richtig" gewählt wurde. Die Klärung der Anwendungsbereiche und Anwendungsbedingungen einer Management-by-...-Empfehlung ist im Sinne einer brauchbaren Erfolgsprognose daher unerläßlich."

Mit anderen Worten, kein Management-by-...-System kann verbindlich einen Führungserfolg garantieren. Auch für die innovationsorientierte Anwendung ist die Übertragbarkeit auf die Anforderungen der Situation und auf die Mitarbeiter zu überprüfen. Daß keine Management-by-Technik einen alleinigen Gültigkeitsanspruch erheben kann, wird schon deutlich, wenn man die verschiedenen Systemangebote in ihrer Polarität bezüglich des Freiheitsgrades der Mitarbeiter in ihrer Arbeitsgestaltung betrachtet.

Management by directions and control

Dem Beschäftigten werden klar definierte Zielvorgaben und Anweisungen zu ihrer Erfüllung gegeben, und es wird ständig kon-

Der ideale Führungsstil – gibt es den?

trolliert, ob er „auf dem richtigen Weg ist". Für kreative Mitarbeiter, die divergent und unkonventionell denken wollen und sollen, steht dieses System außerhalb jeder Diskussion.

Management by motivation

Hier wird versucht, den Mitarbeiter durch die Vergabe von Anreizen zum gewünschten Arbeitsverhalten zu aktivieren. Die Gewährung von Statussymbolen (zum Beispiel hochwertiger Dienstwagen) soll die Beibehaltung einer permanenten Leistungsmotivation garantieren. Der Ansatz läuft aber Gefahr, Führung einseitig als Belohnungs- beziehungsweise Bestrafungssystem zu sehen, und berücksichtigt unter Umständen zu wenig die Anreizwirkung der Aufgabe selbst, die ja gerade für den Kreativen die eigentliche Motivation darstellt.

Management by delegation

In diesem Führungssystem werden dem Arbeitnehmer Aufgaben, Zuständigkeiten und entsprechende Entscheidungsbefugnisse übertragen. Der Vorgesetzte gewinnt Zeit für „eigentliche" Führungsaufgaben, auch in seiner Abwesenheit „läuft" es weiter, und der Mitarbeiter erfährt eine inhaltliche Aufwertung seiner Arbeit und Position. Anscheinend ist dies gerade für innovationsorientierte Stellen das „richtige" Führungsverhalten. Es ergibt sich aber ein entscheidendes Problem: die Abgrenzung der delegierbaren Aufgaben von den nicht delegierbaren bedeutet die Notwendigkeit formaler schriftlicher Fixierungen der Kompetenzen und auch Kompetenzgrenzen in Stellenbeschreibungen und Führungs-„anweisungen". Die Erfahrung vieler Unternehmen, die sich nach dem sogenannten „Harzburger Führungsmodell" (die Harzburger Führungsakademie hat das Prinzip „Management by delegation" in der Bundesrepublik besonders bekannt gemacht) ausrichteten, zeigt die Gefahr, daß Angestellte infolge unflexibler Denk- und Verhaltensweisen nur im Sinne des vorformulierten Zuständigkeitsbereiches agieren und jede neue, nicht beschriebene Aufgabe weitergeben oder an den Vorgesetzten rückdelegieren (= „Management by pingpong" – jeden Vorgang so lange hin- und herschieben, bis er sich von selbst erledigt). Gerade einer kreativen Persönlichkeit widerstrebt es, bei jeder Tätigkeit erst in die Stellenbeschreibung zu sehen, ob man zu ihrer eigenverantwortlichen Ausführung auch das Recht hat.

Management by exception

Hierbei handelt es sich um das andere Extrem im Vergleich zu Management by directions and control. Vorausgesetzt, Management by delegation ist das zugrunde gelegte Führungssystem, darf der Vorgesetzte nur in Ausnahmefällen in den Delegationsbereich eines Nachgeordneten eingreifen, nämlich dann, wenn anstehende Aufgaben „über das definierte Bedeutungs- und Komplexitätsmaß der Normalfälle hinausgehen (Aufgabenausnahme)" (Franz R. Nick) oder der Mitarbeiter von sich aus um Hilfestellung bittet. Kritiker weisen auf die Gefahr hin, daß mangels regelmäßiger Kontrolle Eingriffe womöglich zu spät erfolgen und dann bereits irreparable Schäden entstanden sein können. Gerade für den Kreativen ist das System demotivierend, denn die wirklich wichtigen und damit interessanten Aufgaben behält der Vorgesetzte für sich, was der Mitarbeiter zu tun hat, ist meist Routine. Das Aufspüren von Problemen und ihre originelle Lösung bleibt „Chefsache".

Management by objectivs
(Führung durch Zielvereinbarung)

Dieses System scheint zur Erfüllung von Innovationszielen und Verbesserungsnotwendigkeiten besonders ergiebig zu sein. Der Mitarbeiter wird bei der Formulierung der Ziele mit einbezogen, wodurch ein höherer Identifikationsgrad erreicht wird, und er hat Wahlfreiheit bei der Bestimmung seines Verhaltens. Statt der Aufgaben- steht hier die Ergebnisorientierung im Mittelpunkt. Allerdings gilt grundsätzlich auch hier, daß die Anwendung nicht bei jedem Arbeitnehmer und in jeder Führungssituation möglich ist.

Die zuvor gestellte Frage: „Gibt es den idealen Führungsstil?" kann nun mit einem klaren NEIN beantwortet werden. Die Aufgabensituation wie die Mitarbeitermotivation und -qualifikation be-

Der ideale Führungsstil – gibt es den?

stimmen das „richtige" Führungsverhalten. Die sogenannte „Gridtechnik" nach Blake und Mouton 1968 definiert das Führungsverhalten als Kombination aus *Aufgabenorientiertheit* und *Mitarbeiterorientiertheit*: Optimal führt, wer es schafft, Mitarbeiterinteressen in Organisationsziele zu integrieren. Zu einseitige Aufgabenorientierung führt zu Motivationsverlust, zu einseitige Mitarbeiterorientierung stellt unter Umständen die Effizienz der Aufgabenerfüllung in Frage. Der Grundgedanke ist sicher sinnvoll, wenngleich nicht neu. Schon in den 50er Jahren („Michigan- und Ohio-Schule") haben amerikanische Forscher zwischen personenzentrierten (consideration) und produktionszentrierten (initiating structure) Vorgesetzten unterschieden. Die Gridtechnik wird heute gerne Führungsseminaren zugrunde gelegt. Begrüßenswert ist dabei, daß Führungskräfte und solche, die es werden wollen, dafür sensibilisiert werden, ihre *eigene* Führungssituation zu analysieren und das Verhalten gegebenenfalls zu korrigieren sowie Abschied zu nehmen von der Vorstellung, den idealen Führungsstil schlechthin zu erfahren.

Bei der Analyse der persönlichen Führungswirkung sind die Mitarbeiter eine hervorragende Auskunftsquelle. Sie erleben ja jeden Tag das Verhalten ihres Vorgesetzten und sind durchaus in der Lage, es danach zu bewerten, ob es eher aufgaben- oder mitarbeiterorientiert oder eine ideale Kombination aus beiden ist. Natürlich kann sich der Befragte nur dann differenziert äußern, wenn ihm dazu ein standardisiertes Instrument vorgelegt wird, das ihm vorgibt, welche Verhaltensmerkmale er beurteilen und welchen Maßstab er dabei benutzen soll. Solche Verfahren, wiederum zunächst in Amerika entwickelt (zum Beispiel LBDQ von Hemphill, „Leader Behavior Description Questionaire", 1950) liegen auch deutschsprachig vor.

Am bekanntesten ist hierzulande der FBBV = Fragebogen zur Vorgesetzten-Verhaltens-Beschreibung von Heide Fittkau-Garthe und Bernd Fittkau (Göttingen, 1971). Die Mitarbeiter haben insgesamt 32 Items zum Vorgesetztenverhalten auf einer Fünf-Punkte-Skala einzustufen. Die (problemlose) Auswertung erhellt dann folgende vier Faktoren:

- Inwieweit verhält sich der Vorgesetzte seinen Mitarbeitern gegenüber *freundlich* zugewandt und respektiert sie? = *Mitarbeiterorientierung*.
- Wie stark kann er seine Mitarbeiter durch seine *Aktivität* mitreißen und stimulieren? = *Aufgabenorientierung*.
- In welchem Ausmaß beteiligt er seine Mitarbeiter an Entscheidungen und läßt sie *mitbestimmen*? = *Mitarbeiterorientierung*.
- Wie stark *kontrolliert* er seine Mitarbeiter? = *Aufgabenorientierung*.

Ein Beispiel für ein Item zur *Mitarbeiterorientierung*:

„In Gesprächen mit seinen Mitarbeitern schafft er eine gelöste Stimmung, so daß Sie sich frei und entspannt fühlen."

- Fast nie,
- selten,
- manchmal,
- häufig,
- fast immer.

Ein Beispiel für ein Item zur *Aufgabenorientierung*:

„Er freut sich besonders über fleißige und ehrgeizige Mitarbeiter."

- Überhaupt nicht,
- kaum,
- manchmal,
- häufig,
- fast immer.

Selbstverständlich sind die Fragen anonym zu beantworten. Das Gesamtergebnis einer Abteilung ist für den Vorgesetzten nicht etwa ein Gradmesser seiner Beliebtheit, sondern ein sehr differenzierter Spiegel seiner täglichen Verhaltensdimensionen aus der Sicht seiner Mitarbeiter. Viele vorliegende Praxiserfahrungen (zum Beispiel aus der Mineralölindustrie oder auch von Behörden) zeigen, daß die Bewertungen sehr gründlich erwogen werden und keine negativen Pauschalurteile enthalten. Chefs, die regelmäßig mit diesem Instrument arbeiten (zum Beispiel jährliche „Bestands-

Der ideale Führungsstil – gibt es den?

aufnahmen"), bestätigen, daß es durch wertvolle Anregungen zum Überdenken und Korrigieren bestimmter Führungsverhaltensweisen kommt.

War schon der Einsatz dieser Verfahren im Führungsalltag als innovativ zu bezeichnen (die Mitarbeiter spürten das Interesse des Vorgesetzten an einer positiven Atmosphäre, in der auch sie und ihre Bedürfnisse berücksichtigt sind), so geben ferner alle 32 Items – zum Teil direkt, zum Teil transferiert – Hinweise auf optimales Führungsverhalten gerade auch in einer innovationsorientierten Situation. Die Umsetzung dieser Anregungen garantiert zwar noch kein bahnbrechendes Leistungsergebnis, stellt aber eine wesentliche Voraussetzung dafür dar, da die Items – faktorenanalytisch gewonnen – sozusagen repräsentativ sind für die Bedingungen erfolgreicher Führung.

Management by innovation

Vorteilhaft für eine innovationsorientierte Führung sind nach dem FVVB folgende Verhaltensdimensionen:

Im Sinne der *Mitarbeiterorientierung:*

- Mitarbeiter nicht in Gegenwart anderer kritisieren,
- bei entsprechendem Anlaß Anerkennung zeigen,
- helfen bei persönlichen Problemen,
- für die Mitarbeiter und ihre Handlungen einstehen,
- die Mitarbeiter als gleichberechtigte Partner behandeln,
- den Mitarbeiter, der einen Fehler macht, nicht „schikanieren",
- in Gesprächen mit den Mitarbeitern eine gelöste Stimmung schaffen, so daß sie sich frei und entspannt fühlen,
- freundlich und zugänglich sein,
- Anweisungen nicht in Befehlsform geben,
- Ärger nicht an seinen Mitarbeitern auslassen,
- nicht den „Chef" herausstellen,
- taktvoll und höflich im Umgangston sein,
- nach Auseinandersetzungen nicht nachtragend sein.

Im Sinne der *Aufgabenorientierung*:

- Änderungsvorschläge begrüßen,
- geplante Änderungen der Arbeitsgebiete und Aufgaben der Mitarbeiter vorher mit ihnen besprechen,
- sich gelegentlich nach dem Stand der Arbeit und eventuellen Hilfewünschen erkundigen,
- Entscheidungen und Handlungen vorher mit den Mitarbeitern absprechen,
- selbständiges Entscheiden durch die Mitarbeiter fördern,
- selbst nicht in Passivität geraten, ebenfalls neue Ideen entwikkeln,
- die Arbeitsgebiete genau den Fähigkeiten und Leistungsmöglichkeiten der Mitarbeiter anpassen,
- in Geschäftsflauten optimistisch bleiben.

Durch diese Spielregeln für den Führungsalltag sind innovationsorientierte Ziele noch nicht zu erreichen. Es müssen Führungsgrundsätze dazu kommen, die dem System „Management by objectivs" entnommen werden können. Norbert Thom (1987) fordert folgendes: „Durch klare (zugleich schriftliche und mündliche) Aussagen der Unternehmensleitung sollte jedem Mitarbeiter bewußt gemacht werden, daß Innovationen wichtige Beiträge zur Erreichung oberster Unternehmensziele leisten können. Dies mag beispielsweise im Rahmen von Unternehmens- und Führungsgrundsätzen erfolgen. Mit Hilfe eines „Management by objectives" (Führung durch Zielvereinbarung) können solche Ziele für den einzelnen konkretisiert werden. Das einzelne Unternehmensmitglied muß den Innovationswillen der Unternehmensleitung klar erkennen können und registrieren, daß innovatives Engagement willkommen ist".

Mit Recht muß nach Thom der Ausgangspunkt für Innovationen bei der Geschäftsleitung liegen, während die Umsetzung beim einzelnen Arbeitnehmer Sache des Vorgesetzten ist. Gemäß den Spielregeln von „Management by objectivs" werden gemeinsam und schriftlich für jeden Mitarbeiter Einzelziele festgelegt. Die üblichen fünf Kriterien sind

- konkrete,
- meßbare,
- erreichbare,
- relevante und
- nachprüfbare Ziele.

Hier ergeben sich gelegentlich Schwierigkeiten: Meßbarkeit und Nachprüfbarkeit gerade von kreativ definierten Zielen zu verlangen, ist eigentlich nicht sinnvoll, wenn man das kreative Produkt als etwas Neues, noch nicht Dagewesenes definiert. Darüber hinaus entscheidet das Bezugssystem des Beurteilers als variable Größe, ob das Kreativziel wirklich erreicht wurde. Ist also hier „Mbo" doch nicht möglich?

Nach der Management-by-objectivs-Methode sind die einzelnen Schritte hinsichtlich des Erreichens von Kreativzielen:

Ziele – Leistungsstandards – Kontrollverfahren vereinbaren!

Vereinbaren von *Zielen*

Rahmenziel ist bei dieser ersten Stufe immer die Unternehmensphilosophie. Sie muß folgende Fragen beantworten (Rainer und Guntram Stroebe, 1983):

Welches Marktinteresse soll befriedigt werden? Welchem Bedarf wollen wir Genüge tun, welche Problemlösungen wollen wir anbieten? Ist der Kunde wirklich „König"? Will unser Unternehmen etwas Eigenständiges leisten oder sich nur an dem orientieren, was andere Unternehmen vormachen?

Daraus ergeben sich mittelfristige Ziele für die Absatzpolitik und das verantwortliche Management, zum Beispiel: „Der Umsatz für Produkt A soll im Raum X innerhalb der nächsten drei Jahre jährlich um mindestens 8 Prozent steigen".

Darauf aufbauend werden in einem letzten Schritt die Ziele der einzelnen Beschäftigten kurzfristig (maximal für ein Jahr) und auf der operationalen Ebene festgelegt. Sie müssen in wechselseitiger Abstimmung zwischen Vorgesetzem und Mitarbeiter vereinbart werden.

Beispiel Sachbearbeiter in der Abteilung Mediaplanung: Sein Ziel besteht darin, zu überlegen und zu prüfen, welche neuen Kanäle in der Medienlandschaft in Frage kommen, um die Werbebotschaft ohne großen Streuverlust an den möglichen Kunden zu bringen. Dies ist sicher ein Innovationsziel, denn der Mitarbeiter wird aufgefordert, ganz neue, noch nicht (auch nicht von der Konkurrenz) beschrittene Wege zu durchdenken.

Vereinbaren von *Leistungsstandards*

Leistungsstandards sind Maßgrößen dafür, unter welchen Bedingungen das Ziel als erreicht gilt.

Im vorhergehenden Beispiel könnte die Vorgabe sein, den Streukostenetat für die Werbung des Vorjahres nicht zu überschreiten. Leistungsstandards müssen unter anderem präzise definiert, realistisch und objektiv beurteilbar sein. Sie müssen die Erfahrungen des Mitarbeiters und die Einschätzung künftiger Entwicklungen berücksichtigen.

Vereinbaren von *Kontrollverfahren*

Die Verfahren zur Kontrolle, ob und inwieweit die Ziele erreicht worden sind, dienen der gemeinsamen Fortschrittsbesprechung und der Selbstkontrolle als letzter Stufe.

Im Beispiel bietet sich die Vorlage des Kostenplanes der beabsichtigten Werbestreuung an. Der Mitarbeiter schlägt einen völlig neuen Weg der Akquisition vor, nämlich die Kooperation mit einem „unschädlichen" Multiplikator, der die gleichen Adressaten erreicht. Ein Hersteller von Fensterleder (Marktführer) erklärt sich bereit, seinen Packungen ein Probetütchen Reinigungsflüssigkeit der Firma beizulegen. So wird die Zielgruppe erreicht:

- kostengünstig und ohne Umwege,
- in der unmittelbaren Bedarfssituation,
- mit einer greifbaren Substanz, die sich vermutlich besser einprägt als Print- oder audiovisuelle Werbung.

Obwohl das Arbeitsergebnis hier eine innovative Denkleistung ist, lassen sich die genannten fünf Zielkriterien für Management by objectivs nachvollziehen. Das Ziel ist konkret (neue Werbewege), meßbar (kostet nicht mehr), erreichbar (Kooperation), relevant (Beitrag zur Umsatzsteigerung) und nachprüfbar (erhöht sich der Umsatz wirklich?).

Nach Stroebe fördert „Mbo" die Motivation des Mitarbeiters durch

- Kommunikation im Gegenstromverfahren,
- vereinbarte Ziele, die zur Leistung anregen,
- größere Handlungsfreiheit,
- selbstverantwortliche Kontrolle,
- präzise und damit gerechte Leistungsmessung,
- Anerkennung von Erfolgen.

Dieses System zielt auf eine Verwirklichung der Unternehmensziele und der persönlichen Ziele der Mitarbeiter ab, was sowohl Aufgaben- als auch Mitarbeiterorientierung erfordert. Den Bedürfnissen des kreativen Menschen kommt dies absolut entgegen.

N. Thom (1987) stellt fest: „Innovationen können nur mit Menschen verwirklicht werden, die eine hinreichend große Leistungsbereitschaft und Leistungsfähigkeit aufweisen. Auf beide Faktoren können Unternehmen selbst in gewissen Grenzen einwirken. Für die Förderung der Leistungsbereitschaft stehen ihnen dabei die Möglichkeiten betrieblicher Anreizsysteme zur Verfügung, die eine innovationsförderliche Motivation der prozeßbeteiligten Mitarbeiter bewirken sollen". Er befragte ausgewählte Experten für das Innovationsmanagement in der Bundesrepublik Deutschland:

„Welche der nachfolgend genannten Anreize halten Sie für Personal, das vorwiegend mit innovativen Aufgabenstellungen befaßt ist, für besonders wirksam?"

Das Ergebnis (Rangfolge der wirksamen Anreize):

- eine herausfordernde, den Fähigkeiten entsprechende Tätigkeit,
- stimulierende Zusammenarbeit mit fähigen Kollegen,
- Gelegenheit, eigenen Ideen nachgehen zu können (eventuell bis zur Patentreife),
- Ansehen der Unternehmung in der Öffentlichkeit (wird für älte-

re Mitarbeiter – angeblich! – weniger wichtig als für Berufsanfänger),
- persönliche Anerkennung durch Vorgesetzte,
- gute Kooperation mit Vorgesetzten,
- leistungsgerechtes Gehalt (eventuell auch Beteiligung am Unternehmenskapital und -erfolg, siehe hierzu zum Beispiel H. J. Schneider, 1977),
- Sicherheit des Arbeitsplatzes,
- Aufstiegsmöglichkeiten,
- günstige Arbeitsbedingungen (Ausstattung mit Sachmitteln, personelle Unterstützung etc.),
- Möglichkeit der Job-Rotation (systematischer Arbeitsplatztausch mit Fortbildungswirkung),
- Möglichkeit, sich einen Ruf in der Fachwelt zu verschaffen.

Thom ist der Ansicht, daß der einzelne Rangplatz sich in wiederholten Befragungen ändern dürfte, die prinzipielle Rangfolge (hohe Bedeutung der arbeitsinhaltlichen Anreize) jedoch weitgehend stabil sei. Die vielen Untersuchungen der vergangenen Jahrzehnte zur Arbeitsmotivation in den USA (Herzberg) und Deutschland (von Rosenstiel) zeigten schon die Fragwürdigkeit solcher Ranglisten im Hinblick auf ihre Stabilität. Von Person zu Person unterschiedliche Ansprüche wie auch die jeweils vorgefundenen Umweltbedingungen entlassen Unternehmen und Führungskräfte daher nicht aus der Notwendigkeit, die Bedürfnisse der Mitarbeiter individuell zu erfassen.

Der Anreizkatalog als solcher aber ist geeignet, die Bedingungen für ein funktionierendes Innovationsmanagement festzulegen und eine Prüfliste dafür zu entwickeln.

Die von Thom formulierten Motivatoren liegen zum Teil im Verantwortungsbereich der Unternehmensleitung, zum anderen Teil in der Einflußnahme des unmittelbaren Vorgesetzten.

Der *Vorgesetzte* sollte:

- die Tätigkeiten so zuteilen, daß sie den Fähigkeiten des damit Beauftragten entsprechen und ihn *herausfordern*,

Management by innovation 223

- die Zusammenarbeit mit ebenso fähigen Kollegen stimulieren und fördern,
- dem ideenreichen Mitarbeiter Gelegenheit geben, sein Gedankenprodukt bis zur Endgestalt selbständig ausreifen zu lassen,
- nicht mit persönlicher Anerkennung sparen,
- einen ständigen kooperativen Umgang mit dem Team pflegen (das Grundkonzept von Management by objectivs gibt dazu diverse Hinweise).

Sache der *Geschäftsleitung* ist es:
- das Ansehen der Firma als innovative Unternehmung in der Öffentlichkeit zu fördern (Unternehmenskultur),
- die Mitarbeiter leistungsgerecht zu bezahlen (etwa auf der Grundlage möglichst objektiver Beurteilungsverfahren),
- durch eine marktorientierte Unternehmenspolitik Arbeitsplätze zu sichern (und die Beschäftigten darüber auch zu informieren),
- Aufstiegsmöglichkeiten durch innerbetriebliche Stellenausschreibungen zu bieten,
- die Arbeitsbedingungen nicht nur human, sondern optimal mit Sachmitteln und manpower ausgestattet zu gestalten,
- Job-rotation anzubieten (nicht im Sinne einer „Springer-Tätigkeit", sondern von Weiterbildung – insbesondere für jüngere Leute, die damit die Funktionsweisen des Unternehmens kennenlernen und gegebenenfalls auch Arbeitsbereiche finden, die ihren Fähigkeiten und Motivationen besonders entsprechen),
- den erfolgreichen, innovativen Mitarbeiter dadurch zu unterstützen, daß er auf Seminaren, Kongressen oder in entsprechenden Publikationen seine Ergebnisse und Erfahrungen darstellen kann (ein positiver Beitrag nicht zuletzt auch zum Ansehen der Firma selbst).

Neben den Kreativitätstechniken zur Mobilisierung von Ideen (siehe 6. Kapitel) gibt es inzwischen auch Erfahrungen mit speziellen Instrumenten für die Innovationsförderung. Auf zwei von ihnen soll näher eingegangen werden – das betriebliche Vorschlagswesen (ein schon im 19. Jahrhundert bekanntes und vornehmlich im deutschen Sprachraum eingesetztes Verfahren) und sogenannte Qualitätszirkel, die in Japan entwickelt wurden.

„Die Effizienz des betrieblichen Vorschlagswesens in einem Betrieb kann durchaus zu einem Gradmesser des Führungsverhaltens betrieblicher Vorgesetzter erhoben werden", bemerkt von Beckerath (1981). „Das betriebliche Vorschlagswesen ist in seiner idealen Form eine Einrichtung zur Förderung und Nutzbarmachung der Kreativität aller Arbeitnehmer eines Unternehmens", sagt Thom (1987).

Nach Thom läßt sich durchweg beobachten, daß große und erfolgreiche Unternehmen ein leistungsfähiges Vorschlagswesen haben. Oft fehlt es aber an Kenntnissen (insbesondere beim Management) über die Leistungsmöglichkeiten des BVW, und andererseits wissen die Arbeitnehmer nicht, wie sie ihre Verbesserungsvorschläge fomulieren sollen, oder scheuen den damit verbundenen Verwaltungsaufwand. Die Werbung für und die Organisation des BVW liegt vielerorts noch im argen, böte aber auch gerade für Klein- und Mittelbetriebe ideale Chancen.

Im übrigen zeigen die Erfahrungen, daß in Gruppen erarbeitete Verbesserungsvorschläge durch das vielseitigere einfließende Know-how eher realisierbar sind. Die Gruppen können informell (spontan) gebildet werden oder auch formell als Ideenteams (siehe Kreativitätstechniken) oder in einer der neueren Organisationsformen.

Auch mit Qualitätszirkeln (siehe 6. Kapitel) gibt es positive Erfahrungsberichte, die Mario Lukie (1986) analysierte. Es werden zum Teil enorme Kosteneinsparungen, Produktivitäts- und Qualitätssteigerungen sowie -verbesserungen gemeldet. Lukie bemängelt zwar das Fehlen empirischer Kenntnisse und objektiver Kriterien in diesen Berichten, die ihm eher „das Produkt intuitiver Erfahrung" zu sein scheinen, kann aber aufgrund einer eigenen sorgfältig durchgeführten Langzeitstudie in einem Großunternehmen der chemischen Industrie feststellen: Unternehmen, die mit Qualitätszirkeln arbeiten (wollen), müssen sich darüber im klaren sein, daß die Aktivierung und Nutzung latenten Fähigkeitspotentials zur Steigerung der Leistungsfähigkeit eines Unternehmens immer auch „Nebenprodukte" haben wird: so sei zu erwarten, daß die engagier-

Management by innovation

ten Mitarbeiter auch in zunehmendem Maße kritischer werden gegenüber ihrer Arbeit, der Verantwortung, der Autonomie, gegenüber dem Unternehmen etc. Wolle man den Fortbestand der sicherlich guten Einrichtung gewährleisten, dann müsse man sich mit dieser Kritik konstruktiv auseinandersetzen, denn sonst würde das Engagement nicht lange anhalten.

In der Bundesrepublik wurde 1972 bei einem Automobilhersteller ein neues Modell unter dem Namen „*Lernstatt*" entwickelt (ein ähnlicher Begriff ist das „*Werkstattforum*"). Zunächst sollte dies ein Ort repressionsfreier Kommunikation zwischen ausländischen und deutschen Arbeitern zur Förderung der sozialen Kompetenz sein. Die positiven Erfahrungen führten zu einer Ausweitung des Konzeptes: gemischte Gruppen von Arbeitern, Vorarbeitern und Meistern (acht bis zwölf Teilnehmer) treffen sich (in der Regel fünfmal) für etwa 90 Minuten während der Arbeitszeit in der Nähe der Arbeitsplätze. Die Aufgabenstellung ist vorbereitet und mit dem Management abgestimmt. Die Meister übernehmen – nach entsprechender Schulung – die Gesprächsmoderation. So soll der Erfahrungsschatz der Mitarbeiter genutzt, durch Gruppenarbeit die Initiative gefördert und Verbesserungsmöglichkeiten besprochen werden. Nach etwa fünf Sitzungen lösen sich die Gruppen wieder auf. Unter Wertanalyse (WA)-Teams schließlich versteht man Innovationsgruppen, in denen sich Angehörige der verschiedenen Bereiche/Hierarchien eines Unternehmens zu einer ganzheitlichen Betrachtung zusammenfinden, um vorhandene Produkte zu verbessern, neue zu entwickeln und Abläufe effizienter zu gestalten. Für eine solche echte interdisziplinäre Teamarbeit müssen sich die Führungskräfte „zusammenraufen".

Letztlich beruht aber Management by innovation auf einer Verhaltensweise der Führungskraft gegenüber den Mitarbeitern im beruflichen Alltag, bei der diese spüren, daß eigenverantwortliches Denken und Handeln ausdrücklich erwünscht sind; daß sie in einem partnerschaftlichen Verhältnis zum Vorgesetzten stehen; daß Arbeit Spaß machen kann, wenn sie nicht nach einem bestimmten Vorgabeschema durchzuführen ist, sondern jeder sich Gedanken über neue und bessere Lösungswege macht.

Für Beschäftigte, die innovativ bestimmte Ziele erreichen sollen, ist daher die richtige Kommunikation besonders wichtig. Das setzt die Kenntnis der Spielregeln für das Mitarbeitergespräch als Führungsinstrument voraus.

Das Mitarbeitergespräch als Führungsinstrument

Die größte Schwachstelle vieler Führungskräfte ist immer noch die Kommunikation. Vielleicht, weil sie so schwierig ist. Hier liegen nach wie vor die größten Verbesserungs- und somit auch Rationalisierungsmöglichkeiten im Betrieb. Die Reserven im zwischenmenschlichen oder psychologischen Bereich sind zu einem Großteil wegen falscher Kommunikation nicht ausgeschöpft.

Kommunikation ist die wichtigste Technik zur Verständigung zwischen Menschen – und dies nicht nur bei der Arbeit. Zu ihr gehören mindestens zwei Personen, die gegenseitig irgendwelche Botschaften austauschen, wie zum Beispiel einen Wunsch und die Antwort, ob er erfüllt werden kann. „Einbahnstraßenkommunikation", bei der immer nur einer redet und der andere nicht zu Wort kommt, ist keine echte Kommunikation, wenngleich sie häufig praktiziert wird. Gemäß einer Untersuchung von Neuberger (1973) beansprucht der Vorgesetzte bei einem Mitarbeitergespräch in der Regel bis zu 80 Prozent der Redezeit für sich. Wie will er dabei erfahren, was der Mitarbeiter etwa von seinem Vorschlag hält, sich Gedanken über die Verbesserung der Arbeitsabläufe zu machen?

Der Erfolg oder Mißerfolg eines Gesprächs ist von zahlreichen Faktoren abhängig. Wenn man sie kennt und die darin verborgenen Gefahren zu vermeiden versucht, beherrscht man die „Kunst" des Miteinander-Redens – und dies ist wohl die wichtigste Führungstechnik.

Die Effizienz einer Unterredung wird beeinflußt durch:
- das organisatorische Umfeld (zum Beispiel Räumlichkeiten, Zeitpunkt),
- das Selbstbild dessen, der mit jemand anderem kommunizieren will,
- das Bild vom Gesprächspartner,
- die Gesprächsvorbereitung und
- den Kommunikationsvorgang selbst, das „Senden" und „Empfangen".

Zum Umfeld:

Ort und Zeitpunkt eines Gesprächs können schon über Erfolg oder Mißerfolg entscheiden. Eine Unterredung am Arbeitsplatz des Mitarbeiters ist dann ungünstig, wenn andere dabei zuhören und er daher überlegt, wie er wohl im Sinne seiner Kollegen antworten müßte. Im Chefbüro lassen sich zwar Störungen (das Telefon wird abgeschaltet) und Ablenkungen (die Gesprächspartner sind unter sich) vermeiden, aber für den „Vorgeladenen" ist die Situation vielleicht ungewöhnlich oder fremd. Hier muß der Vorgesetzte dem Arbeitnehmer im wahrsten Sinne des Wortes „entgegenkommen", mit ihm unter Vermeidung hierarchischer Statussymbole auf gleicher Ebene kommunizieren, also zum Beispiel nicht verschanzt hinter dem massiven Eichenschreibtisch, sondern am Besprechungstisch, über Eck plaziert, um dem anderen eine partnerschaftliche Konstellation zu dokumentieren. Gerade der kreative Mitarbeiter benötigt zur Entfaltung eine möglichst hierarchiefreie Atmosphäre. Auch der Zeitpunkt ist von Bedeutung: ein Gesprächstermin nach Arbeitsschluß *kann* insbesondere zur Ideenfindung und Problemlösung günstig sein, weil Unterbrechungen durch Dritte oder durch Alltagsprobleme ausgeschlossen sind und man ohne Zeitdruck bis in den späten Abend miteinander diskutieren kann. Ein solcher Termin ist möglicherweise aber auch innovationsfeindlich, wenn der Angestellte vielleicht gerade an diesem Tag noch etwas anderes vorhatte oder vom Arbeitstag schon so erschöpft ist, daß er Ruhe und Erholung braucht und der Aufforderung zur Ideenentwicklung nur widerwillig Folge leisten kann. Eine entsprechende Abstimmung ist unbedingt wichtig.

Zum Selbstbild:

Nur der Vorgesetzte, der sich als Partner fühlt und niemals in selbstherrliche Äußerungen verfällt, wird den Mitarbeiter zur Mobilisierung seiner Innovationspotentiale veranlassen. Wer aber anderen Menschen unterstellt, sie müßten so wie er sein (Vorgang der Projektion), anstatt sie in ihren Eigenarten zu tolerieren, wird diese nur schwer dazu bringen, mit Begeisterung in eine Problemdiskussion einzusteigen. Wer sich für unfehlbar hält, sucht somit automatisch beim anderen Fehleransätze und vergibt dadurch die Chance des partnerschaftlichen Dialogs.

Zum Fremdbild:

Je nachdem, welches Bild man sich von seinem Gesprächspartner macht, möglicherweise schon, bevor die Unterredung überhaupt beginnt, wird die Art der Kommunikation mit ihm ganz von selbst beeinflußt, und dies oft im negativen Sinn. Die Psychologie der Vorurteile hat hier viele traurige Beweise geliefert, etwa die „Brauchbarkeit" ausländischer Arbeitnehmer nur für „niedere" Arbeiten, die angeblich geringere Leistungsfähigkeit älterer Menschen oder die Urteilstendenz, Frauen seien für das Management nicht geeignet. Erfolgreiche Kommunikation erfordert aber Offenheit für den anderen, Akzeptieren seiner Wesensart und unvoreingenommene Beschäftigung mit seinen Äußerungen und Ideen.

Zur Gesprächsvorbereitung:

Mit Gesprächsvorbereitung ist vor allem eine Zielüberlegung gemeint: Was soll erreicht werden? Wie ist die Angelegenheit wohl aus der Perspektive des Gegenübers zu sehen? Was kann getan werden, um die Unterredung ergiebig zu machen? Solche Vorüberlegungen helfen, sich auf den anderen einzustellen und vermeiden damit die Gefahr, aneinander vorbeizureden. Leider kommt es in der Praxis immer wieder vor, daß man völlig unvorbereitet in ein Gespräch geht und dann erst mühsam die Zielsetzung festlegt oder auf Nebensächlichkeiten kommt und kostbare Zeit verlorengeht.

Das Mitarbeitergespräch als Führungsinstrument

Zum Kommunikationsvorgang selbst:

Kommunikation ist ein Prozeß, bei dem der Sender (zum Beispiel der Vorgesetzte) dem Empfänger (Mitarbeiter) eine Botschaft zukommen lassen will, beispielsweise „Ich habe ein Problem, können Sie mir dabei helfen?" und der Empfänger dann zum Sender wird, indem er eine Antwort-Botschaft abschickt: „Ja, ich denke doch, daß ich Ihnen helfen kann, weil ...". In den einzelnen Etappen dieses Vorgangs können sich diverse Fehler einschleichen.

Beim Senden:

Schon die Absicht des Senders kann falsch sein: Er will den anderen zum Beispiel für die Übernahme eines Auftrages gewinnen und schildert ihm dabei nur die Vorteile, die sich für ihn ergeben, nicht aber auch die damit verbundenen Probleme. Oder kleidet seine Mitteilungen in Worte, Begriffe, die der andere nicht versteht (Spezialausdrücke, seltene Fremdwörter, Abkürzungen, „Beamtendeutsch"), spricht zu schnell, zu leise und undeutlich.

Beim Empfangen:

Der Gesprächspartner kann die Botschaft nicht voll aufnehmen, weil er noch nicht empfangsbereit, vielleicht ein vorhergehender Vorgang noch nicht abgeschlossen ist. Oder er wird durch das ständig läutende Telefon im Raum abgelenkt. Oder der andere versteht die Absicht falsch, unterstellt vielleicht aufgrund früherer leidvoller Erfahrungen eine unehrliche Absicht.

In jedem Buch, das sich mit der zwischenmenschlichen Kommunikation beschäftigt (zum Beispiel O. Neuberger, Das Mitarbeitergespräch, 1973), sind diese möglichen Fehlerquellen und Ansätze zu ihrer Vermeidung dargestellt. Wer an einer gesteigerten Effizienz seiner Gespräche mit anderen interessiert ist, sollte nach jeder Unterredung für sich „Manöverkritik" üben: Was habe ich falsch gemacht, wie hätte ich den anderen noch mehr ins Gespräch einbinden können, war der Zeitpunkt richtig gewählt?, etc.

Wer seine Mannschaft unter Druck und Spannung hält, kann eigentlich nur „Streßgespräche" führen – die Mitarbeiter sagen zu allem „Ja", damit die unangenehme Situation für sie möglichst schnell vorbei ist. Eigene Gedanken und Initiativen können dabei nicht aufkommen. Das Kreativpotential liegt brach.

Ebenso ist es mit der Einbahnstraßenkommunikation. Wer seinen Leuten *direktiv* sagt, was sie zu tun haben und wie dies geschehen soll, prägt den anderen seine Meinung und seine Gedanken auf. Die Mitarbeiter führen die Aufträge dann ohne große Begeisterung und Identifikation aus und kommen beim nächsten auftauchenden Problem sofort zum Chef gelaufen.

Wenn man an den Ansichten des anderen interessiert ist, kann man nur die *nondirektive Gesprächstechnik* nach Rogers (Crisand 1986) anwenden, bei der der Partner im Zentrum des Gesprächs stehen soll. Diese sogenannte ND-Technik wurde von den Psychotherapeuten übernommen, die in vielen mühevollen Sitzungen mit dem Patienten die Ursachen seiner Störungen erarbeiten, indem sie die Betreffenden durch geschicktes Fragen zum Nachdenken und Antworten bringen.

Die Grundgedanken dieser Technik werden mehr und mehr auch für Gesprächssituationen im Wirtschaftsleben empfohlen. So lernt der Verkäufer in entsprechenden Schulungen, daß er dem Kunden nicht die teuerste Lösung verkaufen darf, sondern die, welche auf dessen Bedürfnisse und Möglichkeiten optimal zugeschnitten ist. Diese Gegebenheiten muß er erst durch „Motivforschung" im Gespräch herausfinden. Durch Fragen führt er den Käufer dazu, sich zu äußern. Auch der Vorgesetzte, der bemerkt, daß der Mitarbeiter ein Problem hat, wird durch Fragen versuchen, die Ursachen herauszufinden und dann eine gemeinsam gefundene Lösung anstreben.

Und deshalb empfiehlt sich die nondirektive Gesprächsführung auch im Umgang mit dem Kreativen. Er spürt dabei, daß der andere Interesse an ihm und seinen Gedanken hat, daß er für ihn Zielobjekt und Mittelpunkt des Gesprächs ist. Die damit signalisierte partnerschaftliche Ebene motiviert ihn, seine Ideen auszusprechen und zusammen weiter zu entwickeln.

Das Mitarbeitergespräch als Führungsinstrument

Wie funktioniert die nondirektive Gesprächstechnik (auch mitarbeiterzentrierte Gesprächstechnik genannt)?

Grundregel:
Den anderen durch offene Fragen (W-Fragen) zum Sprechen veranlassen!

Beispiel: „*Wo* sehen Sie das Problem?"
„*Welche* Lösungsmöglichkeiten schlagen Sie vor?"
„*Was* spricht *für* Ihre Meinung, *was dagegen*?"

Durch offene Fragen wird der Gesprächspartner aus der Reserve gelockt, er muß seine eigenen Gedanken preisgeben und kann nicht nur mit „Ja" oder „Nein" antworten. Der „Verhörcharakter" entfällt. Wichtig: die jeweils folgende ND-Frage muß einen direkten Bezug zum bereits vorher Gesagten haben (Assoziationskette).

Beispiel:

Falsch: „Wo sehen Sie Verbesserungsmöglichkeiten?"
„Was kostet uns die Verwirklichung Ihrer Vorschläge?"

Richtig: „Wo sehen Sie Verbesserungsmöglichkeiten?"
„Wie können diese realisiert werden?"
„Welche Probleme können dabei entstehen?"
„Welche Kosten könnten mit der Beseitigung dieser Probleme verbunden sein?"
„Welche Möglichkeiten gibt es, diese Kosten zu reduzieren?"

Weitere begleitende, aber wichtige Spielregeln:

– Aktiv zuhören: Dem Gesprächspartner zeigen, daß man sich auf ihn eingestellt hat – gleichzeitiges Lesen von irgendwelchen Aktenvorgängen zum Beispiel kann dieses Gefühl nicht vermitteln.
– Keine Autorität zur Schau stellen: Wer seinem Gegenüber mit Worten oder durch die Mimik zu verstehen gibt, daß er selbst natürlich sehr genau weiß, was zu geschehen hat, braucht sich nicht zu wundern, wenn dieser keine Lust hat, seinen Kopf anzustrengen.

- Keine moralischen Ermahnungen/keine zu frühen Stellungnahmen: Wenn schon der erste Vorschlag des Mitarbeiters gleich genüßlich zerpflückt wird oder der Vorwurf kommt: „Denken Sie jetzt aber mal ernsthaft nach!" – kann das nicht dazu motivieren, sich weiter in neuen, ungewohnten Denkweisen zu bewegen.
- Wesentliche Gedanken des anderen „widerspiegeln": Wenn man mit eigenen Worten entscheidende und wichtige Äußerungen des anderen wiederholt („Habe ich Sie richtig verstanden, Sie schlagen also vor, daß ..."), so spürt dieser, daß man ihm wirklich zugehört hat. Außerdem können noch mögliche Mißverständnisse rechtzeitig geklärt werden, ehe man aneinander vorbeiredet.
- Verstärken statt verhören: Nonverbale Signale wie ein gelegentliches Kopfnicken, aber auch sprachliche Äußerungen wie ein kurzes „okay", „richtig", „mhm" ermuntern dazu, in der Gedankenentwicklung fortzufahren. Auch bei einem eindeutigen Denkprozeß in die falsche Richtung darf man nicht sofort unterbrechen und kritisieren. Vielmehr sollte man den anderen fragen, vielleicht nachdem man ihn zunächst für seinen Einsatz gelobt hat, was möglicherweise gegen seinen Vorschlag sprechen könnte. Wenn er selbst seinen Irrtum aufdeckt, fühlt er sich nicht gedemütigt und ist eher bereit, eine gedankliche Kurskorrektur vorzunehmen.

Schon im Alltagsumgang, wenn Anweisungen gegeben werden, sollte das mitarbeiterzentrierte Vorgehen die Regel sein. Es kostet zwar mehr Zeit, aber der Mitarbeiter steht hinter den Beschlüssen, wenn er wirklich miteinbezogen wurde und setzt sie engagiert um; der Vorgesetzte kann sich darauf verlassen, daß etwas getan wird, auch wenn er nicht anwesend ist. Das Heranziehen der Betroffenen bei der Festsetzung von Leistungsstandards führt erwiesenermaßen zu besseren Arbeitsergebnissen.

Aber man soll nicht nur ein offenes Ohr für die Verbesserungsvorschläge der Mitarbeiter haben und sich damit auseinandersetzen, die eigenen Anweisungen müssen auch verständlich und eindeutig sein. Nach einer Untersuchung von *Personal*, Heft 6/1980, haben

85 Prozent aller Beschäftigten diesbezüglich Beanstandungen! Menschen sind nicht durch Autorität, sondern in der Sache zu überzeugen, alle Entscheidungen sind daher zu begründen. Man muß mit den Mitarbeitern in ständigem Kontakt bleiben, um ihr Vertrauen zu gewinnen.

Die Bedingungen eines erfolgreichen Mitarbeitergesprächs gelten gerade auch für den Umgang mit Kreativen:

1. Ziel des Gespräches festlegen (zunächst für sich und dann zu Beginn gemeinsam mit dem Gegenüber).

2. Sich in die Situation des anderen versetzen (um eher erkennen zu können, was man erwarten kann und was nicht).

3. Aufmerksamkeit sichern (Störungen von außen vermeiden und ganz auf den Gesprächspartner eingestellt sein).

4. Informationen richtig dosiert und empfängerorientiert geben (die begrenzte Aufnahmekapazität des Menschen gebietet es, nicht zuviele Themen auf einmal zu besprechen. Außerdem muß die Sprache dem Niveau des Menschen angepaßt sein).

5. Den Gesprächspartner aktivieren und verstärken (ihn durch offene Fragen in den Mittelpunkt der Unterredung stellen).

6. Das Gesagte interpretieren und charakterisieren (Mißverständnisse werden dadurch rechtzeitig erkannt oder vermieden).

7. Vorschläge erbitten (der Urheber steht engagierter dahinter).

8. Am Ende Gesprächsergebnis formulieren (beide wissen dann, was erreicht wurde und wie es weiter geht).

Führung kreativer Gruppen

Eine der für das Wirtschaftsleben bedeutsamsten Entdeckungen der Psychologie war die höhere Leistungsfähigkeit von Gruppen vor allem bei Problemlösungen. Der gegenseitige gedankliche Austausch bringt die einzelnen Mitglieder auf andere und vertiefende Aspekte und regt zu Denkprozessen in neuen Zusammenhängen an. Dieser Effekt tritt allerdings nur ein, wenn die Gruppe untereinander konfliktfrei ist, da sonst der Teamgedanke, das sogenannte „Wir-Gefühl", als Voraussetzung für Ideenreichtum nicht zum Tragen kommen kann. Man benötigt dann vielmehr die Zeit dazu, die eigenen Konflikte auszutragen. Oft sind es geradezu lächerliche Anlässe für solche Intragruppenkonflikte: beispielsweise sitzen die einen am schönen Fensterplatz mit Blick auf den Park des Unternehmens, während die anderen die Wand anstarren. Jeder der beiden Untergruppen schließt sich aufgrund des „gemeinsamen Schicksals" noch enger zusammen und bekämpft die Gegenseite. Die Fensterplatzinhaber verteidigen gemeinsam ihr Privileg, die „Wandgucker" denken sich Schlechtigkeiten aus, um sie zu ärgern. Das Fenster zuzumauern wäre sicher die unglücklichste Lösung. Vielmehr muß der Vorgesetzte das Problemchen ernst nehmen und zum Beispiel den beiden rivalisierenden Untergruppen vorschlagen, sich an einen Tisch zu setzen und einen Rotationsplan auszuarbeiten, so daß jeder in gewissen Zeitabständen „ans Fenster" darf. Es gibt natürlich noch viele andere Beispiele für solche Konflikte, wie unterschiedliche Bezahlung für die gleiche Arbeit, einseitige Bevorzugung einzelner durch den Chef, höherwertige und im Gegensatz dazu als besonders „niedrig" empfundene Tätigkeiten, Privilegien (zum Beispiel Rauchererlaubnis) nur für manche. Diese Störfaktoren sind ebenso zu beseitigen wie ein übermäßig starkes Ausleben von Intragruppenkonflikten zu verhindern, wo Zeit und Energie ebenfalls überproportional in sachfremde Ziele investiert werden. Beispiel: Die Gruppe hat zwar untereinander einen starken Zusammenhalt, rivalisiert aber mit einer anderen Abteilung nach dem Motto: „Wir sind die einzigen, die hier arbeiten, die anderen sind nur Schmarotzer". Solche abteilungsübergreifenden Spannungen (typisch etwa Innen- und Außendienst oder Produktion und Verkauf) fördern zwar die innere Kohäsion, den Gruppenmitgliedern erscheint es aber als lohnendes Ziel, die „Gegner", die Fremdgruppe bei jeder sich bietenden Gelegenheit zu bekämpfen. Auch in diesem Fall wird die Gruppenenergie in den falschen Kanal geleitet.

Vertiefende Informationen zur Gruppenpsychologie geben beispielsweise die beiden Bücher von Rüttinger (Konflikt und Konfliktlösen, 1977) beziehungsweise Franke (Das Lösen von Problemen in der Gruppen, 1975) in der Studienreihe „Psychologie im Betrieb". Der Vorgesetzte muß jedenfalls über diese, die kreative Leistung möglicherweise beeinträchtigenden, Einflüsse informiert sein und gegebenenfalls rechtzeitig zur Tat schreiten, um ein befriedigendes Ergebnis sicherzustellen.

Arbeitsgruppen können dann kreativ arbeiten, wenn sie

- spannungsfrei sind,
- möglichst homogen zusammengesetzt sind (die Mitglieder dürfen nicht in zu großem Hierarchieabstand zueinander stehen, zum Beispiel Hilfsarbeiter und Bereichsleiter),
- bei ihrer Arbeit nicht zu hohem Zeitdruck unterworfen werden,
- während ihrer Arbeit keiner zu starken Kontrolle durch den Vorgesetzten unterliegen.

Besonders wichtig ist, daß die Gruppe nicht das Gefühl hat, „Papierkorbarbeit" zu leisten („unsere Vorschläge wandern ja doch nur in die Schubladen bei denen da oben"), daß im ganzen Unternehmen planerisches Denken gefördert wird und daß ihr Auftrag nicht diktiert, sondern durch Entstehen einer Problemspannung nahegebracht wird.

Wie arbeitet man nun erfolgreich mit Gruppen? Die bewährten Spielregeln für erfolgreiche Konferenzen und Besprechungen lassen sich auch und gerade auf Problemlösungskonferenzen übertragen, damit sie zu produktiven Ergebnissen kommen (Stroebe, R., 1985).

Die Vermeidung der „inneren Kündigung" des Mitarbeiters

Der Ausspruch eines Unternehmers: „In meiner Firma gibt es nur zwei Arten von Mitarbeitern – signierende und resignierende!" weist auf ein Phänomen hin, das zunehmend beobachtet und in Fachzeitschriften behandelt wird:

„Innere Kündigung: sollen doch mal andere ran!" (*Psychologie heute*, 10/87).

„Viele kündigen innerlich – Motivationsverlust gefährdet Unternehmen."

„Innere Kündigung – der lautlose Protest gegen Führungsfehler der Vorgesetzten."

„Das Phänomen der inneren Kündigung – Probleme mit Problemlosen."

„Innere Kündigung" ist (gemäß Fritz Raidt 1986) „eine mentale Grundhaltung, die sich nicht in aggressiver Form nach außen richtet (zum Beispiel durch „äußere Kündigung"), sondern durch Frustration und Demotivation des Mitarbeiters gekennzeichnet ist und zur Resignation führt." Anstatt den Arbeitsalltag qualitätsbewußt oder innovativ, zumindest aber leistungsorientiert zu gestalten, verfällt der einzelne mehr oder weniger unbewußt in einen Zustand der Depression. Dieser Prozeß, wie schleichendes Gift wirkend, ist nicht sofort erkennbar und darüber hinaus für die Arbeitsumwelt gefährlich ansteckend. Es ist oft nur noch eine Frage der Zeit, wann das Unternehmen vom Markt verschwindet, wenn nicht sofort die ersten Symptome bekämpft werden.

Zahlreiche Hinweise signalisieren die „innere Kündigung" eines Mitarbeiters, beispielsweise:
- schon Ruhe und Harmonie können unbewußtes Desinteresse anzeigen – man geht Auseinandersetzungen aus dem Wege,
- Humorlosigkeit und unterkühltes Benehmen, „roboter"haftes Verhalten ohne „Innen"leben,

- ebenso, wenn aus ehemals debattierfreudigen Kollegen immer mehr Schweiger oder Ja-Sager werden,
- ein gefährliches Phänomen: wenn Mitarbeiter ihre Kompetenzen nicht mehr voll wahrnehmen wollen, wenn sie Probleme zum nächsten Kollegen weiterreichen, wenn sie Eingriffe in ihren Delegationsbereich gelassen hinnehmen,
- höchste Alarmstufe: wenn zuvor engagierte Mitarbeiter plötzlich für nichts mehr Interesse zeigen.

Natürlich können auch Führungskräfte in diesen Zustand der „inneren Kündigung" geraten. Nur die Symptome mögen ein wenig anders sein:

- Persönliche Beziehungen zu den Mitarbeitern werden eingeschränkt,
- es werden keine Gruppenbesprechungen mehr abgehalten,
- Anerkennung wird ebenso wie Kritik und Kontrolle drastisch reduziert,
- Mitarbeiterproblemen, zum Beispiel persönlichen, wird achselzuckend aus dem Weg gegangen.

Ein Kurieren nur an den Symptomen ist allerdings sinnlos. Die wahren Gründe für die „innere Kündigung" müssen zuerst diagnostiziert werden, ehe eine gezielte Therapie erfolgen kann.

Verantwortlich für die „innere Kündigung" kann einmal die permanente Nichterfüllung der Hygienefaktoren sein, wie zum Beispiel unzumutbare Arbeitsbedingungen oder unfaire Arbeitskollegen. Fast noch schlimmer wirkt sich die Nichtbefriedigung der für das Mitarbeiterengagement verantwortlichen Motivatoren aus. Hier verkümmern Energien, wenn sie nicht gefordert werden, beziehungsweise entladen sich in andere firmenexterne Bereiche (zum Beispiel in der Freizeit), von denen die Firma nichts hat. Dies betrifft beispielsweise monotone und unterfordernde Arbeitsinhalte, permanente Kontrollen, keine Anerkennung.

Hauptursachen sind insbesondere typische Führungsfehler: unzureichende Information oder Kompetenzübertragung, fehlende Sinngebung für Entscheidungen, ungerechte Beurteilungen und mangelndes Verständnis für persönliche Schwierigkeiten – Fehler, vor denen jede Führungslehre warnt. Die Liste solcher „Chefsünden" ist mehr als umfangreich: Eingriffe in den Aufgabenbereich der Nachgeordneten, am Mitarbeiter vorbei regieren, seinen Rat für überflüssig halten, ihn dafür aber für eigene Fehlentscheidungen verantwortlich machen. Ganz zu schweigen von Launenhaftigkeit, Willkür und Schikanen des Vorgesetzten – wobei man oft schon unterstellen kann, daß er auch „innerlich gekündigt" hat.

Wie kann „innere Kündigung" rückgängig gemacht oder vermieden werden?

Nicht erst bei den genannten ersten Symptomen gilt es zu handeln – besser noch ist es, der „inneren Kündigung" vorzubeugen, zum Beispiel anhand folgender Checkliste:

Grundsatz:

Ich muß auf jeden meiner direkt unterstellten Mitarbeiter in meinem Führungsverhalten individuell eingehen und versuchen, seine persönlichen Motivatoren anzusprechen.

Voraussetzung:

Meine Aufgaben und meine Führungsspanne erlauben es, mich mit jedem einzelnen zu beschäftigen. (Liegt diese Voraussetzung nicht vor, muß sie unbedingt und sofort geschaffen werden!)

Arbeitsinhalt:
Überprüfen Sie:

- Wo liegen die Stärken des Mitarbeiters?
- Wo die Schwächen?
- Welche Aufgaben könnte er am besten übernehmen?
- Welche Aufgaben hat er schon über einen längeren Zeitraum hinweg erledigt?
- Was hat sich inzwischen in seinem Arbeitsbereich geändert?

Verantwortung:
Überprüfen Sie:

- Bei welchen Arbeitsvorgängen hat mein Mitarbeiter bereits Eigenverantwortung?
- Akzeptiert er Eigenverantwortung? Wäre er zufrieden oder über-

fordert, wenn er selbständig Entscheidungen treffen müßte?
- Bei welchen Arbeitsvorgängen könnte die Eigenverantwortung des Mitarbeiters erweitert werden?
- Liegt der Umfang an Rechten und Pflichten des Mitarbeiters genau fest?
- Bekommt der Mitarbeiter ausreichende Informationen, um die richtigen Entscheidungen zu treffen?

Anerkennung:
Überprüfen Sie:
- Erkenne ich Lobenswertes immer sofort an?
- Lobe ich gezielt das, was lobenswert ist?
- Habe ich ein individuelles Lobbezugssystem (die überdurchschnittliche Leistung des Stärksten sieht anders aus als die des Schwächsten)?
- Lobe ich insbesondere die Leistung, weniger die Person selbst?
- Bin ich mit meinem Lob zu geizig, zu anspruchsvoll? Erkenne ich wirklich *alle* überdurchschnittlichen Leistungen an?

Vorwärtskommen :
Prüfen Sie:
- Bin ich bei jedem meiner Mitarbeiter informiert, was er eigentlich kann, wo seine Stärken und Schwächen liegen?
- Führe ich regelmäßig Gespräche mit meinen Mitarbeitern über ihr Leistungsniveau, ihre Arbeitszufriedenheit und beruflichen Interessen?
- Mache ich mir regelmäßig Gedanken über die Weiterentwicklung meiner Mitarbeiter? Spreche ich darüber auch mit ihnen?
- Rede ich auch immer wieder mit der Personalabteilung über die Mitarbeiterentwicklung und -förderung? Informiere ich meine Mitarbeiter über innerbetriebliche Stellenausschreibungen?

Zu vermeiden sind aber auch die typischen Fehler im Führungsalltag wie intensives Kritisieren des Mitarbeiters vor seinen Kollegen, Lächerlichmachen und Schikanieren, keinen Schutz vor Angriffen von dritter Seite bieten, etc.

Jeder zusätzliche Fehler des Vorgesetzten kann zum nur noch lautlosen Protest des Mitarbeiters in Form seiner „inneren Kündigung" führen.

Kreatives Leistungspotential kann sich unter dem Phänomen der „inneren Kündigung" nicht entfalten; die bewußte Förderung kreativer Personen und unternehmerischer Innovationsziele ist daher die beste Vorbeugung gegen die „innere Kündigung".

Einsatz kreativer Mitarbeiter

Wir haben in den vorausgegangenen Abschnitten die Kreativität als die wichtigste Ressource für die kommenden Jahre und vermutlich auch Jahrzehnte definiert: denn die meisten auf uns zukommenden Probleme in der Wirtschaft, aber auch im technologischen, im Umwelt- und im sozialen Bereich sind neuartig, deshalb ohne Lösungsvorbild, deshalb nicht imitativ, sondern nur *innovativ* zu lösen. Wir haben eine praktikable Methode kennengelernt, die es erstmals erlaubt, aus der Gesamtzahl unserer Mitarbeiter *systematisch und wissenschaftlich abgesichert* die überdurchschnittlich kreativen zu identifizieren. Wir haben gelernt, daß man die aus ihrer Anonymität herausgeholten kreativen Mitarbeiter fördern muß mit dem Ziel, ihr innovatives Leistungspotential noch weiter zu steigern. Und wir haben aus dem großen Angebot von Führungsgrundsätzen diejenigen ausgewählt, die sich zur Führung kreativer Persönlichkeiten am besten eignen.

Offen ist noch die entscheidende Frage nach dem bestmöglichen Einsatz dieser wertvollen Ressource Kreativität. Lassen Sie uns zu ihrer Beantwortung zunächst auf den Unternehmerbegriff von Say zurückgreifen (1. Kapitel). Danach ist *Entrepreneur* derjenige, „der es versteht, Ressourcen neuartig und besser einzusetzen als andere". Stellen wir nun neben dieses mehr als 150 Jahre alte klassische Unternehmerbild zwei ganz aktuelle ergänzende Aussagen:

- Die Wissenschaftlerin Gertrud Höhler bei der Internationalen

Drei-Länder-Tagung Betriebliches Vorschlagswesen 1987 zum Thema „Zukunftsenergie Kreativität": „... *die wichtigste Ressource der Zukunft*, nämlich die Kreativität beim Mitarbeiter, muß mobilisiert werden ..."
- Der erfahrene Praktiker Franz Köhne, Vorstandsmitglied der *BMW AG*, im März 1988 im *Forum* (Internationales Universitätsmagazin): „(...) Zum ersten Mal in einer langen Industriegeschichte werden die verfügbaren humanen Ressourcen zum *entscheidenden Engpaßfaktor* eines Unternehmens. Die Geschäfte der Zukunft werden sich selbstverständlich zwischen Unternehmen abspielen, die alle über genügend Kapital und die jeweils modernsten Systeme und Technologien verfügen. Ausschlaggebend wird sein, *welche zusätzlichen, über den Durchschnitt hinausragenden Qualitäten des Faktors Mensch* ein Unternehmen wird ins Feld führen können."

Zwingend und eindeutig läßt sich aus diesen drei prominenten Aussagen ableiten:

Der Einsatz der Ressource Kreativität ist oberste und vordringlichste unternehmerische Aufgabe.

Im Vergleich zu der für die Wettbewerbsfähigkeit so großen Bedeutung dieses Bereiches unternehmerischer Entscheidungen hat sich die wissenschaftliche Literatur bislang nur in bescheidenen Ansätzen um methodische Hilfestellung bemüht. Denken wir dagegen an die Ressource Kapital: Eine Fülle von Veröffentlichungen zur Optimierung des Kapitaleinsatzes steht dem Investor zur Verfügung. Ähnliches gilt für die Ressourcen Rohstoffe und Energie: Techniker, Naturwissenschaftler, Ökonomen und andere wetteifern – spätestens seit der Veröffentlichung der Studie „Grenzen des Wachstums" 1972 – mit Hinweisen zu deren optimaler Nutzung. Auch zur Frage des bestmöglichen Einsatzes von Grund und Boden gibt es unzählige Optimierungs- und Standorttheorien.

Nur beim gezielten Einsatz kreativer Kräfte wurden die Unternehmer beziehungsweise die unternehmerisch entscheidenden Führungskräfte bisher weitgehend alleine gelassen. Falls sie überhaupt Entscheidungen zur bestmöglichen Nutzung des im Unternehmen vorhandenen kreativen Potentials treffen wollten, mußten sie ihrer Menschenkenntnis, ihrer Erfahrung und ihrer Intuition vertrauen.

Lassen Sie uns deshalb überlegen, wie man nach all den bisherigen Erkenntnissen zielstrebig und methodisch die wertvollen (nicht mehr anonymen) kreativen Mitarbeiter einsetzen sollte.

Die Entscheidung über den Einsatz der kreativen Mitarbeiter muß – wie wir soeben erkannt haben – von der Unternehmensleitung getroffen werden. Die Entscheidungsvorbereitung liegt jedoch – je nach Organisationsstruktur des Unternehmens – bei den Bereichs-, Abteilungs- oder Hauptabteilungsleitern. Sie erstellen für jeden ihrer Mitarbeiter mit einer Kreativitätsbewertung von 35 oder mehr Punkten eine Einsatzkarte, die man als *Kreativitäts-Kennkarte* bezeichnen könnte.

Bei der Erarbeitung dieser Kreativitäts-Kennkarten stützen sich die Führungskräfte auf folgende Unterlagen:

- auf die von ihnen vorgenommene Mitarbeiterbeurteilung und das sich daraus ergebende *Kreativitäts-Profil* (siehe 4. Kapitel). Dieses bildet, zusammen mit der Gesamtpunktzahl, die Hauptaussage der Kennkarte und wird anschaulich grafisch dargestellt.
- Auf das Ergebnis eines Gespräches mit jedem einzelnen der als überdurchschnittlich kreativ identifizierten Mitarbeiter, bei dem dessen Eignung und Neigung zur *Teamarbeit* festgestellt worden ist. Man kann zwar davon ausgehen, daß die überwiegende Mehrzahl der Kreativen die Mitwirkung in einer Gruppe begrüßt, doch findet man zwischendurch auch kreative Einzelgänger, die lieber in stiller Abgeschiedenheit ihre schöpferischen Gedanken entwickeln und die Gespräche in der Gruppe eher als störend denn als fördernd empfinden. Dieser Wunsch nach Einzelarbeit muß bei der Einsatzplanung selbstverständlich berücksichtigt werden. Die Kreativitäts-Kennkarte muß einen entsprechenden deutlich angebrachten Hinweis enthalten.
- Auf die *allgemeine Mitarbeiterbeurteilung* hinsichtlich besonderer Fähigkeiten und Kenntnisse, die bei der kreativen Tätigkeit

Einsatz kreativer Mitarbeiter 243

von zusätzlichem Nutzen sein könnten, zum Beispiel handwerkliches Geschick, zeichnerische Begabung, profunde Kenntnisse in sehr speziellen technischen Bereichen und anderes.

Eine solche *Kreativitäts-Kennkarte* könnte in einem Unternehmen der chemischen Industrie folgendes Aussehen haben:

Abteilung:	Produktion I
Name:	Müller Hugo
Geburtsjahr:	1959
Funktion:	Apparatefahrer

Kreativitätsprofil:	Gewichtung:
1. Divergentes Denken	2
2. Unkonventionelles Denken	2
3. Gedankenflüssigkeit	2
4. Originalität	1
5. Problemaufspüren	3
6. Elaboration	2
7. Reicher Wortschatz	1
8. Konzentrationsfähigkeit	3
9. Redefinition	1
10. Realitätskontrolle	2
11. Organisationsfähigkeit	3

Gesamtpunkte: 41
Teamarbeit: ja

Besondere Qualifikationen:
– gelernter Schlosser,
– Erste-Hilfe-Kurs.

In einer ganz anderen Branche, im Dienstleistungsbereich, könnte die *Kreativitäts-Kennkarte* einer Mitarbeiterin in einer Hotelkette folgende Aussagen machen:

Abteilung: Rezeption
Name: Gonzales Elvira
Geburtsjahr: 1952
Funktion: Empfangsdame

Kreatititätsprofil: Gewichtung: 1 2 3 4 5

1. Divergentes Denken 2
2. Unkonventionelles Denken 2
3. Gedankenflüssigkeit 3
4. Originalität 3
5. Problemaufspüren 2
6. Elaboration 1
7. Reicher Wortschatz 3
8. Konzentrationsfähigkeit 1
9. Rededefinition 1
10. Realitätskontrolle 2
11. Organisationsfähigkeit 3

Gesamtpunkte: 38
Teamarbeit: ja

Besondere Qualifikationen:

– Muttersprache Spanisch,
– Dolmetscherexamen Englisch und Deutsch,
– gute Französischkenntnisse.

Und als drittes Beispiel wählen wir die *Kreativitäts-Kennkarte* des Inhabers einer Stabsstelle bei einem Getränkehersteller:

Abteilung:	Marketing
Name:	Eckendorff Norbert
Geburtsjahr:	1949
Funktion:	Produktmanager

Kreativitätsprofil: Gewichtung: 1 2 3 4 5

1. Divergentes Denken   3
2. Unkonventionelles Denken   3
3. Gedankenflüssigkeit   3
4. Originalität   3
5. Problemaufspüren   3
6. Elaboration   1
7. Reicher Wortschatz   2
8. Konzentrationsfähigkeit   1
9. Rededefinition   1
10. Realitätskontrolle   3
11. Organisationsfähigkeit   2

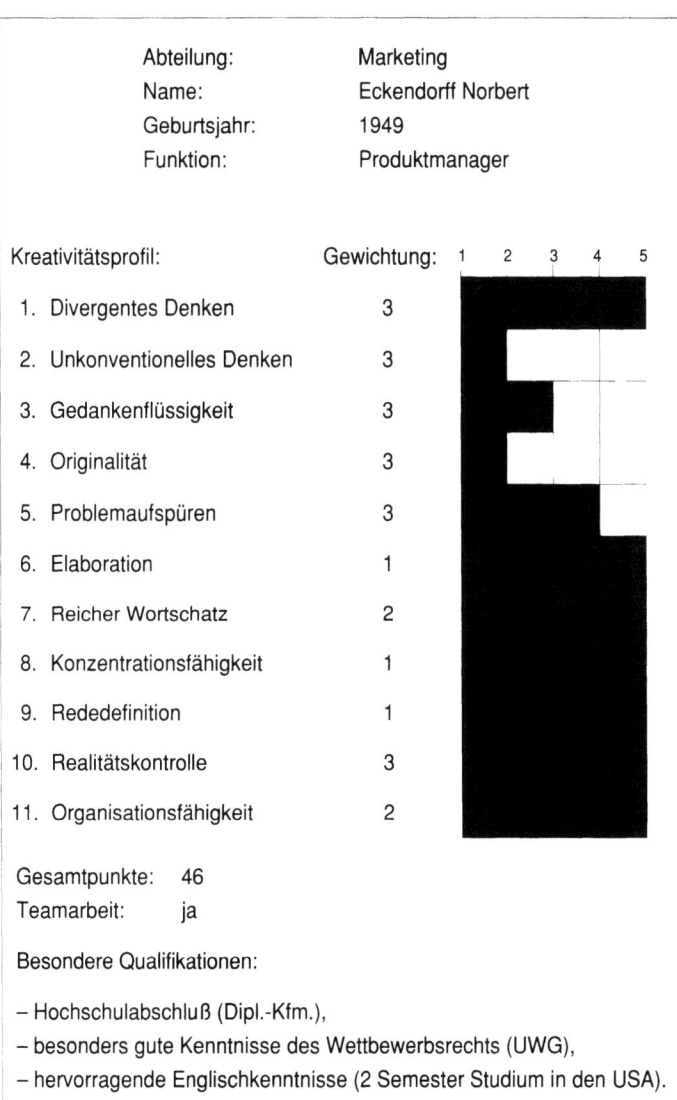

Gesamtpunkte: 46
Teamarbeit: ja

Besondere Qualifikationen:

– Hochschulabschluß (Dipl.-Kfm.),
– besonders gute Kenntnisse des Wettbewerbsrechts (UWG),
– hervorragende Englischkenntnisse (2 Semester Studium in den USA).

Der gezielte Einsatz überdurchschnittlich kreativer Mitarbeiter wird nun in drei Bereichen erfolgen:
- *im angestammten Bereich*: das sind die Abteilungen im Unternehmen, in denen die Mitarbeiter jeweils tätig sind,
- *im analytisch-kreativen Bereich*: das ist das gesamte Unternehmen im Hinblick auf *das Aufspüren* und die Definition gegenwärtiger und zukünftig zu erwartender Probleme unterschiedlichster Art,
- *im konzeptionell-innovativen Bereich*: das ist das gesamte Unternehmen im Hinblick auf *die Lösung* der festgestellten gegenwärtigen und zukünftigen Probleme.

Einsatz im angestammten Bereich

Unter Einsatzoptimierung kreativer Mitarbeiter ist keinesfalls zu verstehen, daß möglichst viele von ihnen in ganz andere Unternehmensbereiche versetzt werden sollen. Im Gegenteil: in ihrem angestammten Bereich, in dem sie ja in der Regel aufgrund ihrer Ausbildung, ihrer Neigung und ihrer Fähigkeiten tätig wurden, werden sie wahrscheinlich auch *nach* dem Erkennen ihrer kreativen Begabung am besten zur Wirkung kommen.

Von dieser Regel gibt es Ausnahmen, nämlich dann, wenn der für die Personalführung und -beurteilung einer Abteilung Verantwortliche beim intensiven Studium der Kreativitätsprofile seiner Mitarbeiter entdeckt, daß ein als überdurchschnittlich kreativ eingestufter seine Spitzenbeurteilungen ausschließlich oder überwiegend bei jenen Kriterien erreicht, die für die betreffende Abteilung *den geringsten Stellenwert* besitzen. Vermutlich hat der betreffende Mitarbeiter dann bei den als wichtig und sehr wichtig erkannten Kriterien „schlechte Noten", das heißt eine Beurteilung unter dem Durchschnitt. Nehmen wir als Beispiel das Profil von Hugo Müller, dem zuvor besprochenen Mitarbeiter eines chemischen Produktionsbetriebes: gerade bei den Eigenschaften Originalität, reicher Wortschatz und Redefinition hat er die beste Beurteilung! Verständlich, daß dies im Produktionsbereich I nicht sehr stark gefragt ist! Hier wird mehr Wert gelegt auf das frühzeitige Erkennen von Problemen, zum Beispiel sich anbahnender Störungen an einer Produktionsapparatur, auf Konzentrations- und Organisationsfähigkeit. Bei zwei von diesen so wichtigen Merkmalen hat Hugo Müller unterdurchschnittliche Bewertungen! In diesem, vermutlich recht ungewöhnlichen und deshalb seltenen Fall wird der Leiter des Produktionsbereiches I ernsthaft prüfen müssen, ob Hugo Müller in einem von den Anforderungen her anders strukturierten Unternehmensbereich bessere Leistungen erbringen könnte. Er sollte der Unternehmensleitung vorschlagen, Herrn Müller zum Beispiel ins Technikum zu versetzen.

Der Leiter des Produktionsbereiches I wird diesen Vorschlag allerdings wahrscheinlich nur dann machen, wenn er damit rechnen kann, für den aus seiner Abteilung ausscheidenden Herrn Müller *zumindest gleichwertigen* Ersatz zu bekommen. Vielleicht gibt es im Technikum einen Mitarbeiter, dessen Kreativitätsstruktur besser in die Produktionsabteilung I paßt? Vielleicht könnte man dann einen direkten Austausch vornehmen, vielleicht aber ist ein „Ringtausch" erforderlich, um den bestmöglichen *ständigen* Einsatz mehrerer, bisher fehlplazierter, Kreativer zu bewirken.

Dieser eben geschilderte Fall wird schon deshalb nur äußerst selten auftreten, weil die Fehlplazierung von Belegschaftsmitgliedern in der einen oder anderen Betriebsabteilung vermutlich auch ohne Erstellung eines Kreativitätsprofils schon vorher aufgefallen wäre und zu Konsequenzen geführt hätte. Versetzungen von Mitarbeitern mit Hilfe des Kreativitätsprofiles könnten allerdings auch in einem heute gar nicht selten auftretenden Fall erfolgen: wenn ein neuer Teilbetrieb oder eine weitere Service-Abteilung *ohne* die Einstellung zusätzlicher Mitarbeiter eingerichtet werden soll. Dann wird sich die Auswahl besonders kreativer Mitarbeiter aus dem vorhandenen Bestand mit Hilfe der vorliegenden Kreativitätsprofile rasch und zielsicher vornehmen lassen.

Es versteht sich von selbst, daß man in allen „Versetzungsfällen" sehr behutsam und mit viel Geschick operieren muß und in jedem Fall

- in einem oder mehreren ausführlichen Mitarbeitergesprächen die Zustimmung des oder der Betroffenen erreichen und danach
- das Einverständnis des Betriebsrates zu der oder den Versetzungen einholen muß.

Man könnte dabei, wenn dies die Entscheidung erleichtert, auch an eine Versetzung „auf Zeit" oder „zur Probe" denken.

In der überwiegenden Zahl der Fälle werden die überdurchschnittlich kreativen Mitarbeiter auf ihren Arbeitsplätzen bleiben und nur, wie wir später hören werden, gelegentlich und vorübergehend an anderen Stellen für kreative Aufgaben eingesetzt werden.

Wie aber kann man ihren Einsatz im angestammten Bereich verbessern, wie ihre Kreativität zur vollen Entfaltung bringen?

Jede *echte* Führungskraft wird nach Erstellung der Kreativitätsprofile für ihre Mitarbeiter für das Phänomen Kreativität in seinen verschiedenen Ausprägungen hochsensibilisiert und mit Hilfe der bereits beschriebenen Förderungs- und Führungsmaßnahmen in der Lage sein, die Kreativen innerhalb der Abteilung gezielter und effizienter als bisher einzusetzen. Ihre Maßnahmen werden dabei drei Zielrichtungen aufweisen:

1. *Schaffen optimaler Arbeitsbedingungen*: Um kreative Kräfte wirksam werden zu lassen, muß das Umfeld kreativitätsfreundlich gestaltet werden. Eine Reihe konkreter Maßnahmen dazu wurden im 6. und 7. Kapitel besprochen. Sie sind in Unternehmen aller Branchen und Größenordnungen durchführbar. Daneben werden aber auch ganz spezielle, vom Betriebstyp abhängige Maßnahmen erforderlich werden, die jeder Abteilungsleiter erkennt, konzipiert, mit der Unternehmensleitung bespricht und zügig realisieren wird.

Als Beispiel kann man nennen die Information der Belegschaft über die Weiterverarbeitung der in der Abteilung hergestellten Halbfabrikate: so kann die Motivation von Mitarbeitern eines Herstellers von Leiterplatten erheblich gesteigert werden durch einen Betriebsausflug zu weiterverarbeitenden Kunden oder durch in der Abteilung aufgestellte Schaukästen mit Fertigprodukten, zum Beispiel moderne Telefonhörer, in denen Leiterplatten wichtigster Bestandteil sind.

2. *Kanalisierung der Kreativität*: Hierher gehören alle Einrichtungen und Methoden, die der in der Abteilung vorhandenen Kreativität eine Zielrichtung geben, wie zum Beispiel die Einrichtung von Quality Circles, die sich ausschließlich mit der Lösung von abteilungsinternen beziehungsweise -spezifischen Problemen beschäftigen. Man kann diese Einrichtung auch mit einem weniger anspruchsvollen, dafür sympathischeren Namen belegen, wie „Dienstag-morgen-Treff": Die kreativen Mitarbeiter treffen sich an einem bestimmten Wochentag zur festgesetzten Zeit, erarbeiten für ein Abteilungsproblem Lösungsvorschläge, die sie dann dem Abteilungsleiter vorstellen. Dieser nimmt ausschließlich in Form der „positiven Kritik" dazu Stellung.

Auch die Anwendung von Kreativitätstechniken gehört hierher sowie, da es sich bei den Problemen häufig um die Verbesserung der abteilungsinternen Leistungserstellung handelt, die allseits bekannte und bewährte Methode der Wertanalyse.

Zur Kanalisierung der vorhandenen Kreativität und Verbesserung ihres Einsatzes gehören aber auch gezielte Weiterbildungsmaßnahmen für besonders kreative Mitarbeiter. Nur durch eine ständige Erweiterung und Aktualisierung des Fachwissens kann ein „Wildwuchs an Kreativität" verhindert werden: die Ausprägungen „divergentes Denken", „Elaboration" und „Realitätskontrolle" werden durch Wissensanreicherung besonders gefördert.

3. *Anstreben von interpersonellen Synergie-Effekten*: Kreative haben eine starke positive Ausstrahlung und beflügeln ihre Umgebung. Diesen „Ansteckungseffekt" sollte man bewußt nutzen, indem man die besonders kreativen Mitarbeiter zusammen mit weniger kreativen einsetzt. In günstig gelagerten Fällen kann es dann passieren, daß im Umfeld des Kreativen bisher stille und zurückhaltende Mitarbeiter angeregt werden, aus sich herauszugehen und Ideen zu äußern, die ihnen davor keiner zugetraut

hätte! Durch die gruppendynamischen Prozesse kann es zu einem „Lawineneffekt" kommen, der das gesamte Kreativpotential in der Abteilung ganz erheblich vergrößert!

Ein weiterer Synergie-Effekt ist durch die Zusammenarbeit von Personen mit unterschiedlichen Kreativitätsausprägungen zu erreichen. Am Beispiel des Produktmanagers Norbert Eckendorff ist diese Vorgangsweise zu erklären: Sein ausgezeichnetes Kreativitätsprofil weist nur zwei Schwachstellen auf, nämlich beim unkonventionellen Denken und bei der Originalität. Schade, denn gerade diese beiden Kriterien sind in der Abteilung Marketing von besonderer Bedeutung! Ein geschickt operierender Vorgesetzter wird Herrn Eckendorff zur Entlastung eine Assistentin zuordnen, die sich gerade durch besondere Originalität und unkonventionelles Denken auszeichnet und es mit zusätzlichem Charme versteht, ihn „aufzulockern und mitzureißen". Gleichzeitig wird sie durch die ständige Zusammenarbeit mit Herrn Eckendorff ihre eventuell vorhandenen Mängel in den Bereichen Elaboration, Redefinition und Organisation beseitigen oder zumindest verringern können.

Es lohnt sich also für den Abteilungsleiter, den Einsatz seiner besonders kreativen Mitarbeiter sehr sorgfältig zu planen: vermutlich wird er dann nach Ablauf eines Jahres bei der Überprüfung der Kreativitätsprofile zahlreiche Korrekturen nach oben vornehmen können, aus manchem „blassen" Mitarbeiter wird ein Kreativer geworden sein und das Gesamtpotential an Abteilungskreativität wird erheblich zugenommen haben!

Besonders wichtig ist gerade beim Einsatz der Kreativen im angestammten Bereich die Anerkennung ihrer Leistungen bei der innovativen Lösung von Abteilungsproblemen. Mindestens einmal jährlich sollte sich die Geschäftsleitung vor Ort, das heißt in den Abteilungen selbst, von den Mitgliedern des kreativen Kreises über ihre Erfolge berichten lassen, Lob und Anerkennung aussprechen, Auszeichnungen und Preise verleihen. Im Rahmen einer festlichen Veranstaltung sollten die jeweils erfolgreichsten drei Abteilungen der gesamten Belegschaft mit ihren Leistungen vorgestellt und be-

sonders geehrt werden. Bei *allen* Mitarbeitern des Unternehmens
sollte durch eine solche Maßnahme erreicht werden,
- daß sie zu weiteren innovativen Leistungen angespornt werden,
- daß sie stolz auf ihr Unternehmen und ihre Kollegen sind,
- daß Zuversicht und Optimismus gestärkt werden,
- daß ihr Selbstvertrauen wächst: sie spüren, daß jeder von ihnen etwas bewegen kann.

Einsatz im analytisch-kreativen Bereich

„Wer über seine Zukunft nicht nachdenkt, der hat keine." Diese Erkenntnis sollte insbesondere mittelständische Unternehmen dazu veranlassen, es den großen gleichzutun, strategische Unternehmensplanung zu betreiben und deren Ergebnisse in schriftlicher Form festzuhalten.

Dazu bedarf es:

- zum einen einer kritischen Würdigung von Vergangenheitsdaten bis hin zur Gegenwart: hier ist der *Analytiker* gefordert,
- zum anderen der fantasievollen Entwicklung unterschiedlich denkbarer Zukunftsbilder, sogenannter „Szenarien": ein typischer Einsatzbereich für den *Kreativen*

Im *innovativen* Unternehmen wird man daher „interdisziplinäre" Teams aus den unterschiedlichen Abteilungen bilden, die sich mit Fragen der Zukunftsplanung beschäftigen, mit dem Ziel *der Erforschung von Chancen und Begrenzung von Risiken.* Ein solches Team wird dann erfolgreich arbeiten, wenn die analytischen und die kreativen Denkvorgänge innerhalb der Gruppe einander ergänzen, wenn ein Gleichgewicht besteht zwischen nüchternen Finanz- und Produktionsfachleuten sowie betont sachlichen Informatikern und engagierten, fantasiebegabten „Gestaltern" aus den verschiedensten Unternehmensbereichen mit einem sehr weitreichenden Ausbildungs- und Wissensspektrum.

Es würde zu weit führen und den Rahmen unseres Buches sprengen, wenn wir an dieser Stelle auf Fragen der Organisation und des Ablaufes der strategischen Planung eingingen. Zu diesem Thema gibt es in der deutsch- und englischsprachigen Literatur zahlreiche Abhandlungen. Was wir jedoch in den uns bekannten Büchern und Aufsätzen zu diesem Thema bisher vermißten, war der Hinweis auf die Einsatzmöglichkeit *besonders kreativer Mitarbeiter* aus unterschiedlichen Unternehmensbereichen bereits in einem sehr frühen Stadium der langfristigen Unternehmensplanung. Ein solcher Einsatz hat mehrere gewichtige Vorteile:

- der gesamte Erfahrungsschatz der *kreativen und deshalb zumeist interessiert beobachtenden* Mitarbeiter fließt in die „Analyse der Ausgangslage" ein;
- eine Fülle von Wissen kommt zum Tragen, nicht nur aus der beruflichen Sphäre, sondern vonseiten der *kreativen und deshalb vielseitig interessierten* Mitarbeiter auch Informationen aus unternehmens- und branchenfremden Bereichen;
- die Mitarbeiter werden durch die Aufforderung, an der Zukunftsgestaltung ihres Unternehmens aktiv mitzuarbeiten, *in hohem Maße motiviert* ;
- es findet eine *Sensibilisierung für Zukunftsprobleme* auch bei jenen Mitarbeitern statt, die Fragen dieser Art bisher noch nicht in ihre Überlegungen einbezogen haben;
- die Mitarbeiter *identifizieren* sich mit den gemeinsam erarbeiteten Unternehmenszielen und engagieren sich für deren Verwirklichung.

Es entspricht der Bedeutung langfristiger Unternehmensplanung, daß die damit befaßte Arbeitsgruppe für eine bestimmte Zeit von Routineaufgaben freigestellt wird und sich an einem angenehmen Ort außerhalb des Unternehmens „in Klausur" begibt. Dort tragen die Experten des Unternehmens Daten und Fakten vor und präsentieren die aufbereiteten, einschlägigen Informationen, um dann gemeinsam mit den Kreativen die Ausgangslage zu diskutieren und schriftlich zu formulieren. Davon ausgehend betrachtet man den Zeitraum der nächsten fünf oder zehn oder sogar fünfzehn Jahre, projeziert erkennbare Trends in die Zukunft, stellt Vermutungen

Einsatz kreativer Mitarbeiter 253

über zu erwartende Trendwendepunkte an, denkt in Alternativen, hat Visionen und versucht, Wahrscheinlichkeiten für unterschiedliche, ja vielleicht sogar konträre Zukunftsbilder zu ermitteln. Schon bei dieser Erarbeitung der Szenarien wird die Vorstellungskraft der kreativen Mitarbeiter wertvolle Dienste leisten. Ganz besonders gefragt ist sie aber bei der daran anschließenden Ableitung und Formulierung der Probleme und Herausforderungen, die sich für das eigene Unternehmen je nach zukünftiger Entwicklung der Abnehmergruppen, der Technik, der Mitbewerber, der Gesetzgebung usw. ergeben. Und schließlich ist ein besonders hohes Maß an Kreativität erforderlich, um die Antworten des Unternehmens auf die zu erwartenden Herausforderungen zu konzipieren: in Form von grundlegenden Verbesserungen von Produktions- und Verfahrensweisen, von neuartigen Produktlinien, von einer visionären Palette zusätzlicher Software, von einem bisher unüblichen Weg zur Verbreiterung der Kapitalbasis, von einem ganz unorthodoxen Vertriebsweg, von der Erschließung völlig neuer Märkte. Keine Einzelheiten der Durchführung sind dabei gefragt, sondern die große Linie, die langfristig durchzuhaltende Unternehmensphilosophie, die alternative Handlungsmöglichkeiten für unterschiedliche Entwicklungen zuläßt.

Ein solches analytisch-kreatives Team wird nicht nur einmal tagen und dann erst wieder nach Ablauf des Planungszeitraumes zusammentreten, sondern wird in regelmäßigen Zeitabständen – vielleicht halbjährlich, mindestens aber einmal im Jahr – die getroffenen Voraussagen überprüfen, ergänzen, revidieren, ebenso die darauf aufbauenden Strategien neu überdenken und gegebenenfalls verbessern. Im wesentlichen wird der Teilnehmerkreis derselbe bleiben, die Hinzuziehung des einen oder anderen zusätzlichen Spezialisten oder aber besonders kreativen Mitarbeiters kann durch Einbringung neuer Gesichtspunkte und Gedanken kreativitätsfördernd und ergebnisverbessernd sein.

Wie geht man nun bei der Auswahl der Teilnehmer an einem solchen analytisch-kreativen Team vor? Wir wollen dabei nur die Auswahlkriterien für die kreativen Mitglieder festlegen, da die in

Betracht kommenden Fachexperten sich durch ihre Stellung im Unternehmen von selbst ergeben. Bei der Bestimmung der Kreativen können wir uns wieder des Instrumentes „Kreativitätsprofil" bedienen.

Grundsätzlich muß man zur Voraussetzung für die sehr anspruchsvolle Aufgabe der strategischen Planung eine besonders gute Ausbildung und Abstraktionsfähigkeit machen. Man wird daher nur Mitarbeiter mit abgeschlossener Hochschulausbildung oder einem vergleichbaren Werdegang in Betracht ziehen. Hinsichtlich der Ausprägungen ihres Kreativitätsprofils wird man für die analytisch-kreative Tätigkeit folgende Kriterien als besonders wichtig erachten:

3. Gedankenflüssigkeit
5. Problemaufspüren
6. Elaboration
8. Konzentrationsfähigkeit
9. Redefinition
10. Realitätskontrolle

Lassen Sie uns überprüfen, warum gerade diese sechs Ausprägungen für die langfristige Planung mit Festlegung von Entwicklungs- und Handlungsalternativen so wichtig sind.

Gedankenflüssigkeit: Eine Fülle von möglichen Entwicklungen müssen den Teammitgliedern „einfallen", der „Gedankenfluß" muß alle zukünftigen Klippen umspülen, aber auch zu bisher unberührten Gestaden hinfließen.

Problemaufspüren: Je früher man ein Problem erkennt, desto besser kann man sich darauf einstellen und Vorkehrungen zu seiner Lösung treffen. Probleme, die noch in ferner Zukunft liegen, sind *„Chancenprobleme"*, das heißt, wir können unserem Unternehmen durch eine gut durchdachte Lösung des Problems einen Wettbewerbsvorsprung verschaffen (zum Beispiel das Entstehen neuer Bedürfnisse durch wachsende Freizeit). Chancenprobleme sind in der Regel schlecht strukturiert und dadurch schwer zu erkennen: es bedarf dazu des *problemfühligen Kreativen*. Gut erkennbare Probleme sind zumeist solche, die bereits eingetreten sind und eine unbefriedigende Situation verursachen. Wir nennen sie *„Mangelprobleme"* (zum Beispiel die noch unbefriedigende Endlagerung des Atommülls). Mangelprobleme sind in der Regel leicht zu erkennen und zu definieren.

Elaboration: Für die Teammitglieder ist es wichtig, ihre Visionen exakt beschreiben zu können, um sich den anderen verständlich zu machen und sie in die Lage zu versetzen, den „Zukunftsfaden" weiterzuspinnen.

Konzentrationsfähigkeit: Sie ist in hohem Maße erforderlich, um sich in die gedachten zukünftigen Situationen voll zu integrieren und die Visionen der Gruppenmitglieder intensiv nachvollziehen zu können.

Redefinition: Bei den vielfältigen Möglichkeiten, die für zukünftige Entwicklungen denkbar sind und in der Gruppe angesprochen werden, müssen schließlich Nebensächlichkeiten ausgeschieden und die „großen Linien" gezeichnet werden.

Realitätskontrolle: Die kritische Prüfung der Zulässigkeit getroffener Annahmen und vor allem die Bestimmung ihres Wahrscheinlichkeitsgrades bedürfen – *nach der kreativen Phase* – eines ausgeprägten Realitätssinnes.

Wir werden also bei den genannten Ausprägungen die höchste Beurteilungsstufe erwarten, bei den verbleibenden sind wir mit einer mittleren Qualifikation zufrieden.

Das Idealprofil des *analytisch-kreativen* Mitarbeiters, den wir für die strategische Planung einsetzen wollen, gestaltet sich wie in der folgenden Abbildung.

Bei der geforderten hohen Punktezahl im Bereich Kreativität und den ebenso hohen Anforderungen an Intellekt und Ausbildung werden wahrscheinlich nur wenige Mitarbeiter die gestellten Bedingungen erfüllen und zur Mitarbeit im *analytisch-kreativen* Bereich eingesetzt werden: Die Bedeutung der Aufgaben rechtfertigt allerdings diesen strengen Ausleseprozeß vollauf.

Einsatz im konzeptionell-innovativen Bereich

Wenn die analytisch-kreative Arbeit getan ist, sollten als deren Ergebnis in schriftlicher Form vorliegen:

- Beschreibung der Entwicklung der für das Unternehmen bedeutsamen Umfeldbereiche innerhalb des Planungszeitraumes

Einsatz kreativer Mitarbeiter

(zum Beispiel Technologien, Wettbewerb, Rohstoffe/Energie, Umweltgesetzgebung, Struktur der Absatzwege, qualifiziertes Fachpersonal). Dabei sind jeweils zwei bis drei Alternativen auszuarbeiten;
- Aufzeigen von Chancen und Gefahren, die sich aus diesen Entwicklungen für das Unternehmen ergeben;
- Festlegung der Unternehmenszielsetzungen und der Strategien, mit deren Hilfe das Unternehmen die aufgezeigten Chancen nutzen und die drohenden Gefahren abwenden will.

Diese noch in sehr groben Zügen umrissenen Strategien gilt es nun in konkrete Maßnahmen umzuwandeln, Suchfelder für Ideen abzugrenzen, Problemkataloge zu erarbeiten, Prioritäten zu setzen, Zeitpläne aufzustellen. Neben diesen konzeptionellen Tätigkeiten muß aber auch mit der Verwirklichung der entwickelten und gutgeheißenen Ideen begonnen und der Innovationsprozeß zügig vorangetrieben werden.

Ein Beispiel soll dies veranschaulichen:

Ein mittelständischer Spielwarenhersteller mit einem Exportanteil von 40 Prozent sieht bei der strategischen Planung unter anderem *folgende Gefahren*:
- Abnahme der Zielgruppe (10–16jährige Jungen) um ... Prozent bis zum Jahre 2000 (keine Alternative gegeben).
- Gefährdung der Exporterlöse (die Hälfte der Exporte geht in den $-Raum) bei Alternative 1: fallender Dollar-Kurs .

Die Planer nennen aber auch *eine Reihe von Chancen*: zum Beispiel:
- weiter steigende Einkommen (Ausgaben für Spielwaren bleiben konstant);
- weiter zunehmende Freizeit und Steigerung der Ausgaben für die Freizeit;
- Entstehen neuer Absatzmärkte durch fortschreitende Industrialisierung, insbesondere im südostasiatischen Raum.

Zu den vorhergenannten Punkten entwickeln sie unter anderem *folgende Strategien*:

1. Qualitätsanhebung und Ausweitung des derzeitigen Sortiments.
2. Verbesserung der Marktposition im Fachhandel.
4. Erschließung neuer Abnehmergruppen mit neuen Erzeugnissen (eventuell Zweitmarke).
7. Erschließung neuer Exportmärkte für das derzeitige Sortiment (möglichst außerhalb des Dollar-Raumes).

Die Umsetzung in konkrete Maßnahmen könnte sodann unter anderem ergeben:

– Zu 1.: Auflistung aller zusätzlichen Produkte, die mit den vorhandenen Produktionsanlagen herstellbar sind.

– Zu 2.: Entwicklung einer zugkräftigen Werbeaussage (Logo) und Bekanntmachung in den Medien. Ausarbeitung von überzeugenden Verkaufsargumenten für das Verkaufspersonal des Spielwaren-Fachhandels.

– Zu 4.: Abgrenzung des Suchfeldes, zum Beispiel auf die (stark zunehmende) Zielgruppe „männliche Senioren von 58 (Vorruhestand) bis 70 Jahre". Entwicklung von Produktideen für die Freizeitgestaltung der definierten Zielgruppe.

– Zu 7.: Analyse der bisher nicht bearbeiteten Länder nach Absatzchancen für das vorhandene Sortiment Entwicklung von Ideen für neuartige Absatzwege in die ausgewählten Länder.

Auch in diesem konzeptionell-innovativen Bereich wollen wir nicht auf Organisations- oder Steuerungsfragen eingehen, unter dem Stichwort „Innovations-Management" gibt es auch hier zahlreiche aktuelle Veröffentlichungen, auf die wir im Literaturverzeichnis hinweisen. Wir wollen uns auf die Beantwortung der Frage beschränken: wie können überdurchschnittlich kreative Mitarbeiter aus möglichst allen Abteilungen des Unternehmens bei der Gewinnung und Realisierung von Ideen eingesetzt werden?

Das Instrument „Kreativitäts-Profil" wird dabei wieder ausgezeichnete Dienste leisten.

Der für die konzeptionell-innovativen Aufgaben gesuchte Typ wird allerdings anders aussehen als der im vorangegangenen Abschnitt beschriebene strategische „Planer". Er wird stärker praxisorientiert sein, seine Fähigkeit zum abstrakten Denken und sein Ausbildungsniveau können unter dem des kreativen Planers liegen, und von den Kriterien seines Kreativitäts-Profils werden folgende von wesentlicher Bedeutung sein:

1. Divergentes Denken
2. Unkonventionelles Denken
4. Originalität
6. Elaboration
7. Reicher Wortschatz
11. Organisationsfähigkeit

Die besondere Bedeutung dieser sechs Kriterien für die Ausarbeitung von Konzeptionen und Lösungsideen für konkret formulierte Probleme ergibt sich aus nachfolgenden Überlegungen:

Divergentes Denken: Will ein Unternehmen nachhaltigen Erfolg auf dem Markt haben, darf es sich bei der Lösung wichtiger Probleme nicht mit der erstbesten Lösung zufrieden geben, sondern muß aus zahlreichen denkbaren *und durchdachten* Lösungsmöglichkeiten die beste auswählen.

Unkonventionelles Denken: Die Problemlöser müssen von Pioniergeist erfüllt sein, neue Wege *suchen* und *nicht meiden*, um Vorschläge zu erarbeiten *und zu realisieren*, die einen möglichst großen Vorsprung vor den Mitbewerbern sichern.

Originalität: „The wilder the ideas, the better" – so die Empfehlung von Alex Osborn, dem Schöpfer des Brainstorming. Nach seinen – maßgeblichen – Erfahrungen ist es leichter, verrückte Ideen zu „bändigen", als herkömmlichen Vorschlägen zumindest einen Anstrich von Ungewöhnlichkeit zu verleihen.

Elaboration: Die Fähigkeit zur exakten Beschreibung der Lösungsvorschläge ist auch in diesem Bereich von großer Wichtigkeit, um die einzelnen Teammitglieder zur Verbesserung oder Weiterentwicklung der geäußerten Ideen anzuregen.

Reicher Wortschatz: Der kreative Mitarbeiter muß in der Lage sein, in jeder Situation und vor jedem Personenkreis die richtige Ausdrucksform zu finden, um zu überzeugen und zu begeistern!

Organisationsfähigkeit: Der Realisierungsprozeß von neuartigen Ideen gerät häufig ins Stocken und muß energisch vorangetrieben werden. Dazu bedarf es eines hohen Maßes an Durchsetzungsvermögen, das wieder auf Organisationsfähigkeit und Überzeugungskraft beruht (siehe auch „reicher Wortschatz").

Für den *konzeptionell-innovativen* Mitarbeiter ergibt sich nachfolgendes Idealprofil:

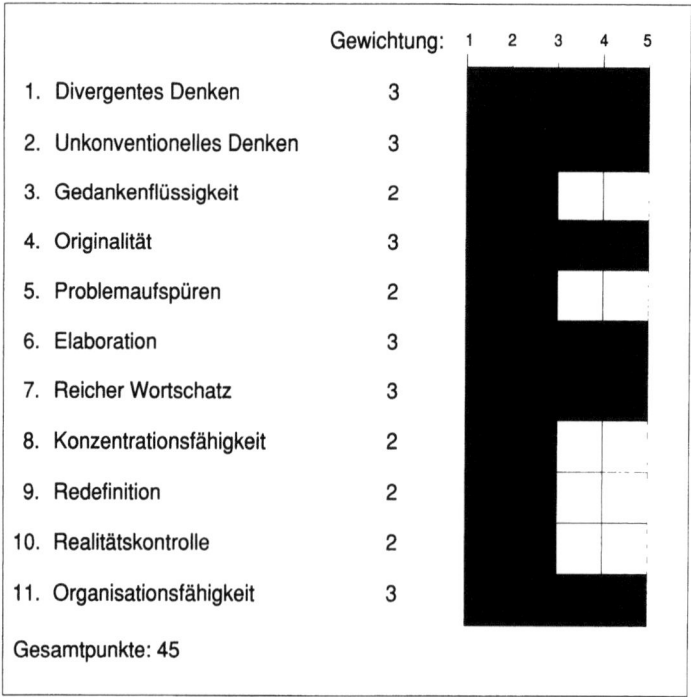

	Gewichtung:
1. Divergentes Denken	3
2. Unkonventionelles Denken	3
3. Gedankenflüssigkeit	2
4. Originalität	3
5. Problemaufspüren	2
6. Elaboration	3
7. Reicher Wortschatz	3
8. Konzentrationsfähigkeit	2
9. Redefinition	2
10. Realitätskontrolle	2
11. Organisationsfähigkeit	3
Gesamtpunkte: 45	

Wieder erwarten wir bei den angeführten sechs Kriterien die höchste Bewertungsstufe und sind bei den fünf verbleibenden mit einer mittleren Beurteilung zufrieden.

Im konzeptionell-innovativen Bereich werden außer dem Kreativitätsprofil auch die bereits genannten zusätzlichen Fähigkeiten eine Rolle spielen, zum Beispiel besondere technische Kenntnisse, Erfahrungen aus anderen Branchen und mit im Unternehmen nicht angewandten Technologien, spezielle Materialkenntisse, psychologisches Einfühlungsvermögen etc.

Wegen der meistens guten Erkennbarkeit und Strukturierbarkeit der Probleme und Zielsetzungen im konzeptionell-innovativen Bereich ist es sogar möglich und empfehlenswert, für jedes einzelne der Probleme ein „*Idealprofil*" der Mitarbeiter auszuarbeiten, die mit der Lösung betraut werden sollen. Mit Hilfe dieses Idealprofils wird es leicht sein, anhand der vorliegenden Profile der vorhandenen überdurchschnittlich kreativen Mitarbeiter die bestgeeigneten auszuwählen. Dabei wird man in größeren Unternehmen – etwa ab 200 Mitarbeitern – vermutlich die Hilfe des Computers in Anspruch nehmen müssen.

Am Beispiel der geplanten konkreten Maßnahmen unseres Spielwarenherstellers (S. 257) soll dies anschaulich dargestellt werden: In diesem Fall haben wir es unter anderem mit vier sehr unterschiedlich strukturierten Aufgaben zu tun, deren Lösung entsprechend unterschiedliche Kreativitätsausprägungen verlangt.

Bei der ersten Aufgabe (zu 1.) ist vor allem technischer Sachverstand und die exakte Kenntnis der Leistungsfähigkeit und der Flexibilität des vorhandenen Maschinenparks gefragt. Dennoch wird es sinnvoll sein, die Aufgabe nicht einem einzelnen zu übertragen, zum Beispiel dem Produktionsleiter, sondern eine Gruppe von drei bis vier Technikern aus dem Produktions- *und* Planungs-/Entwicklungs-/anwendungstechnischen Bereich, von denen wenigstens die Hälfte als überdurchschnittlich kreativ ausgewiesen sein sollten. Denkbar und sicherlich nützlich wäre die Erweiterung des Kreises um ein bis zwei Mitarbeiter aus der Marketing- beziehungsweise Verkaufsabteilung, die neben besonders hoher kreativer Begabung auch technisches Grundwissen mitbringen sollten. Sie könnten eine zu einseitige Problembetrachtung durch die hochspezialisierten Fachleute verhindern. Auf die Erarbeitung eines „Idealprofils" könnte man in diesem Fall verzichten.

Die zweite Aufgabe (zu 2.) hingegen verlangt besondere Begabung in den Ausprägungen eins bis vier des Kreativitätsprofils: Sowohl die Entwicklung eines zugkräftigen Logos als auch die Erarbeitung von Verkaufsargumenten erfordern vielseitiges und ungewöhnliches Denkvermögen, Einfallsreichtum und Originalität! Darüber hinaus werden besonders hohe Anforderungen an die sprachliche Ausdrucksfähigkeit zu stellen sein, um die originellen Gedanken auch in geeigneter Weise weiterzugeben. Das ideale Kreativitätsprofil der gesuchten Problemlöser wird in diesem Fall etwa so aussehen:

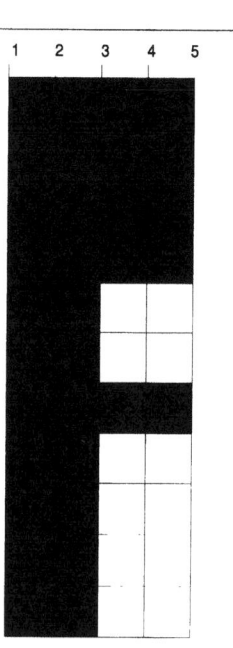

1 2 3 4 5

1. Divergentes Denken
2. Unkonventionelles Denken
3. Gedankenflüssigkeit
4. Originalität
5. Problemaufspüren
6. Elaboration
7. Reicher Wortschatz
8. Konzentrationsfähigkeit
9. Redefinition
10. Realitätskontrolle
11. Organisationsfähigkeit

Gesamtpunktzahl: 43

Zusätzliche Fähigkeiten:
Außendiensterfahrung (Verkauf, Service, Demonstration, Merchandising).

Zur Lösung des dritten Problems (zu 4.) sind die gefragten Kreativitätsausprägungen wieder andere: Zur Gewinnung von Produktideen für die Freizeitgestaltung einer exakt definierten Zielgruppe gehört neben dem Ideenreichtum auch die Fähigkeit, die gewonnenen Ideen zu präzisieren. Das Aufspüren der Probleme der genannten Zielgruppe wird unabdingbare Voraussetzung zur Ideenentwicklung sein. Bei der Auswahl und Verwirklichung der gewonnenen Ideen kommt es auf das Gespür für die wesentlichen Produktmerkmale, auf positive Kritikfähigkeit und Organisationstalent an.

Die Forderung des Mindestalters von 40 Jahren beruht auf der Annahme, daß sich ältere Menschen besser in die Problemsituation der definierten Zielgruppe versetzen können. Eine Beschränkung auf ausschließlich männliche Teilnehmer hingegen würde die Vielseitigkeit der Problembehandlung vermutlich beeinträchtigen.

Bei der vierten Aufgabe (zu 7.) handelt es sich um umfangreiche Analysen des Ist-Zustandes und darauf aufbauender Ideenentwicklung. Für den ersten Teil der Aufgabe sind divergentes Denken und Problemfühligkeit vonnöten, nebst ausgezeichneten Kenntnissen in der Verarbeitung von Daten und Fakten. Realitätsbezug und organisatorisches Talent sind zur Lösung des zweiten Aufgabenteiles erforderlich, auch sollen die Vorschläge zum Beschreiten neuartiger Absatzwege exakt ausgearbeitet werden. Die gesuchten Mitarbeiter werden in ihren Kreativitäts-Ausprägungen dem nachfolgend dargestellten Idealprofil möglichst nahekommen:

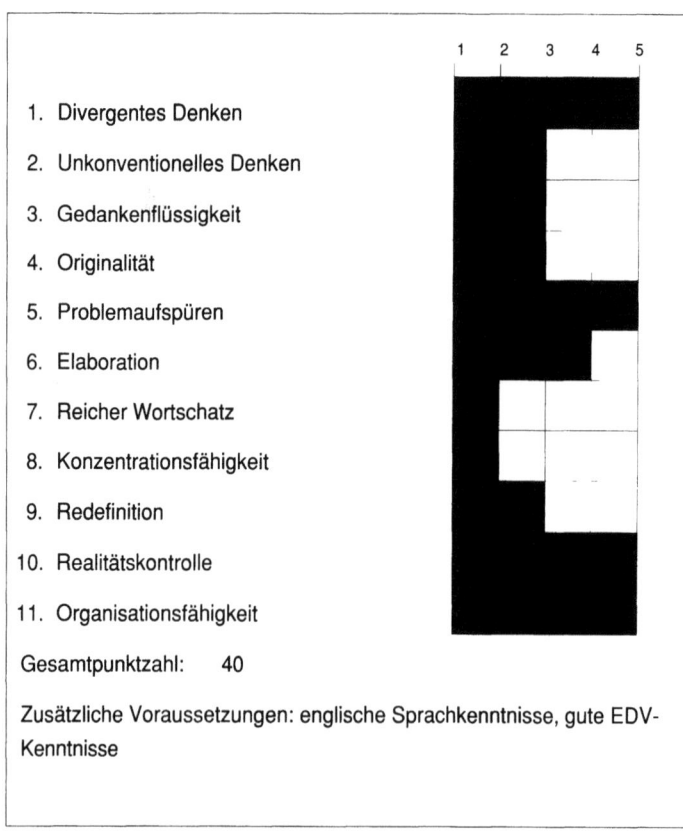

1. Divergentes Denken
2. Unkonventionelles Denken
3. Gedankenflüssigkeit
4. Originalität
5. Problemaufspüren
6. Elaboration
7. Reicher Wortschatz
8. Konzentrationsfähigkeit
9. Redefinition
10. Realitätskontrolle
11. Organisationsfähigkeit

Gesamtpunktzahl: 40

Zusätzliche Voraussetzungen: englische Sprachkenntnisse, gute EDV-Kenntnisse

Wie wir aus diesem Beispiel und den vorausgegangenen Betrachtungen ersehen, läßt sich der Einsatz der kreativen Mitarbeiter mit Hilfe des Instrumentes „*Kreativitäts-Profil*" optimieren, sowohl bei ihrer ständigen Tätigkeit im angestammten Bereich, als auch beim zeitlich begrenzten Einsatz im analytisch-kreativen oder konzeptionell-innovativen Bereich. Bei der Einsatzplanung wird man in der Regel von Gruppenarbeit ausgehen, doch können auf Wunsch „kreativer Einzelgänger" Lösungen auch außerhalb von Gruppen erarbeitet werden. Der Einsatz im angestammten Bereich erfolgt durch den zuständigen Bereichs-/Abteilungsleiter, die Bestimmung kreativer Gruppen zur Problemlösung außerhalb des angestammten Bereiches obliegt der Unternehmensleitung.

In allen Fällen wird man bei der Einsatzplanung immer die Zustimmung der kreativen Mitarbeiter und gegebenenfalls auch deren Interessenvertreter einholen, denn von einer *Optimierung* kann man nur dann sprechen, wenn

- alle vorhandenen kreativen Kräfte zur Lösung schwieriger und neuartiger Unternehmensprobleme gezielt eingesetzt werden, aber auch
- die als überdurchschnittlich kreativ erkannten Mitarbeiter freiwillig und gerne die Herausforderung zum Mitgestalten der Zukunft „ihres" Unternehmens annehmen.

Gerade bei der Führung und beim Einsatz kreativer Mitarbeiter werden sich in den nächsten Jahren und Jahrzehnten die unternehmerischen Qualifikationen beweisen müssen – und die entscheidenden Weichen für Erfolg oder Mißerfolg im Markt stellen.

Die Führung der Kreativen muß für entsprechenden Freiraum und ständige Motivation sorgen. Eine Zuordnung zur kreativen Einzel- beziehungsweise Gruppenarbeit ist erforderlich. Der Einsatz der Kreativen erfolgt sowohl bei der Identifizierung als auch bei der innovativen Lösung von Unternehmensproblemen. Maßstab für die Auswahl der kreativen Mitarbeiter ist ein für jedes Problem ange- fertigtes ideales Kreativitätsprofil. Der Vergleich mit dem jeweili- gen tatsächlichen Profil führt zum optimalen Einsatz der kreativen Mitarbeiter, sei es in Einzel- oder Teamarbeit.

Nachwort

„*Erziehung zur Kreativität
bedeutet nicht, daß einige
Begabte gefördert, sondern daß
das allgemeine Niveau der
kreativen Leistungsfähigkeit
angehoben werden soll.*"
Richard Crutchfield 1966

Wir haben in diesem Buch zu verdeutlichen versucht, warum sich jedes Unternehmen um die kreativen Leistungspotentiale seiner Mitarbeiter kümmern muß. Wir haben Methoden beschrieben, um sie zu identifizieren und Beispiele gegeben, sie richtig einzusetzen. Dabei gingen wir von der (auch andernorts oft vertretenen) Hypothese aus, daß – grob gerechnet – fast jeder zweite Mensch genug kreative Fähigkeiten mitbringt, um sich innovativ zu verhalten. Es war unser Anliegen, Hilfen zur „Verzinsung" dieses geistigen Kapitals zu geben.

Lassen Sie uns aber zum Schluß noch einen weiterführenden Gedanken verfolgen. Sind denn diese etwa 30 Prozent „anonyme Kreative" eine Zahlengröße, mit der man sich abzufinden hat? Sollte es nicht zu unseren gesellschaftlich vordringlichen Aufgaben gehören, sie zu vergrößern? Ein wesentlich höherer Anteil wirklich kreativer Erwachsener in der Bevölkerung ist doch eine Voraussetzung, die drängenden Probleme der Zukunft in den Griff zu bekommen. Dabei denken wir nicht nur an innovative Lösungen bei Umwelt- oder Entsorgungsproblemen, sondern vor allem an die Chance, eingefahrene Denkweisen aufzutauen und gegenüber Andersdenkenden eine positivere Einstellung zu gewinnen. So wie die

Sowjetunion vor vielen Jahren mit dem ersten Satelliten die westliche Welt im Hinblick auf diese nur durch Kreativität erklärbare Leistung verblüffte, so tut sie es derzeit wieder mit „Perestroika", wo die Idee einer neuen Lebensart von einem oder wenigen ausging und nun stetig wachsende Bevölkerungskreise ansteckt, sich in neuen Denk- und Verhaltensweisen zu üben. Dies bedeutet aber auch für uns im Westen, daß wir kreativ sein müssen, um diesen Änderungsprozeß richtig zu bewerten und als Chance für ein gemeinsames Überleben zu nutzen. Denn kreative Eigenschaften beziehen sich nicht nur auf die Denkebene, sondern gehören auch in den Persönlichkeitsbereich, wie Kreativitätsforscher überzeugend nachgewiesen haben. Gisela Uhlmann (1968) formulierte es beispielsweise so: „Um ein Problem sehen zu können, muß das Individuum eine offene Haltung seiner Umwelt gegenüber haben. Es muß dabei jedoch kritisch sein, sich den besonderen Bedingungen anpassen und auf diese differenziert reagieren. Dabei muß es fähig sein, sich von konventionellen, traditionellen Anschauungen zu lösen und neue dagegenzusetzen."

Mehr kreative Menschen unter uns bedeuten mehr Lebensqualität, weniger Aggressionen, weniger Streit, denn – so Gisela Uhlmann – „Kreative müssen fähig sein, Konflikte, die aus ihrer Wahrnehmung und ihren Handlungen resultierten, ertragen zu können."

Kreativität sichert die Zukunft! Dieser schon oft verkündete Satz betrifft nicht nur die Zukunft einer Organisation, wie zum Beispiel eines Unternehmens, sondern die von uns allen und auch der nachfolgenden Generation, die durch uns in die Welt gesetzt wurde. Aber können wir alle denn noch kreativer werden?

Wiederum seien die Kreativitätsforscher gefragt. Sie geben eine Antwort, die uns zur Reflexion unseres Erziehungsverhaltens gegenüber unseren Kindern bringt. Demnach hat jeder Mensch am Beginn seines Lebens, ähnlich wie bei der Intelligenz, kreative Anlagen, die dann durch Umwelteinflüsse gedeihen oder auch verkümmern können. So wie wir in der Bevölkerung eine Streuung der Intelligenzhöhe im Sinne der Gaußschen Normalverteilung unterstellen und beobachten, wäre das auch bei der Kreativität zu erwarten. Aber unsere kreativitätsfeindlichen Verhaltensweisen reduzieren diese mögliche Verteilung beträchtlich. Guilford hat in seinem berühmten Vortrag über die Kreativität (1950) als erster darauf hingewiesen und zahlreiche Wissenschaftler haben ihn bestätigt: die kreative Entwicklung im Kindes- und Jugendalter wird in den allermeisten Fällen unterdrückt. Der Vorwurf der Forschung traf zuerst die Schulen: der intelligente Schüler wird optimal gefördert, der kreative dagegen ist unbequem und unerwünscht. Er paßt nicht in das Normensystem mit „richtig-falsch-Lösungen". Die Pädagogen beginnen heute, dieses fatale Fehlverhalten zu korrigieren. Sie machen sich Gedanken über neue didaktische Formen des Unterrichts und kreativitätsorientierte Lernziele. Die Lernmaterialien sind wesentlich schöpferischer gestaltet, und Ideenwettbewerbe sind mehr als nur eine Auflockerung der Schulstunde. Entscheidend bleibt jedoch das Verhalten des Lehrenden: Auch bei geringer Eigenkreativität hat er doch – ähnlich wie die Führungskraft beim innovativen Mitarbeiter – die Möglichkeit, kreative Potentiale zu fördern, wenn er sich nur an die Spielregeln des Umgangs mit kreativen Menschen hält. Die Eltern müssen den hierin vielleicht noch unsicheren Lehrer ausdrücklich ermutigen und unterstützen. Der Dialog darf sich nicht auf gelegentliche (und meist auch noch schlecht besuchte) Elternabende beschränken.

Erziehung zur Kreativität bezieht aber das Elternhaus genauso mit ein. Diese Aufgabe kann nicht an die Schule (oder bereits an den Kindergarten) delegiert werden. Die Erlaubnis für Kinder, stundenlang vor dem Fernseher zu sitzen und (in monotonen und identischen Inhaltsmustern ablaufende) Vorabendserien zu konsumieren, ersetzt nicht das gemeinsame kreativitätsfördernde Spielen. Sie motiviert nicht zu schöpferischem Umgang mit den Materialien aller Art und damit mit sich selbst. Sie ersetzt nicht die notwendige Entwicklung von Phantasie und Vorstellungskraft, die die Lektüre eines Buches eher, am besten aber das gemeinsame Spiel, vermitteln kann. Erziehung zur Kreativität ist zwar für uns oft unbequem und anstrengend, aber eine Aufgabe, der wir uns nicht entziehen dürfen, wenn wir uns unseren Lebensstandard erhalten und Optimismus für die Zukunft gewinnen wollen.

Verzeichnis der Tabellen, Abbildungen und Dokumente

Tabellen

Tabelle 1:	Bevölkerungsstand in der Bundesrepublik Deutschland	29
Tabelle 2:	Human capital	87
Tabelle 3:	Welche Testform zu welchen Innovationsfaktoren	146
Tabelle 4:	Morphologischer Stammbaum für Verkaufshilfen	187
Tabelle 5:	Kreativitätstechniken im Überblick	202

Abbildungen

Abbildung 1:	Industriestandort Bundesrepublik Deutschland	18
Abbildung 2:	European Executives Pick Technological Leaders	21
Abbildung 3:	Patent- und Lizenzverkehr	25
Abbildung 4:	Hochtechnikbereiche der Bundesrepublik Deutschland, der USA und Japan im Vergleich	26
Abbildung 5:	Von der Pyramide zum Pilz	30
Abbildung 6:	Motivation steuert Verhalten	61
Abbildung 7:	Maslowsche Bedürfnispyramide	63
Abbildung 8:	Innovation durch Phantasie	68
Abbildung 9:	Die Kreativen unter den Mitarbeitern	86
Abbildung 10:	Typische Merkmale kreativer Mitarbeiter	94

Abbildung 11: Beispiel eines Ergebnisprofils I, II, III............ 112
Abbildung 12: Problemlösung durch
Problemformulierung................................ 179
Abbildung 13: Funktionsanalyse zum morphologischen
Stammbaum... 185
Abbildung 14: Morphologischer Stammbaum.................... 186
Abbildung 15: Erarbeitetes System von
Verschlüssen für Raumfahrtanzüge................ 200

Dokumente

Dokument 1: Leistungsbeurteilung in
deutschen Unternehmen................................ 97
Dokument 2: Beurteilungsbogen des
innovativen Leistungspotentials.................... 103
Dokument 3: Ergebnisprofil zum Beurteilungsbogen
des innovativen Leistungspotentials.............. 110
Dokument 4: Informationsquellen über
Bewerber in der Übersicht.......................... 151
Dokument 5: Beispiel eines Vorschlagbogens.................. 171

Literaturverzeichnis

Abels, D., Konzentrations-Verlaufs-Test KVT
Amthauer, R., Intelligenz-Struktur-Test I.S.T., Göttingen 1953, 1970
Ansoff, I., Management-Strategie, München 1966
Arbeitsgemeinschaft Großanlagenbau im VDMA (Hrsg.), Lagebericht 1985, Frankfurt/Main 1986
Arnold, W., Eysenck, H. J., Lexikon der Psychologie, R. Meili (Hrsg.), Freiburg 1976
Beckerath, P. G. von, Sauermann, P., Wiswede, G., Handwörterbuch der Betriebspsychologie und Betriebssoziologie, Stuttgart 1981
Beriger, P., Quality Circles und Kreativität, Bern 1986
Bjrn, J., Kreativität und Marketing, Bern/Frankfurt am Main/New York 1985
Blake, R. R., Mouton, J. S., Verhaltenspsychologie im Betrieb, Düsseldorf 1968
Bollinger, G., Kreativitätsmessung durch Tests zum divergenten Denken?, in: *Zeitschrift für Differentielle und Diagnostische Psychologie*, 2/1981
Borkel, W., Weniger Verwalter und mehr Gestalter!, in: *Management Wissen*, 11/1982
Brendl E., Wie man Innovationschancen nutzt, Wiesbaden 1978
Brickenkamp, R., Aufmerksamkeits-Belastungstest d 2, Göttingen 1972
Brickenkamp, R., Handbuch psychologischer und pädagogischer Tests, Göttingen 1975
Brickenkamp, R., Ergänzungsband zum Handbuch psychologischer und pädagogischer Tests, Göttingen 1983
Chapuis, F., Labyrinth-Test LT, Bern 1959
Crisand, E., Psychologie der Gesprächsführung, Heidelberg 1986
Dornig C., Betriebsgraphologie, München 1970
Drucker, P. F., Innovations-Management für Wirtschaft und Politik, Düsseldorf 1985
Fittkau-Garthe, H., Fittkau, B., Fragebogen zur Vorgesetzten-Verhaltens-Beschreibung FVVB, Göttingen 1971
Flossdorf, B., Kreativität und die Grenzen der Psychometrie, in: *Psychologie und Gesellschaft*, 2/1978
Foster, R. N., Innovation, Wiesbaden 1986
Franke, H., Das Lösen von Problemen in Gruppen, München 1975
Freeman, C., Technology Policy and Economic Performance, London 1987
Gebert, D., Förderung von Kreativität und Innovationen in Unternehmungen, in: *Die Betriebswirtschaft*, 39/1979
Gege, M., Kreativität Möglichkeiten zur Ideenfindung, in: *Der graduierte Betriebswirt*, 1/1976
Griepenkerl, H., Von den Japanern lernen, München 1987
Guilford, J. P., Creativity, in: *American Psychology*, 5/1950

Hahn, C. H., Technik ist nicht alles, in: *IBM-Nachrichten* 37/1987
Hawie-Hamburg-Wechsler Intelligenz-Test für Erwachsene, Bern 1956
Hemphill, J. K., Leader Behavior description, Columbus (Ohio) 1950
Herzberg, F. H., Work and the nature of man, Cleveland 1966
Hesse, J., Schrader, H.-Chr., Testtraining für Ausbildungsplatzsucher, Frankfurt/Main 1985
Hilgard, E. R., Creativity and problem-solving, in: Anderson, H. H. (Hrsg.), Creativity and its cultivation, New York 1959
Horn, W., Leistungs-Prüfsystem LPS, Göttingen 1961
Huey, J., Executives Assess Europe's Technology Decline, in: *The Wall Street Journal*, 1. Februar 1984
Jäger, A. O., Althoff, K., Wilde-Intelligenztest WIT, Göttingen 1984
Kahn, H., World Economic Development, New York 1979
Kaufmann, A., Fustier, M., Drevet, A., Moderne Methoden der Kreativität, München 1972
Kieser, A., Unternehmenskultur und Innovation, in: *Das Management von Innovationen*, Erich Staudt (Hrsg.), Frankfurt/Main 1986
Kitzmann, A., Assessment Center, Obertshausen 1981
Komp A. A., Personalbeschaffung und Personalauswahl, Stuttgart 1984
Kotler, Ph., Marketing Management, 4. Auflage, Prentice Hall 1980
Krämer, H. J., Zu Konzeption und Diagnose der Originalität, Dissertation Frankfurt/Main 1979
Krause, R., Kreativität, München 1972
Lewin, K., Field theory in social science, New York 1951
Liebel, H., Führungspsychologie, Göttingen 1978
Lienert, G., Denksport-Test DST, Göttingen 1964
Lienert, G., Formlege-Test FLT, Göttingen 1964
Lienert G., Konzentrations-Leistungstest KLT, Göttingen 1965
Lienert, G., Allgemeiner Büro-Arbeits-Test ABAT, Göttingen 1967
Lippitt, R., White, R. K., An Experimental Study of Leadership and Group Life, in: Swanson, G. T. Newcomb, E. Hartley (Hrsg.), Readings in Social Psychology, New York 1952
Little, A. D., Management der Geschäfte von morgen, Wiesbaden 1986
Little, A. D., Warum bringt ein Unternehmen mehr Innovation zustande?, in: *Blick durch die Wirtschaft*, 27. März 1985
Locke, E. A., The nature and causes of job satisfaction, in: M. D. Dunette (Hrsg.) Handbook of industrial and organizational psychology, Chicago 1976
Lukie, M., Verändern Qualitätszirkel die Einstellung zur Arbeit? in: *Personal*, 3/1986
Mac Kinnon, D. W., Creativity: Psychologicial aspects, in: International Enzyclopaedia of Social Sciences 1968
Markert, M., Petermann, R., It is a great fun to be an intrapreneur, in: *Innovatio*, 7/8 1987
Marschner, G., Büro-Test B-T., Göttingen 1967

Marschner, G., Stender, B., Hamster, W., Revisions-Test, Göttingen 1972
Maslow, A. H., Motivation and personality, New York 1954
Mc Gregor, D., Der Mensch im Unternehmen, Hamburg 1986
Meffert, H., Marketing im Wandel, Wiesbaden 1980
Meissner, H. G., Strategisches Internationales Marketing, Heidelberg 1987
Neuberger, O., Das Mitarbeitergespräch, München 1973
Nütten, I., Neue Produkte von der Idee bis zur Marktbewährung, Frankfurt/Main und Aschaffenburg 1971
Nütten, I., Sauermann, P., Entwicklung von Methoden zur Messung des kreativen Leistungspotentials bei vorhandenen und zukünftigen Mitarbeitern von innovationsorientierten Unternehmen, Forschungsbericht Fachhochschule Bielefeld 1985
Nütten, I., Sauermann, P., Wie kreativ sind Ihre Mitarbeiter?, in: *Absatzwirtschaft*, 5/1985
Nütten, I., Sauermann, P., Die Beurteilung der Kreativität bei Mitarbeitern, in: *Personal* 8/1985
Oerter, R., Psychologie des Denkens, Donauwörth 1971
Osborn, A. F., Applied Imagination, New York 1979
Osteroth, D., Erdöl, Kohle, Biomassen, Heidelberg 1988
Peters, T. J., Watermann Jun., R. H., In Search of Excellence, New York 1982
Raidt, F., Ein Heroe trägt statt Titel schlicht Charisma, in: *Die Welt*, 11. Dezember 1986
Riegel, K., Der sprachliche Leistungs-Test SASKA, Göttingen 1967
Riesenhuber, H., Mittelstand in der technologischen Herausforderung, in: Festschrift Chemische Fabrik ROTTA 1984, Mannheim 1984.
Rosenstiel, von, L., Grundlagen der Organisationspsychologie, Stuttgart 1980
Rüttinger, B., Konflikt und Konfliktlösen, München 1977
Sauermann, P., Was heißt Kreativität?, in: *Der Marktforscher*, 6/1969
Sauermann, P., Mehr Chancen im Wettbewerb durch innovative Mitarbeiter, in: *Personal*, 2/1988
Schäfer, Ch. E., Creativity Attitude Survey, Jacksonville 1971
Schlicksupp, H., Neue Wege einschlagen, in: *Management Wissen*, 12/1982
Schneider, H. J. (Hrsg.), Handbuch der Mitarbeiter-Kapitalbeteiligung, Köln 1977
Schoppe, K.-J., Verbaler Kreativitätstest VKT, Göttingen 1975
Schuler, H., Stehle, W. (Hrsg.), Assessment Center als Methode der Personalentwicklung, Stuttgart 1987
Schulte, W., Winck, P., Innovationsmanagement, Bd. 1: Produktfindung, Essen 1985
Schumpeter, J. A., Theorie der wirtschaftlichen Entwicklung, Düsseldorf 1988 (Faksimile der 1912 erschienenen Erstausgabe)
Schumpeter, J. A., Konjunkturzyklen I, Göttingen 1981
Seiffge-Krenke, I., Probleme und Ergebnisse der Kreativitätsforschung, Bern/Stuttgart 1974
Staudt, E. (Hrsg.), Das Management von Innovationen, Frankfurt 1986

Steinmetz, E., Neue Technik und Weiterbildung, in: *GIT Fachzeitschrift Labor* 12/ 1986
Strametz, D., Lometsch, A., Leistungsbeurteilung in deutschen Unternehmen, Königsstein 1977
Stroebe, G., Stroebe, R., Führungsstile, Heidelberg 1983
Stroebe, R., Kommunikation II, Heidelberg 1985
Thom, N., Innovationsmanagement in Unternehmen, in: *Innovatio*, 7/8 1987
Torrance, E. P., Tests of Creative Thinking, Bensenville 1966, 1974
Torrance, E. P., Neue Item-Arten zur Erfassung kreativer Denkfähigkeiten, in: Ingenkamp, K., Marsolek, T. (Hrsg.), Möglichkeiten und Grenzen der Testanwendung in der Schule, Weinheim 1968
Ulmann, G., Kreativität, Weinheim 1968
Weeser-Krell, L. M., Reklame oder Verbraucheraufklärung?, Düsseldorf 1973
Weise, G., Capital-Computeraktion: Wo Sie am stärksten sind, in: *Capital* 8/1984
Wertheimer, M., Produktives Denken, Frankfurt/Main 1957
Wieselhuber, N., Innovationen sind an Menschen gebunden, in: *VDI Nachrichten,* 23. Oktober 1987
Wieselhuber, N., Zu wenig clevere Stürmer, in: *Industriemagazin,* 10/1987
Wiesendanger, H., Graphologie Hokuspokus mit Profit, in: *Psycholgie heute*, 6/1987
Wild, J. (Hrsg.), Unternehmensführung, Berlin 1974
Wilson et al., zitiert nach Krämer, H. J., 1979
Wolff, G., Göschel, G., Führung 2000, Wiesbaden 1987

MIX
Papier aus verantwortungsvollen Quellen
Paper from responsible sources
FSC® C105338

If you have any concerns about our products,
you can contact us on
ProductSafety@springernature.com

In case Publisher is established outside the EU,
the EU authorized representative is:
**Springer Nature Customer Service Center GmbH
Europaplatz 3, 69115 Heidelberg, Germany**

Printed by Libri Plureos GmbH
in Hamburg, Germany